中国民营企业社会责任报告

报　告

（2021）

高云龙　徐乐江◎主编

谢经荣◎副主编

中华工商联合出版社

图书在版编目（CIP）数据

中国民营企业社会责任报告．2021 / 高云龙，徐乐江主编；谢经荣副主编．
-- 北京：中华工商联合出版社，2021.11
　　ISBN 978-7-5158-3195-4

　　Ⅰ．①中…　Ⅱ．①高…　②徐…　Ⅲ．①民营企业－企业责任－社会责任－研究报
告－中国－2021　Ⅳ．① F279.245

中国版本图书馆 CIP 数据核字（2021）第 210543 号

中国民营企业社会责任报告（2021）

主　　编：高云龙　徐乐江
副 主 编：谢经荣
出 品 人：李　梁
责任编辑：吴建新
装帧设计：张合涛
责任审读：于建廷
责任印制：迈致红
出版发行：中华工商联合出版社有限责任公司
印　　刷：北京毅峰迅捷印刷有限公司
版　　次：2022 年 1 月第 1 版
印　　次：2022 年 1 月第 1 次印刷
开　　本：710mm×1000 mm　1/16
字　　数：363 千字
印　　张：23.5
书　　号：ISBN 978-7-5158-3195-4
定　　价：128.00 元

服务热线：010-58301130-0（前台）
销售热线：010-58302977（网店部）
　　　　　010-58302166（门店部）
　　　　　010-58302837（馆配部、新媒体部）
　　　　　010-58302813（团购部）
地址邮编：北京市西城区西环广场 A 座
　　　　　19-20 层，100044
http://www.chgslcbs.cn
投稿热线：010-58302907（总编室）
投稿邮箱：1621239583@qq.com

说　明

引导民营企业履行社会责任，促进共同富裕，既是新时代民营经济统战工作的重要内容，也是推动"两个健康"工作的重要载体和抓手。自2018年起，全国工商联连续四年编写并发布中国民营企业社会责任年度报告和优秀案例，得到了社会各界的广泛关注，也受到了广大民营企业家的积极响应和好评。这也是全国工商联以实际行动贯彻落实党的十九大报告和习近平总书记民营企业座谈会讲话精神，把握问题导向，回应社会和企业需求而确定的新的工作品牌，对深入开展"两个健康"工作，改善民营企业营商环境，推动民营经济高质量发展具有十分重要的意义。

本报告延续前几年中国民营企业社会责任报告的研究路径，依据2020年度全国工商联民营企业社会责任调研表所取得的基础性数据和资料，结合国家统计局、国家市场监督管理总局等有关部门的公开信息，梳理和总结了2020年度民营企业通过履行社会责任为我国经济社会发展所作出的突出贡献，主要内容由总报告、专题篇、调研篇、区域篇、商会篇和附录六部分构成。

总报告结合2020年度我国民营经济发展情况，总结回顾了2020年国内外企业社会责任发展形势和民营企业在社会责任方面取得的成绩，综合评价民营企业社会责任发展水平，梳理民营企业社会责任发展特征及趋势。

专题篇共有三个专题，分别就"万企帮万村"精准扶贫行动、民营企业参与新冠肺炎疫情防控、民营企业驰援河南洪灾情况做了系统总结。

调研篇包括八个板块，每个板块独立成章。运用理论分析、数据直观图表和典型案例相结合的方式，对民营企业履行社会责任八个主要方面的实践和成就进行了全面梳理和分析总结。

区域篇选取十个省级工商联编写的民营企业社会责任报告，从不同角度分别介绍了本地区民营企业履行社会责任的基本情况和特点，具有一定的代表性。

商会篇收录了全联环境服务业商会、全国工商联金银珠宝业商会和全国工商联石油业商会三个商会的社会责任报告，集中展现了行业商会在推动会员企业履行社会责任方面的工作方法和经验。

附录部分是 2021 中国民营企业社会责任百强榜单、中国民营企业社会责任发展指数及榜单编制说明、《中国民营企业社会责任优秀案例（2021）》入选企业名录、本报告所引典型案例企业名单索引及报告编写所参考的主要文献资料。

本报告对 2020 年度我国民营企业社会责任实践进行了系统性总结，为有关各方了解民营企业社会责任情况提供了丰富的资料，也为民营企业履行社会责任提供了范例和借鉴。

全国工商联民营企业社会责任课题组
2021 年 11 月于北京

目　录

Ⅰ　总报告

Ⅱ　专题篇

Ⅲ　调研篇

Ⅳ 区域篇

Ⅴ 商会篇

Ⅵ 附录

总 报 告

General Report

1

2020 年中国民营企业社会责任发展报告

摘　要： 本文总结回顾了 2020 年企业社会责任宏观发展环境和民营企业社会责任实践取得的主要成绩，围绕"中国民营企业社会责任发展指数"，集中展示民营企业履行社会责任活动中呈现出的新气象、新作为、新发展，综合评价 2020 年我国民营企业社会责任工作发展水平，梳理分析民营企业社会责任发展特征及趋势。同时，对各级工商联推进民营企业履行社会责任工作作了整体回顾与总结。

关键词： 民营企业　社会责任　发展报告

一、年度回顾

2020 年是打赢精准脱贫攻坚战、实现"十三五"规划收官之年，也是应对新冠肺炎疫情大考的特殊之年。中国民营企业社会责任发展面临着深刻的环境变化，也迎来了前所未有的战略机遇。作为实现"两个一百年"奋斗目标和中华民族伟大复兴中国梦的重要力量，民营企业应变局、战疫情、稳经济、助民生、促脱贫，彰显强烈的责任意识和厚重的家国情怀，对促进我国经济、社会与环境的可持续发展的作用日益显著。

（一）宏观环境

当今世界正经历百年未有之大变局，企业履行社会责任的内部条件和外部环境亦在发生深刻变化。企业社会责任在国内立法、国际贸易和投资规则中得到越来越集中的体现。政策导向叠加市场价值取向，推动民营企业社会责任进入新发展阶段。

1. 党和政府推动民营企业履行社会责任

习近平总书记在企业家座谈会上明确指出，"任何企业存在于社会之中，都是社会的企业。社会是企业家施展才华的舞台。只有真诚回报社会、切实履行社会责任的企业家，才能真正得到社会认可，才是符合时代要求的企业家"。2020年以来，习近平总书记在国内外多个场合提出对企业以及企业家承担社会责任的要求。如在亚太经合组织工商领导人对话会的主旨演讲中呼吁工商业界"做社会责任的践行者"，在江苏考察时鼓励民营企业家富起来以后要见贤思齐，增强家国情怀，担当社会责任。习近平总书记的一系列重要论述，锚定了企业履行社会责任的目标导向，深刻阐述了正确处理企业与国家、先富与后富、物质财富与精神财富的关系，为新时代企业家精神注入了昂扬向上的思想内涵，极大地激发了广大民营企业为实现共同富裕积极履行社会责任的荣誉感和使命感。

社会责任法治建设迈出坚实步伐。党的十八大以来，党和政府对民营企业履行社会责任高度重视，通过针对性的顶层设计和制度引导，形成企业社会责任全局推进、系统优化的格局，凸显出以习近平同志为核心的党中央统筹经济发展速度和社会发展质量、推进可持续发展的战略考量，昭示着促进企业履行社会责任已成为我国全面步入高质量发展新阶段的重点工作之一。

《党的十八届四中全会重要举措实施规划（2015—2020年）》将企业社会责任立法列为重点领域立法之一之后，企业社会责任法治建设步伐明显加快。2020 年，党和国家一系列顶层设计和政策法规密集出台，将涉及民生、安全和环境等关键性企业社会责任议题以法律法规的形式确定下来，将企业履行社会责任逐步纳入法制化、规范化的轨道，为企业履行社会责任提供有力的法治保障和政策支持（见表 1-1）。特别是 2020 年 11 月 10 日，市场监督管理总局起草了《关于平台经济领域的反垄断指南（征求意见稿）》，预防和制止互联网平台经济领域不公平竞争行为，促进行业有序竞争和良性发展，对于完善平台企业的风控合规具有重大风向标意义。

　　纵览 2020 年党和政府出台的社会责任相关政策法规，可以梳理出我国目前推进企业社会责任体系建设在顶层设计上的两条主线：一是在国家治理体系战略层面明确倡导企业履行社会责任，帮助民营企业找到自身发展与社会主义价值目标的重要契合点，引导企业满足高质量发展和人民对美好生活的需要，适应新发展阶段，树立新发展理念，构建新发展格局；二是立足问题导向，深入落实党中央关于加强新时代民营经济统战工作的各项决策部署，坚持先富带后富、实现共同富裕的根本宗旨，聚焦重点精准发力，将民营企业履行社会责任平台化、规范化、组织化、专业化和品牌化，完善企业社会责任法律制度，实现缺项漏项"从无到有"和总体"从有到优"，推进社会责任法治化进程。

表 1-1　2020 年党和政府出台的部分影响企业社会责任的政策法规

时间	相关文件	发布机构	相关内容
2020 年 3 月	《关于构建现代环境治理体系的指导意见》	中共中央办公厅 国务院办公厅	提出要健全环境治理企业责任体系，依法实行排污许可管理制度，推进生产服务绿色化，提高治污能力和水平，进一步细化了对企业环境信息披露的要求。
2020 年 5 月	《中华人民共和国民法典》	全国人大	第 86 条规定："营利法人从事经营活动，应当遵守商业道德，维护交易安全，接受政府和社会的监督，承担社会责任。"

时间	相关文件	发布机构	相关内容
2020 年 6 月	《全国重要生态系统保护和修复重大工程总体规划（2021-2035 年）》	国家发展改革委 自然资源部	提出了实施全国重要生态系统保护和修复重大工程的总体思路、主要目标、总体布局、重大工程、重点任务和支持政策，鼓励社会资本投入生态保护和修复，探索重大工程市场化建设、运营、管理的有效模式。
2020 年 7 月	《关于加强快递绿色包装标准化工作的指导意见》	市场监管总局、发展改革委、科技部、工业和信息化部、生态环境部、住房和城乡建设部、商务部、邮政局	对未来三年我国快递绿色包装标准化工作作出全面部署，推动快递包装绿色化、减量化和可循环加快落地。
2020 年 9 月	《关于加强新时代民营经济统战工作的意见》	中共中央办公厅	倡导民营企业认真履行社会责任，大力构建和谐劳动关系，积极参与光彩事业、精准扶贫和公益慈善事业，做爱国敬业、守法经营、创业创新、回报社会的典范。
2020 年 10 月	《中华人民共和国个人信息保护法（草案）》	全国人大常委会	着眼"个人信息处理活动"，厘清适用范围、个人信息定义、个人信息处理合法性基础、告知与同意基本要求等，明确了个人信息处理者的各项义务。
2020 年 10 月	《中共中央关于制定国民经济和社会发展第十四个五年规划和二〇三五年远景目标的建议》	中共中央	多处涉及供给质量、就业、乡村振兴、绿色低碳、共同富裕等社会责任要求，预示了今后五年乃至更长时期中央推进企业社会责任建设的发展思路、发展方向和重点领域。
2020 年 11 月	《关于切实解决老年人运用智能技术困难的实施方案》	国务院办公厅	聚焦老年人面临的"数字鸿沟"问题，推动解决老年人在运用智能技术方面遇到的突出困难。

时间	相关文件	发布机构	相关内容
2020 年 11 月	《关于平台经济领域的反垄断指南（征求意见稿）》	国家市场监管总局	对"二选一""大数据杀熟"等问题作出专门规定，强化反垄断和防止资本无序扩张，切实防范风险。
2020 年 12 月	《法治社会建设实施纲要（2020—2025 年）》	中共中央	提出"引导社会主体履行法定义务，承担社会责任"，强调"完善企业社会责任法律制度，增强企业社会责任意识，促进企业诚实守信、合法经营"，"支持社会组织建立社会责任标准体系，引导社会资源向积极履行社会责任的社会组织倾斜"。

社会责任标准初成体系。2020 年 12 月，国家市场监督管理总局、国家标准化管理委员会正式发布了社会责任领域三项新的国家标准：GB/T 39604—2020《社会责任管理体系要求及使用指南》、GB/T 39626—2020《第三方电子商务交易平台社会责任实施指南》和 GB/T 39653—2020《在管理体系中使用 GB/T 36000》。这三项社会责任国家标准与 2015 年出台的 GB/T 36000 系列社会责任国家标准，初步形成了以社会责任定义、社会责任管理、社会责任绩效和社会责任报告四个方面内容为主要支撑的国家社会责任标准框架体系。

随着国家社会责任系列标准的出台与实施，我国行业标准、地方标准和团体标准在内的多层次的社会责任标准体系建设也快速发展。在行业标准方面，2018 年 6 月，国家认证认可监督管理委员会发布并实施了 RB/T 178—2018《合格评定：社会责任要求》和 RB/T 179—2018《合格评定：社会责任评价指南》认证认可行业标准，中国电子工业标准化技术协会社会责任工作委员会、中国电子技术标准化研究院、中国电子科技集团公司等单位制定了 SJ/T 16000—2016《电子信息行业社会责任指南》行业标准；在地方标准方面，河北省颁布了 DB13/T 2516—2017《企业社会责任管理体系要求》地方标准，河南省颁布了 DB41/T 876—2020《民营企业社会责任评价指南》地方标准。在团体标准方面，中华全国工商业联合会完成了《民营企业社会责任评价体系研究》课题，在此基础上起草制定了《民营企业社会责任评价指南》团体标准。

多层次全方位的社会责任标准体系密集出台，为民营企业履行社会责任和加强社会责任体系建设提供了切实可行的操作指南。

上市公司社会责任信息披露监管力度加大。2020年7月，中国证券监督管理委员会起草了《上市公司信息披露管理办法（修订稿）》（征求意见稿）。征求意见稿新增了简明清晰、通俗易懂的原则要求，完善公平披露原则，同时配合注册制对发行文件信息披露的要求进行了完善，明确规定上市公司董事、监事和高级管理人员应当对公司信息披露的真实性、准确性、完整性、及时性、公平性负责，进一步完善了上市公司社会责任信息披露的相关制度建设。

2020年7月1日，香港联交所新版《环境、社会及管治报告指引》开始实施，进一步提高了上市公司在ESG治理、实践、披露等方面的要求；2020年9月4日，深交所发布《深圳证券交易所上市公司信息披露工作考核办法（2020年修订）》，将"履行社会责任的披露情况"纳入信息披露考核；2020年9月25日，上交所制定并发布了《上海证券交易所科创板上市公司自律监管规则适用指引第2号——自愿信息披露》，鼓励科创板自愿披露社会责任信息；2020年12月，中央全面深化改革委员会第十七次会议审议通过了《环境信息依法披露制度改革方案》。

截至2020年年底，我国A股上市公司数量达到4154家，其中有1021家A股上市公司于2020年主动披露社会责任信息，较2019年增加79家；沪深300成分股中有259家披露社会责任信息（见图1-1）。在监管部门的推动下，上市公司社会责任信息披露水平不断提高，进一步带动更多上市公司加强社会责任信息披露。

图 1-1　2009—2020 年 A 股上市公司披露社会责任信息统计

数据来源：中国证券监督管理委员会

2. 全球可持续发展进入新阶段

全球可持续发展和经济一体化进程中，社会责任一直是国际社会共同关注的问题。面对消除绝对贫困、应对气候变化、缩小数字鸿沟等全球挑战，国际社会对企业承担社会责任的重视程度日益提高，也对国际化步伐不断加快的中国民营企业履行社会责任提出了更高的要求。

图 1-2　SDGs17 个可持续发展目标

联合国可持续发展目标深入推进。联合国于 2015 年提出了《2030 年可持续发展议程》，其核心内容即 17 个可持续发展目标（SDGs）和 169 个具体目标，旨在推动国际社会在今后 15 年以综合方式解决社会、经济和环境三个维度的发展问题，走可持续发展道路。《2030 年可持续发展议程》成为可持续发展领域的全球共识和全球可持续发展行动的基本纲领。

中国政府对落实可持续发展目标高度重视，已经全面启动落实 2030 年可持续发展议程工作，将议程提出的具体目标全部纳入国家发展总体规划，并在专项规划中予以细化、统筹和衔接。2020 年，中国在推动实现多个可持续发展目标上发挥引领作用，特别是如期取得脱贫攻坚的全面胜利和公开承诺碳达峰与碳中和时间表，极大地推进了可持续发展进程，彰显了中国作为负责任大国的担当。

社会责任投资在世界范围内得到进一步深入与强化。作为全球 ESG 投资理念的主要倡导者，联合国责任投资原则组织（UN PRI, The United Nations-supported Principles for Responsible Investment）由时任联合国秘书长科菲·安南于 2006 年发起设立，旨在推动投资机构在投资决策中纳入 ESG 因素，推动企业在整个生产链条上做得更加有益于社会。联合国责任投资原则组织（UN PRI）的数据显示，截至 2020 年底，全球 60 多个国家的 3572 家机构加入联合国责任投资原则组织，成员机构管理的资产规模超过 100 万亿美元，其中中国内地签署机构有 52 家，是全球签署方数量增长最快的国家之一。2020 年，有 938 家机构成为签署成员，数量创历史新高（见图 1-3）。2020 年 6 月，UN PRI 发布《以 SDGs 结果投资：一个包含五个阶段的投资框架》报告，阐明了 SDGs 作为投资者进行负责任投资的重要框架已逐渐成为主流的投资趋势，企业社会责任对资本市场影响越来越大。

可持续价值主张成为新风尚。近年来，一些先进的跨国企业正在改写他们对公司愿景的描述，单纯一味追求利润最大化的"实力"主张逐步淡化，强调企业对社会发展和社会进步的"价值"主张日益凸显，并以此为企业追求的核心目标，在此基础上形成企业的价值体系和企业战略。2020 年 9 月，全球 1294 家企业 CEO 联合签署《商业领袖重塑全球合作声明》，向世界承诺"支持联合国的号召与使命，共同引导世界走上更加公平、包容和可持续发展的道路，凝聚企业力量，共创美好世界"。这是继 2019 年 8 月 29 日"商业圆桌会议"中 181 位顶尖企业 CEO 联合签署《企业宗旨宣言》之后，企业界推进参与全球发展和社会治理的又一重大举措，也是在可持续商业进展中的又一里程碑式事件。

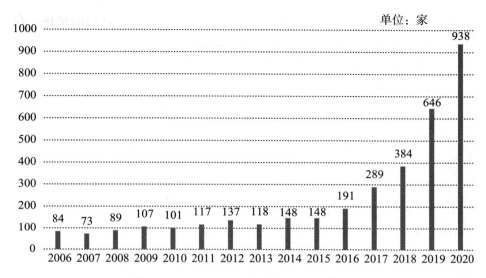

图 1-3　2006-2020 年加入 UN PRI 企业数量

数据来源：UN PRI 官方网站

（二）主要成绩

在世纪疫情叠加百年变局的 2020 年，民营企业积极参与新冠肺炎疫情防控阻击战，助力做好"六稳"工作、落实"六保"任务，在稳定经济、促进创新、增加就业、贡献税收、脱贫攻坚、污染防治等方面发挥了重要作用，为我国如期打赢精准脱贫攻坚战和实现全面建成小康社会，圆满完成"十三五"规划作出了重要贡献，突出展现了新时代民营企业履行社会责任的担当与作为。

1. 战"疫"复产，冲锋在前

在疫情防控阻击战中，民营企业奋勇担责、主动作为，在疫情防控期间开足马力保障物资供应，在复工复产中迅速抢回时间，为抗疫取得重大阶段性成果作出了突出贡献。

据不完全统计，截至 2020 年 4 月 14 日，全国共有 110589 家民营企业通过捐款捐物、设立基金、提供保险保障、租金减免、各种补贴等方式支持疫情防控，其中捐款 172.22 亿元，捐物价值 119.27 亿元，设立基金 61.81 亿元，其他类保险保障、租金减免、补贴等 151.21 亿元。民营企业捐款捐物贡献大、速度快、贴近需求，受到党和国家的肯定、社会的赞扬。在 2020 年 9 月召开的全国抗击新冠肺炎疫情表彰大会上，有 33 位民营经济人士、21 家民营企业和 2 个商会受到了表彰。

2. 稳定经济，勇挑重担

2020 年，面对前所未有的困难和挑战，民营企业统筹做好疫情防控和复工复产工作，助力做好"六稳"工作、落实"六保"任务，展现出强大韧性，为国民经济稳增长提供了有力支撑。

截至 2020 年底，我国民营企业突破 4000 万家，占我国企业总数量的 90% 以上；我国规模以上私营工业企业增加值增长 3.7%，高于全国平均水平 0.9 个百分点；单位资产利润率 6.9%，高于全国平均水平 1.6 个百分点；民间固定资产投资 28.9 万亿元，占全国投资总量比重为 55.7%（见图 1-4 至图 1-6）。"十三五"期间，新登记私营企业总量和资本总额创历史新高，对经济增长的拉动作用十分明显。民营经济是我国稳住经济基本盘的重要基础。

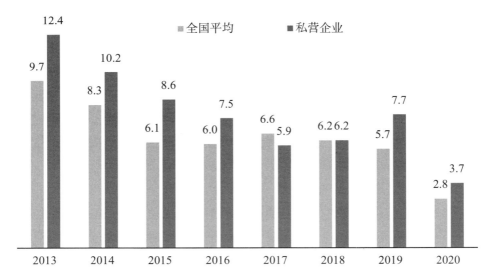

图 1-4 2013—2020 年规模以上工业企业增加值增长率

数据来源：国家统计局《国民经济和社会发展统计公报（2013—2020）》

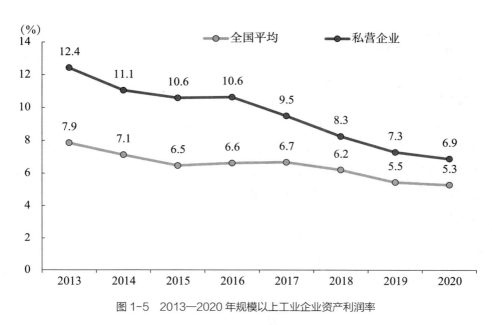

图 1-5 2013—2020 年规模以上工业企业资产利润率

数据来源：国家统计局《中国统计年鉴（2014—2021）》

图 1-6 2013—2020 年民间固定资产投资占全国固定资产投资比重

数据来源：国家统计局《国民经济和社会发展统计公报（2013—2020）》

3. 创新发展，成效初显

民营经济作为最具活力的经济成分，有着强大的创新能力。2020 年民营企业创新主体和技术创新核心地位更加突出，在推动创新方面发挥了重要作用。

2020 年，我国规模以上民营工业企业专利申请数占比 81.4%，发明专利申请数占比 78.1%，有效发明专利数占比 79.4%（见图 1-7）。国家知识产权局数据显示，2020 年我国发明专利授权量前 10 名中民营企业占据 7 名，华为技术有限公司位居榜单之首（见表 1-2）。民营企业逐步成长为中国科技创新的主力军。

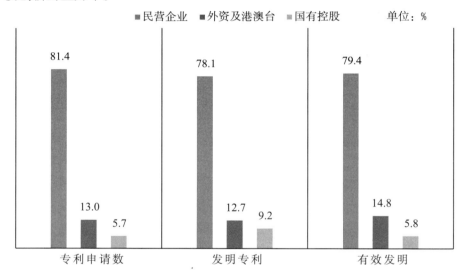

图 1-7　2020 年规模以上工业企业专利分布情况

数据来源：国家统计局国家数据网

表 1-2　2020 年发明专利授权量 Top10

排名	企业名称	数量（件）
1	华为技术有限公司	6371
2	OPPO 广东移动通信有限公司	3588
3	中国石油化工股份有限公司	2853
4	腾讯科技（深圳）有限公司	2767

续表

排名	企业名称	数量（件）
5	京东方科技集团股份有限公司	2629
6	珠海格力电器股份有限公司	2513
7	维沃移动通信有限公司	1686
8	中兴通讯股份有限公司	1337
9	北京小米科技有限责任公司	1329
10	联想（北京）有限公司	1166

数据来源：国家知识产权局

4. 保障就业，主动作为

作为吸纳就业的重要市场主体，2020 年，民营企业落实更加积极的就业政策，发挥"稳定器"的重要作用，在拓展就业增量、优化就业结构、提升就业质量等方面继续展现出巨大的空间和潜力。特别是疫情发生后很多企业不裁人、不减薪，积极录用贫困地区、贫困人员就业，体现出强烈的社会责任感。

图 1-8　2013—2020 年城镇私营单位就业人员年平均工资及名义增速

数据来源：国家统计局《中国统计年鉴（2014—2021）》

人力资源和社会保障部、教育部、中华全国总工会、中华全国工商业联合会联合开展的 2020 年民营企业招聘月活动中，3500 家民营企业提供就业岗位超过 1.5 万个，招聘人数近 30 万人。

国家统计局数据显示，2020 年，我国城镇私营单位就业人员年平均工资 57727 元，比 2019 年增加 4123 元，增长 7.7 个百分点（见图 1-8）。在疫情冲击下，城镇私营单位就业人员年平均工资仍然保持增长态势，反映出民营企业社会责任的积极作为。

5. 贡献税收，尽显担当

民营企业是政府税收和国家财力的最大贡献者。2020 年，民营企业税收收入 9.9 万亿元，占全国税收收入的 59.7%。"十三五"期间，民营企业税收占比从 2016 年的 51.1% 提升到 2020 年的 59.7%，税收贡献持续增大（见图 1-9）。

图 1-9　2015—2020 年民营企业纳税情况

数据来源：国家税务总局收入规划核算司

6. 脱贫攻坚，不辱使命

2020 年是全面打赢脱贫攻坚战收官之年，民营企业努力克服疫情影响，聚焦挂牌督战的 52 个贫困县和 1113 个贫困村，全力以赴做好贫困地区帮扶工作，充分展现出民营企业作为"自己人"的责任担当和民营经济作为我国经济制度内在要素的过硬实力。

全国工商联"万企帮万村"台账系统显示，截至 2020 年 12 月 31 日，进入"万企帮万村"精准扶贫行动台账管理的民营企业有 12.7 万家，精准帮扶 13.91 万个村（其中建档立卡贫困村 7.32 万个）；产业投入 1105.9 亿元，公益投入 168.6 亿元，安置就业 90.04 万人，技能培训 130.55 万人，共带动和惠及 1803.85 万建档立卡贫困人口（见图 1-10）。"万企帮万村"精准扶贫行动实施五年来，民营企业参与规模和程度屡创新高，取得了良好的政治效益、经济效益和社会效益。

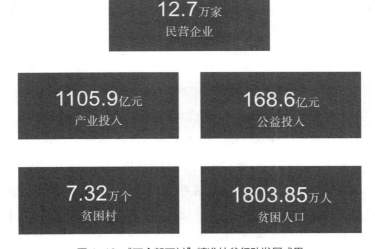

图 1-10 "万企帮万村"精准扶贫行动发展成果

数据来源：中华全国工商业联合会

7. 环境保护，积极行动

在建设美丽中国的背景下，节能减排和生态环境保护是企业需要承担的重要社会责任议题。2020 年，民营企业坚决打好污染防治攻坚战，不断加强节能减排机制和能力建设，加快调整优化能源产业结构，促进绿色发展不断取得新成效。

中国绿色制造联盟绿色制造体系示范展示平台数据显示，在集中展示的 1848 家绿色工厂中，民营企业占比 54.8%；58 家绿色供应链企业中，民营企业占比 58.6%（见图 1-11）。说明民营企业绿色制造水平明显提升，绿色制造体系初步建立。

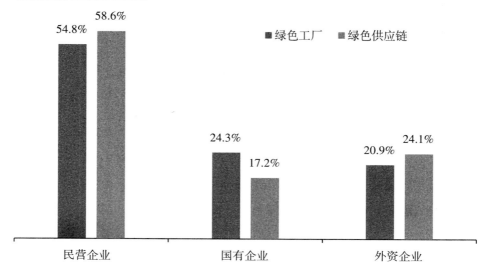

图 1-11　绿色工厂与绿色供应链体系建设示范展示占比情况

数据来源：中国绿色制造联盟绿色制造体系示范展示平台

民营企业持续推动绿色发展，促进人与自然和谐共生。隆基绿能科技股份有限公司作为光伏行业企业率先发布《绿色供应链减碳倡议》；天津荣程集团成立绿色氢能冶金"产学研"战略合作联盟，为"钢铁＋氢能"的创新融合发展蓄能；蔚来创始人、董事长、CEO 李斌宣布蓝点计划上线，成为全球第一家帮助用户完成碳减排认证交易的汽车公司；腾讯公司在官微宣布正式启动碳中和规划；通威集团通过大力发展"渔光一体"光伏电站所发清洁电力实现碳减排，将于 2023 年前最终实现碳中和目标。

8. 海外履责，共建共享

民营企业是我国对外贸易的重要主体，也是推动共建"一带一路"高质量发展的重要民间力量，已经深度融入全球产业链供应链之中，在全球治理的议题上扮演日益重要的角色。

2020 年，民营企业进出口额 15.0 万亿元，占我国外贸总值的 46.6%，增长 11.1%，增速比同期我国外贸整体增速高 9.2 个百分点。民营企业充分发挥生产经营灵活多变的优势，积极开拓国际市场，展现出较强的外贸发展韧性。"十三五"期间，民营企业进出口额占我国外贸总值的比重提升 8.5 个百分点，并于 2019 年首次超过外商投资企业，成为我国第一大外贸主体（见图 1–12）。

全国民营企业社会责任大数据平台提供的数据显示，截至 2020 年 4 月 8 日，共有 84 家民营企业、基金会或商（协）会向海外捐赠各类口罩、病毒检测试剂盒、呼吸机以及其他医用防护物资，并设立全球战"疫"基金。民营企业在"走出去"过程中，积极打造形式多样的"民心相通"工程，向全世界展示了中国作为负责任大国的良好形象，为服务"一带一路"建设和国家外交大局作出了积极贡献。

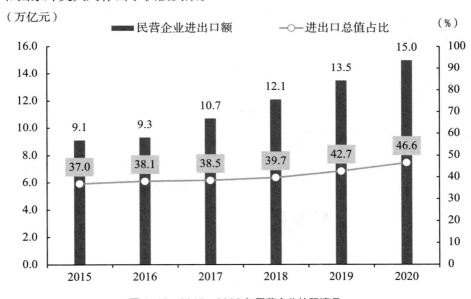

图 1-12　2015—2020 年民营企业外贸情况

数据来源：中国海关总署

二、发展指数

为了深入分析中国民营企业社会责任发展变化与特征，全国工商联民营企业社会责任课题组从 2017 年开始研发推出"中国民营企业社会责任发展指数"（见附录二）。该指数基于全国民营企业社会责任大数据平台多年积累的民营企业社会责任数据，依据社会责任相关标准，对参与全国工商联 2017—2020 年度民营企业社会责任调研的企业相关数据进行系统性对标分析评价，力求通过指数分析，总结民营企业履行社会责任的阶段特点和发展规律，揭示民营企业可持续发展竞争力的结构性变化，为深入研究中国民营企业社会责任提供基准性参考。

（一）总体情况

中国民营企业社会责任发展指数表明，2020 年，我国民营企业社会责任发展呈现"发展快、活力足、潜力大、态势好"的阶段性特征。特别是新冠肺炎疫情危机给中国民营企业社会责任理念和实践带来巨大的影响，促使民营企业重新思考初心、使命与责任。2020 年成为中国民营企业社会责任理念凝聚共识的一年，也是中国民营企业社会责任实践活动实现质的升华的一年。

1. 总指数

2020 年，中国民营企业社会责任发展指数再创新高，达到 518.95 点，实现"三连增"（见图 1–13）。

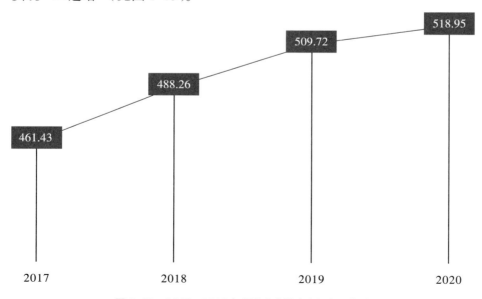

图 1-13　2017—2020 年民营企业社会责任发展指数

数据来源：2017—2020 年度全国工商联民营企业社会责任调查问卷

从指数分布箱形图来看，2020 年民营企业社会责任发展指数分布呈现
"整体增长，局部分化"特点（见图 1-14）。整体增长：指数中位值与历年
民营企业社会责任发展指数接近，保持连续增长；局部分化：2020 年指数分
布离散程度更大，出现"强项愈强、弱项愈弱"现象，这在一定程度上表
明部分民营企业在此次新冠肺炎疫情中遭受重创，履责能力受到影响。

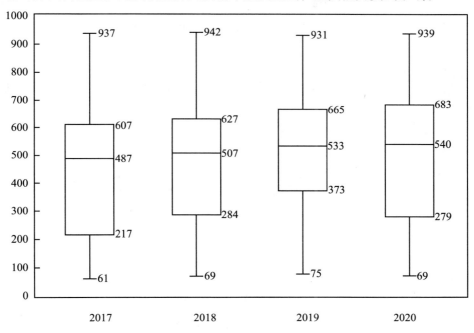

图 1-14　企业社会责任指数分布箱形图

数据来源：2017—2020 年度全国工商联民营企业社会责任调查问卷

2. 一级指标

2020 年，传统优势指标持续巩固，弱势指标不断改善，部分指标出现
下滑。

横向来看，八个指标排名保持稳定，与上年度保持一致。社区责任、消
费者责任两个指标领先优势明显，处于第一阵列；健康发展、员工责任、生
态环境、国家责任四个指标相对优势突出，稳居第二阵列；公平运营和责任
治理两个指标表现相对不佳，位居第三阵列（见图 1-15）。

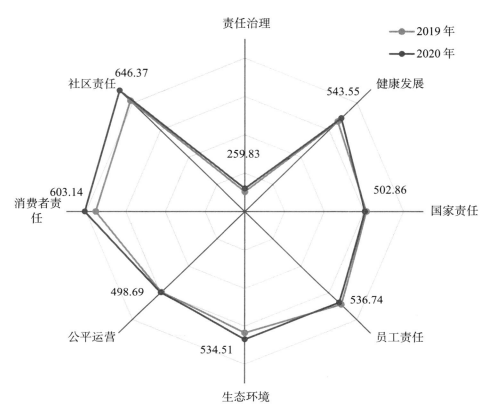

图 1-15 一级指标得分情况

数据来源：2017—2020 年度全国工商联民营企业社会责任调查问卷

　　纵向来看，八个指标"六升二降"（见图 1-16）。社区责任这个传统优势指标增幅最高，民营企业在疫情防控阻击战中的亮眼表现成为主要原因。责任治理指标尽管得分最低，但该指标连续两年出现较大幅度提升，补短板强弱项趋势明显。相较于 2019 年"七升一降"（社区责任、消费者责任、生态环境、健康发展、责任治理、公平运营、国家责任七个指标增长，员工责任下降）的情况，2020 年国家责任出现小幅回落，员工责任连续两年持续下滑。究其原因，国家责任涉及纳税、就业、社会投资、国际合作等子指标，多与经济指标高度关联，疫情冲击之下，该指标短期下滑无碍长远发展前景。而员工责任指标连续两年持续下滑更值得关注。面对国内外风险挑战明显上升的复杂局面，民营企业大多规模小、抗风险能力弱，受到冲击尤为明显，给构建和谐劳动关系带来较大压力。有关方面应认识到，对于就业主渠道的民营企业来说，如果不正视和谐劳动关系的构建，小的风险就会积累扩大，进而成为影响社会稳定的大问题。

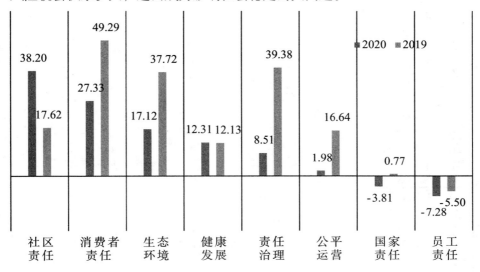

图 1-16　一级指标变化幅度

数据来源：2017—2020 年度全国工商联民营企业社会责任调查问卷

3. 二级指标

二级指标得分率受"软要求"和"硬约束"影响不同差异较大。35个二级指标中，爱国诚信、质量管理、税收贡献、促进就业、社会投资、污染防治、公平竞争、公益慈善等 18 个指标得分率超过 50%，多属于党和政府特别重视并有法律法规激励约束；而国际合作、应急保障、环境管理、可持续消费、责任识别、责任管理、社会责任报告等指标得分率低于 30%，多属于鼓励倡导，缺少相关政策的配套，尚有较大提升空间（见图 1-17）。

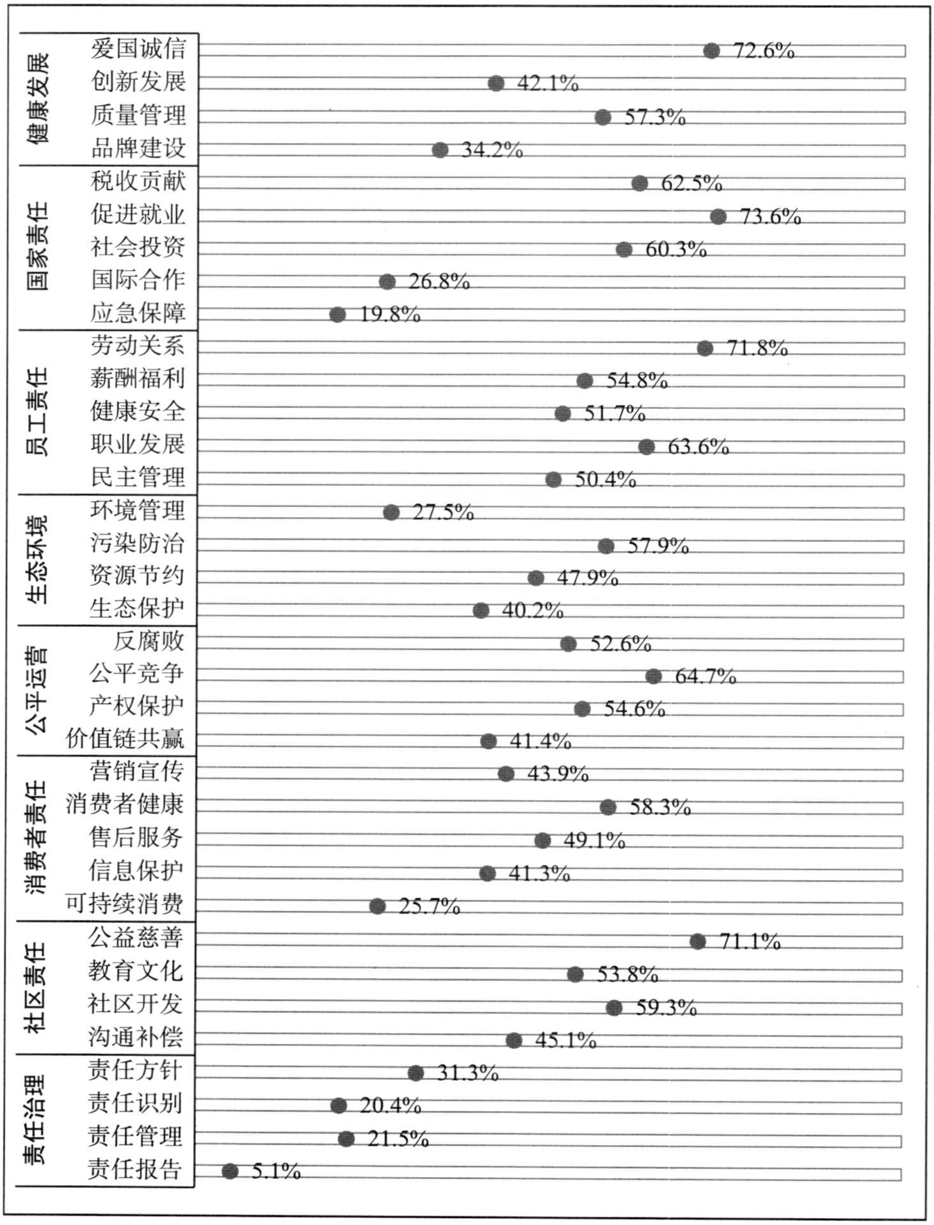

健康发展	爱国诚信	72.6%
	创新发展	42.1%
	质量管理	57.3%
	品牌建设	34.2%
国家责任	税收贡献	62.5%
	促进就业	73.6%
	社会投资	60.3%
	国际合作	26.8%
	应急保障	19.8%
员工责任	劳动关系	71.8%
	薪酬福利	54.8%
	健康安全	51.7%
	职业发展	63.6%
	民主管理	50.4%
生态环境	环境管理	27.5%
	污染防治	57.9%
	资源节约	47.9%
	生态保护	40.2%
公平运营	反腐败	52.6%
	公平竞争	64.7%
	产权保护	54.6%
	价值链共赢	41.4%
消费者责任	营销宣传	43.9%
	消费者健康	58.3%
	售后服务	49.1%
	信息保护	41.3%
	可持续消费	25.7%
社区责任	公益慈善	71.1%
	教育文化	53.8%
	社区开发	59.3%
	沟通补偿	45.1%
责任治理	责任方针	31.3%
	责任识别	20.4%
	责任管理	21.5%
	责任报告	5.1%

图 1-17　二级指标得分率分布

数据来源：2020 年度全国工商联民营企业社会责任调查问卷

（二）主要发现

2020 年，民营企业履行社会责任的荣誉感和使命感进一步增强，社会责任实践活动也呈现出新气象、新作为、新发展、新动向。在"自上而下"的政策引导以及"自下而上"的企业实践的双重驱动下，各行业履责能力整体提升，地区差距进一步缩小，不同规模企业存在差异，社会责任实践亮点突出。

1. 制造业表现突出，各行业普遍保持增长

通过对样本集中的前五大行业做进一步分析发现，制造业表现突出，建筑业提升最快（见表 1-3）。消费者责任和社区责任的快速提升是这五大行业的共同特征。民生市场化领域、竞争性领域是民营企业发挥主导、主体作用的舞台，履行消费者责任成为民营企业面临不确定性时的应对之策。而民营企业在新冠肺炎疫情防控阻击战中的亮眼表现则为社区责任增色不少。

表 1-3 2020 年主要行业社会责任指数

行业	样本占比	2019 年指数	2020 年指数	增幅
制造业	43.2%	570.3	577.1	6.8%
批发和零售业	11.4%	447.3	453.7	6.4%
农林牧渔业	11.0%	529.4	537.8	8.4%
建筑业	9.2%	502.3	517.5	15.2%
房地产业	3.9%	527.3	524.8	−2.5%

数据来源：2017—2020 年度全国工商联民营企业社会责任调查问卷

在共性之外，不同行业在社会责任实践方面又各具特点：制造业在创新发展、绿色低碳方面保持领先；批发和零售业高度重视供应链共赢；农林牧渔业聚焦于精准扶贫；建筑业重点关注员工健康安全；房地产业在税收贡献、绿色创新等方面表现突出。

2. 东部保持领先，地区差距进一步缩小

东部、中部、西部和东北四个区域民营企业社会责任指数由高到低呈阶梯

状分布，与 2019 年的情况保持一致。从指数变动趋势来看，地区差距呈现缩小趋势（见图 1–18），企业社会责任区域发展结构逐步均衡化态势继续强化。

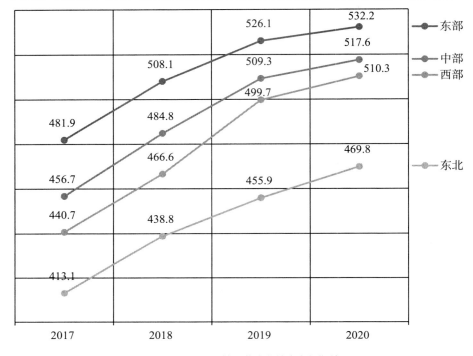

图 1-18　不同区域民营企业社会责任指数

数据来源：2017—2020 年度全国工商联民营企业社会责任调查问卷

　　具体来看，东部与其他地区指数得分差距集中在健康发展和责任治理两个方面，体现在"创新发展""品牌建设""国际合作""责任管理""责任报告"等指标上。东部地区民营企业对社会责任理念认知较为全面，社会责任活动管理的规范化程度较高，进而促进企业社会责任实践能力和绩效水平全面提升。相对而言，中西部地区企业更倾向于通过公益慈善、精准扶贫来履行社会责任，企业社会责任规范化、组织化和专业化方面尚有较大的提升空间。

　　3. 大中型企业领先优势扩大，两极分化趋势明显

　　企业规模与社会责任发展指数得分体现较强的关联性，不同规模企业履行社会责任的能力和程度存在显著差异。本次调研中，大型企业社会责任指数得分 678.4 点，遥遥领先于中小微企业，增长趋势明显。小型企业和

微型企业指数得分分别为 407.2 点和 323.7 点，较之 2019 年也取得了一定的增长（见图 1-19）。

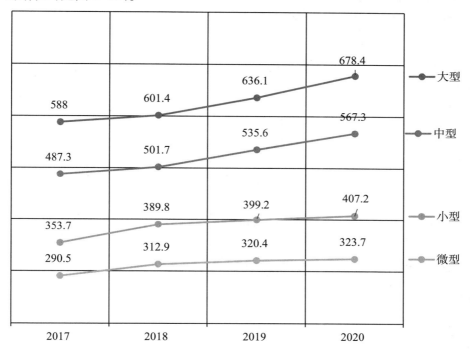

图 1-19　不同规模民营企业社会责任指数

数据来源：2017—2020 年度全国工商联民营企业社会责任调查问卷

　　大中型企业在为社会创造价值的同时，带动了自身价值的提升，逐步形成了一个良性的双轮驱动发展过程，社会责任内生性不断增强。小微企业吸收了中国大部分就业和最大体量的创新，是企业社会责任建设的"草根性"基础。特别是在就业优先战略下，作为吸纳就业的主体，小微企业的社会价值显得更为重要。帮助小微企业应对疫情冲击，提升稳定和促进就业的能力，成为各级党委政府和全社会必须面对的重大课题。

　　4. 工商联执常委企业表现优异，充分发挥示范效应

　　工商联执常委企业社会责任指数一直领先于非执常委企业，特别是在2020 年整体经济增长放缓的情况下，执常委企业充分发挥了"关键少数"的示范效应，实现逆势增长，增幅遥遥领先（见图 1-20）。执常委企业主动承担社会责任、解决社会问题、推动社会进步，把正能量辐射到本行业、其

他行业，乃至整个社会，不断赋予社会责任新发展阶段的新时代内容，充分发挥了在实现全体人民共同富裕中的促进作用和创新社会治理中的协同作用，为广大民营企业履行社会责任树立标杆和榜样。

图1-20　工商联执常委企业社会责任发展指数

数据来源：2017—2020年度全国工商联民营企业社会责任调查问卷

5. 聚焦国家战略，社会责任议题本土化

经过改革开放和多年的发展历程，民营经济已经成为我国经济制度的内在要素，坚持和发展中国特色社会主义的重要经济基础，在推动发展、改善民生、促进就业、调节收入分配、缩小贫富差距等方面发挥着重要作用。民营企业家在亲身经历中，更加深刻地感受到听党话、跟党走、报党恩，实现"两个健康"，促进共同富裕的重要意义，履行社会责任实践议题大多聚焦国家战略，具有鲜明的时代性与本土化特征，体现出深厚的家国情怀。

21世纪初，随着中国加入世界贸易组织，融入经济全球化，民营企业社会责任议题一般是按照欧美发达国家的社会责任标准，聚焦于供应链、人权、劳工等普遍性议题。2020 年以来，随着中国进入构建以国内大循环为主、国内国际双循环相互促进的新发展格局，越来越多的民营企业将自身的履责重点聚焦到中国本土的社会责任议题上来，找准国家倡导、人民期盼、自身优势的结合点，主动利用企业在专业领域的优势资源，找准履行社会责任的议题定位，探寻满足人民对美好生活需要的新路径，在解决社会公共问题中拓展新的市场机会和增长空间，建立积极的政商关系、社企关系。如党和国家提出的脱贫攻坚、乡村振兴、"一带一路"倡议、污染防治、"碳达峰""碳中和"、"六稳""六保"等中国典型的公共议题被纳入企业行动，越来越多呈现出以企业力量参与解决公共问题的趋势，推动民营企业社会责任活动迭代升级。

6. 党建实现"有效覆盖"，探索责任治理新路径

民营企业党建对企业履行社会责任的引领逐步从"有形覆盖"到"有效覆盖"，为民营企业社会责任体系建设注入发展动力。调研数据显示，共 9098 家民营企业建立党组织，占样本总量的 45.6%。伴随着党组织覆盖面和党建工作覆盖面进一步扩大，党建对企业社会责任工作"把方向""管大局""保落实"的作用日益突显（见图 1-21—图 1-22）。

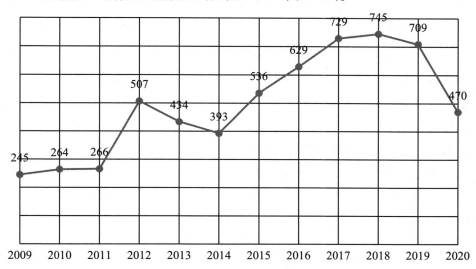

图 1-21　参与调研民营企业党组织成立时间

数据来源：2020 年度全国工商联民营企业社会责任调查问卷

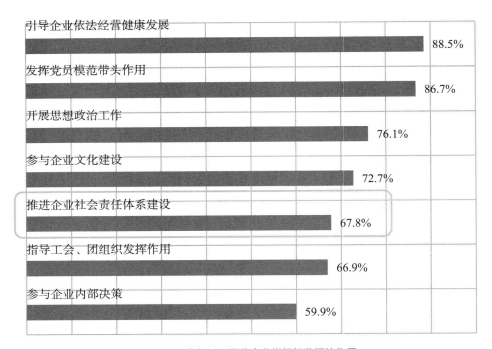

图 1-22　参与调研民营企业党组织发挥的作用

数据来源：2020 年度全国工商联民营企业社会责任调查问卷

　　值得注意的是，67.8% 的参与调研企业明确认可党建可以有效"推进企业社会责任体系建设"。越来越多的民营企业将党建作为加强社会责任治理的重要路径和有效方式，探索形成具有中国特色的社会责任治理模式。如红豆集团将"党的建设"与"社会责任"嵌入企业制度，探索"现代企业制度＋党的建设＋社会责任"三位一体的中国特色现代企业制度模式，构建有别于西方现代企业制度、更加符合国情的中国特色现代企业制度。党建工作在民营企业落地、开花、结果，持续将组织优势转化为企业履行社会责任的促动力、原动力、凝聚力，成为助力企业实现可持续高质量发展的新动能。

　　7. 疫情防控阻击战表现抢眼，疫情推动企业思考

　　社区责任一直是民营企业履行社会责任的优势领域，新冠肺炎疫情防控阻击战中的民营企业表现成为最大亮点。调研数据显示，有 63.76% 的企业通过捐款、捐物、医用物资供应、生活物资保障、全球物资采购等方式

参与抗击新冠肺炎疫情（见图 1-23）。面对新冠肺炎疫情压力，广大民营企业积极稳岗、扩员，表现出极大的社会责任感（见图 1-24）。从参与疫情防控的方式和路径来看，民营企业在社会资源调配和专业产品与服务供给上展现出了独有的创新性和灵活性，在医疗支撑、便民服务、物资保障和技术支持等方面，涌现出了许多将自身业务与疫情防控相耦合、将履责实践与社会发展相耦合、将特殊考验与时代使命相耦合的典型实践。

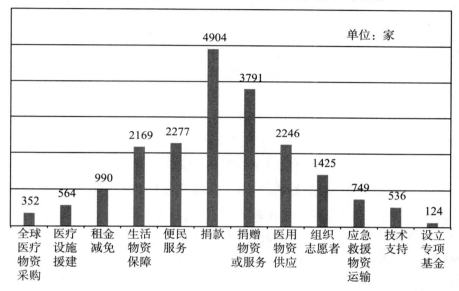

图 1-23　参与调研民营企业参与抗击新冠肺炎疫情行动

数据来源：2020 年度全国工商联民营企业社会责任调查问卷

　　正如 2008 年汶川大地震开启了中国企业社会责任元年、唤醒了中国企业的集体社会责任意识，此次新冠肺炎疫情危机也给企业社会责任理念和实践带来巨大的影响，促使企业家、企业开始重新思考初心、使命与责任。后疫情时代，企业对党和国家的向心力和凝聚力更强，企业与社会的关联度更加紧密，企业对可持续商业—社会的共生生态、对利益相关方关系的认知更加深入。企业利用这次危机从诸多方面综合优化成长路径，发挥数字化、智慧化、平台化、共享化优势，将企业履责的外延进一步延伸到价值链和生态圈，运用自身能力和专业优势服务社会。

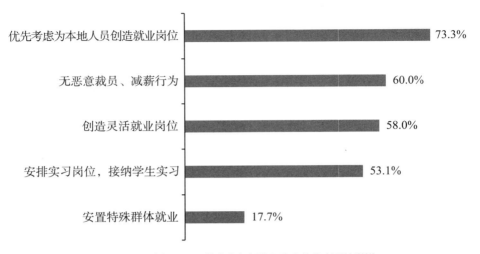

图 1-24　参与调研民营企业在促进和稳定就业方面的举措

数据来源：2020 年度全国工商联民营企业社会责任调查问卷

8. 员工责任持续下滑，和谐劳动关系不容乐观

继 2019 年下滑 5.5 点之后，民营企业履行员工责任在 2020 年继续下滑 7.28 点，对构建和谐劳动关系造成较大压力（见图 1-25）。

2020 年，民营企业劳动关系出现新情况新变化。一方面，在中美贸易摩擦和新冠肺炎疫情双重影响下，民营企业生存压力变大，部分企业经营困难，盈利能力下降，进而影响员工权益，增加劳动关系不和谐风险。另一方面，我国民营经济领域劳动关系市场化与劳动用工形式多样化并存，劳动合同的不规范性与劳动关系主体的不平等性并存，劳动关系日益人性化与员工诉求多元化并存，劳动争议显性化与企业转型升级并存，劳动关系日趋多变复杂，对民营企业和谐劳动关系建设提出挑战。特别是民营企业承载了绝大多数的非标准就业劳动者，如网约车司机和外卖快递员等，这种非雇佣关系用工和隐蔽性雇佣等新形式的非标准就业处于现行劳动力市场制度框架之外，该部分就业产生的劳动争议和纠纷的解决以及对该就业群体的保护缺乏相应的法律依据和制度保障，或是未来民营企业构建和谐劳动关系的重点关注和重要领域。

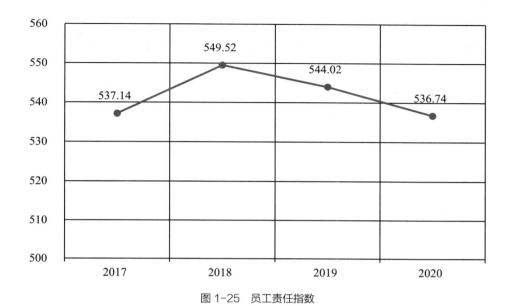

图 1-25　员工责任指数

数据来源：2017—2020 年度全国工商联民营企业社会责任调查问卷

9. 品牌建设指标得分提升，社会责任成为品牌建设的重要着力点

品牌不仅是企业走向世界的通行证，也是满足人民美好生活需要的有力支撑，更是国家竞争力的重要体现。本次调研发现，民营企业品牌建设指标得分率为 34.2%，相较于 2017 年提高 13.8 个百分点（见图 1-26）。"十三五"期间，民营企业品牌意识明显提升，品牌建设进展迅速。

27.1% 的企业将社会责任作为品牌建设的重要途径，社会责任成为民营企业品牌建设的重要着力点。"责任"成为企业品牌创建更重要的外在表现和内涵要求，品牌对社会需求的响应、对经济增长的贡献、对市场公平竞争的表现、对环境保护的贡献、对员工发展的促进、对社区建设的响应、对用户服务的满足都已成为品牌工作的重要内涵。但在社会责任品牌的建设方面，民营企业在理念认知和管理实践上还不成熟。调研发现，绝大多数企业缺乏将社会责任与品牌建设进行有效融合，品牌存在不同程度上的责任真空。主要表现为两点：一是狭义社会责任项目品牌丰富，二是广义社会责任品牌战略建设不足。在狭义责任品牌建设方面，民营企业多将社会责任品牌，如公益慈善品牌项目、扶贫品牌项目、环境保护品牌项目等构筑为企业责任品牌的内容。在广义责任品牌战略建设方面，民营企业缺乏系统性企业社会责任战略规划和全面社会责任品牌管理的经验和能力，还不能将社会责任体现在人、财、物、战略、计划、文化、信息等职能管理的各个层面，这也与民营企业公司治理发展水平基本一致。

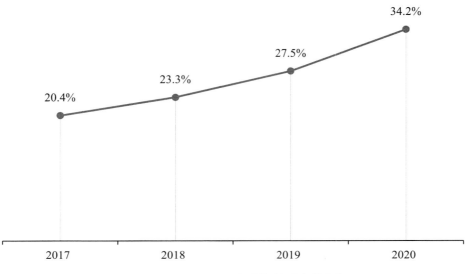

图 1-26　2017—2020 年品牌建设指标得分率

数据来源：2017—2020 年度全国工商联民营企业社会责任调查问卷

10. 社会责任意识提升，可持续发展战略加速落地

2020 年，随着民营企业对社会责任认识的提升，企业履行社会责任由被动响应型开始向主动战略型转变，可持续发展战略加速落地成为民营企业社会责任发展进程中一个值得关注的趋势。京东集团以"技术为本，致力于更高效和可持续的世界"作为新使命，推动京东集团实现商业、社会、人文、环境、利润的平衡。从"让购物变得简单快乐"到"科技引领生活"，再到如今的"技术为本，致力于更高效和可持续的世界"，京东的使命在不断更迭中彰显出对社会责任认识的不断深化。腾讯将"推动可持续社会价值创新"作为核心战略，设立可持续社会价值事业部，首期投入 500 亿元用于可持续社会价值创新。这是腾讯在 2018 年"9·30 变革"后的又一次战略升级。从"扎根消费互联网，拥抱产业互联网"，到"推动可持续社会价值创新"，腾讯又迈进一步。社会价值创新战略将成为腾讯发展的底座，牵引腾讯所有核心业务。

在经济、社会、环境三个维度中组成的企业生存与发展空间里，在颠覆式创新、跨界式融合、开放式合作的商业—社会生态中，民营企业社会责任实践的一些关键特征正在发生变化。企业正从传统的以产品—市场战略、谋求股东利益最大化为第一要义，向着负责任运营、多重利益相关方价值创造、可持续发展的"美好商业"转移。越来越多的企业正将承担社会责任作为使命引领，创造多重利益相关方价值作为战略方针，全面推动自身从积极参与社会公益到向生产和经营领域深化社会责任实践，从附加于企业运营之上的企业社会责任项目到企业战略性对标，从单一企业的社会责任担当到全产品生命周期及上下游价值链联动合作，形成"全面化""立体化""带动化"的多方共赢局面。

11. 企业期望工商联加大社会责任工作服务力度

民营企业对工商联在推动企业履行社会责任方面，给出了高度的评价，也提出了一些好的意见和建议。

本次调研共收集到 3163 家企业的建议，主要集中于组织保障、政策法规、荣誉表彰三个方面。在组织保障方面，希望工商联建立健全促进民营企业履行社会责任组织体系和工作机制，统筹规划民营企业社会责任推进工作；在政策法规方面，期待工商联协调推动有关部门出台促进民营企业履行社会责任政策法规，让企业履行社会责任有法可依，有章可循；在荣誉表彰方面，建议工商联在政治安排、荣誉表彰等各方面向积极承担社会责任的企业家倾斜，加大正向激励力度。同时，部分企业提及将社会责任培训纳入工商联教育培训体系，建立完善民营企业社会责任工作交流学习机制，加强教育引导，提升企业履责能力。企业还希望工商联搭建企业履行社会责任的平台，持续发布社会责任报告和责任榜，营造民营企业履行社会责任的良好环境（见图 1-27）。

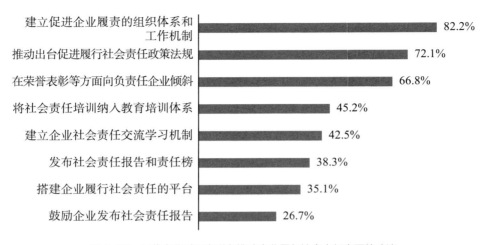

图 1-27　民营企业对工商联在推动企业履行社会责任方面的建议

数据来源：2020 年度全国工商联民营企业社会责任调查问卷

三、工作推动

引导民营企业履行社会责任，为实现共同富裕作出贡献，既是党和政府赋予工商联工作的重要使命，也是民营经济统战工作发展新阶段的新要求。2020 年 9 月，中共中央办公厅印发《关于加强新时代民营经济统战工作的意见》，要求"切实发挥工商联和商会作用"，提出"大力弘扬优秀企业家精神和工匠精神，充分激发创新活力和创造潜能。倡导义利兼顾、以义为先理念，坚持致富思源、富而思进，认真履行社会责任，大力构建和谐劳动关系，积极参与光彩事业、精准扶贫和公益慈善事业，克服享乐主义和奢靡之风，做到富而有德、富而有爱、富而有责"。

（一）全国工商联加大推动企业履行社会责任工作力度

全国工商联牢牢把握"信任、团结、服务、引导、教育"的民营经济统战工作"十字方针"，将促进民营企业履行社会责任作为实现"两个健康"的着力点和重要载体，着力打造民营企业社会责任工作品牌，引导民营企业履行社会责任向平台化、规范化、组织化和专业化方向发展。

近年来，全国工商联高度重视形成系统内外合力，加强顶层设计和统筹协调，发挥工商联组织优势，聚焦重点履责领域，从理论研究、标准制定、理念普及、平台搭建、教育培训、宣传表彰、报告发布、考核督导等方面有组织、有计划、成体系地推进民营企业履行社会责任，逐步形成统筹有序、上下联动、整体推进、重点突出的社会责任工作大格局，成为推动民营企业履行社会责任的重要力量（见图 1-28）。

2020
◆编制发布中国民营企业社会责任发展指数
◆完成《民营企业社会责任评价体系研究》课题
◆召开"民营企业社会责任工作座谈会"
◆将"引导民营企业履行社会责任"作为2021年工作要点

2019
◆举办"全国工商联民营企业社会责任调研培训班"
◆将"推动企业履行社会责任"纳入对省级工商联工作考核重要指标
◆鼓励工商联执常委企业带头发布社会责任报告

2018
◆中央统战部副部长，全国工商联党组书记、常务副主席徐乐江在《求是》上发表文章，明确提出引导民营企业履行社会责任，努力打造民营企业社会责任体系建设等新的工作品牌
◆成立全国工商联绿色发展委员会
◆首次发布《中国民营企业社会责任报告》和《中国民营企业社会责任优秀案例》，并作为常态化工作每年进行

2017
◆成立中国民营企业社会责任报告编委会

2015
◆企业社会责任立法列入《党的十八届四中全会重要举措实施规划（2015—2020年）》，全国工商联为牵头起草单位之一
◆启动"万企帮万村"精准扶贫行动，打造民营企业履行社会责任平台

2013
◆出版《中国民营企业社会责任研究报告》

图 1-28　近年来全国工商联社会责任工作大事记

2020 年，全国工商联深入研究探讨新发展阶段推进民营企业履行社会责任的新方法、新模式、新路径，着眼于常态化、长效化，进一步完善促进民营企业履行社会责任工作机制，推动民营企业社会责任体系建设不断

完善并向纵深发展。

凝聚系统合力，统筹推进社会责任工作。全国工商联通过发挥组织和指导职能，从顶层设计和制度建设上下功夫，统筹推进社会责任工作。2020年12月30日，全国工商联首次以新闻发布会的形式发布中国民营企业社会责任报告和优秀案例，召开民营企业履行社会责任工作座谈会。圆满完成《民营企业社会责任评价体系研究》课题，积极推进将"推动企业履行社会责任"列为对省级工商联工作考核重要指标，发布"中国民营企业社会责任优秀案例"。同时，将"以满足美好生活需要为目标，引导民营企业履行社会责任"作为全国工商联2021年度工作要点，探索制定民营企业社会责任评价体系，开展中国民营企业社会责任100强评价发布工作，进一步形成凝聚力，彰显引导力，发挥影响力。《中华全国工商业联合会2020年度部门决算》中，"引导民营企业履行社会责任"项目绩效评价得分99.00分，很好的完成了预期目标。项目紧紧抓住"引导民营企业履行社会责任"项目主题的内涵和外延，在扶贫开发、光彩事业、就业创业、公益慈善等领域充分发挥民营企业及民营企业家的作用，积极引导民营企业及民营企业家切实履行社会责任。

聚焦重点领域，引导社会责任工作再上新台阶。全国工商联以社会责任专项活动为抓手，聚焦重点领域，搭建履责平台，扎实推动社会责任工作有序落地落实，促使民营企业社会责任工作再上新台阶。

——广泛动员民营企业抗击疫情。全国工商联建立系统联动机制和防疫物资对接机制，广泛动员民营企业和商会参与抗疫斗争。开展"助力疫后重振"系列经贸活动，组织"知名民企湖北行"活动，全面助力湖北疫后重振、脱贫攻坚。

——奋力推进"万企帮万村"行动完美收官。2020年，全国工商联持续聚焦"三区三州"等深度贫困地区，通过推进东西部协作扶贫，持续落实援藏援疆任务清单，深化区域合作，推进产业梯度转移，召开东西部扶贫协作工作座谈会等方式，引导企业帮扶力量向尚未摘帽、挂牌督战的52个县和1113个村倾斜。2021年，全国工商联启动"万企兴万村"行动，推动脱贫攻坚同乡村振兴的有效衔接，把组织开展"万企兴万村"行动作为履行社会责任的具体实践和工作品牌。全国工商联扶贫与社会服务部被中共中央、国务院授予"全国脱贫攻坚先进集体"荣誉称号。

——支持服务民营企业绿色发展。全国工商联与生态环境部、国家林草局等相关职能部门开展系列务实合作，支持服务民营企业绿色发展。先后与生态环境部联合开展疫情对民营企业生产经营和环境治理影响的调查，共同召开支持服务民营企业绿色发展座谈会，举办污染防治、林业草原专题培训班，开展光彩事业国土绿化贡献奖评选，推动解决企业绿色发展和环境治理的突出困难，营造民营企业加快绿色发展、助力污染防治攻坚战的良好氛围。

——推动民营企业和谐劳动关系构建。全国工商联作为协调劳动关系三方会议成员单位，充分发挥组织健全、会员广泛、贴近企业的优势，与人力资源和社会保障部、中华全国总工会、中国企业联合会等加强合作，扎实推进构建和谐劳动关系工作，会同国家协调劳动关系三方联合印发疫情防控期间稳定劳动关系、支持企业复工复产的意见，开展"和谐同行"千户企业培育行动，实施"失业保险惠企政策进民企"特别推送，鼓励企业与员工开展集体协商、共克时艰。参与全国就业与社会保障先进民营企业表彰、全国厂务公开民主管理工作先进表彰。与有关部门联合开展全国民营企业招聘月活动、金秋招聘月活动、湖北高校毕业生就业促进行动。

——持续推进商会改革发展。全国工商联深入贯彻落实《关于促进工商联所属商会改革和发展的实施意见》精神，以所属商会改革为重点，将引导会员积极履行社会责任作为商会工作的重要内容，全面开展以班子建设好、团结教育好、服务发展好、自律规范好为主要内容的"四好"商会建设工作，持续夯实所属商会社会责任工作的组织基础和工作基础。

（二）各级工商联及商会社会责任工作实践与探索

在全国工商联大力推动下，地方各级工商联和商会积极推进民营企业履行社会责任工作，形成了各具特色、竞相发展的局面。地方各级工商联和商会的社会责任认知更加全面、制度更加完善、措施更加务实、组织更加有力，社会责任工作取得了阶段性成果，形成了一些可借鉴、可复制、可推广的经验。

——发布社会责任报告。据不完全统计，目前，全国共有河北、上海、山东、福建、云南、安徽、北京、河南、江西、广东、江苏、浙江、重庆、四川、山西、湖北、内蒙古、青海、吉林、黑龙江20个省、市、自治区工商联及全国工商联纺织服装业商会、全联环境服务业商会、全国工商联石油业商会、全国工商联金银珠宝业商会四个全国工商联直属商会编制发布民营企业社会责任报告。其中，河南、江西、河北、江苏、浙江、广东、山西、山东、云南、安徽、福建已经连续多年发布民营企业社会责任报告。全国工商联纺织服装业商会2020年发布首份社会责任报告，实现全联直属商会社会责任报告发布零的突破；四川省工商联在全国率先发布绿色发展社会责任专项报告；河北省工商联编制发布全国首份商会社会责任报告；江西省南昌市工商联在全国省会城市工商联中率先编制发布省会城市工商联民营企业社会责任报告。

——制定社会责任工作总体规划方案。江西省工商联促成省委、省政府将"实现社会责任突破"作为《新时代江西省非公有制经济五年发展规划》实现非公有制经济跨越式发展的"五大突破"之一。山东省工商联制定推动民营企业履行社会责任的总体规划方案，建立多层次的交流和成果转化渠道。江苏省工商联把民营企业社会履行责任作为江苏省工商联"改革深化年"活动的重要支点，打造以"五个一"为主要内容的江苏民营企业履行社会责任提升工程，全面引导江苏民营企业积极履行社会责任。

——将社会责任工作纳入目标考核重点指标。河南、江苏、山西、江西、内蒙古等省级工商联把促进民营企业履行社会责任列入年度重点工作计划和对市级工商联目标考核重点指标。全国工商联纺织服装业商会将履行社会责任纳入商会"2021年度战斗堡垒攻坚项目"，强化会员企业社会责任意识。

——建立社会责任报告发布制度。山东省工商联和山西省工商联建立了社会责任调研和报告发布制度。山西省太原市阳曲县工商联从2014年起已连续七年发布《阳曲县工商联会员企业年度社会责任报告》。广西壮族自治区工商联积极引导企业发布社会责任报告，2021年广西有42家民营企业发布社会责任报告，发布数量首次超过国企。湖北省工商联建立企业社会责任报告发布制度和湖北省工商联企业家副主席副会长履职工作制度，将企业家履行社会责任作为履职尽责台账的重要内容。

——抓实做细社会责任调研工作。浙江省工商联充分发挥民营企业社会责任调研牵引力，精心组织开展民营企业社会责任调研工作，积极引导民营企业家踊跃参与脱贫攻坚、疫情防控、抗灾救灾、光彩事业等慈善公益活动。2018 年至 2021 年，浙江省参与全国工商联民营企业社会责任调研的企业数从 1578 家递增到 3199 家，企业参与数量、入选中国民营企业社会责任优秀案例和中国民营企业社会责任 100 强榜单企业数量三项指标，持续位列全国第一。

——建立民营企业及民营经济代表人士数据库。新疆维吾尔自治区工商联建立了民营企业及民营经济代表人士数据库，收集各类信息八万余条，及时掌握民营企业履行社会责任情况。

——发布企业社会责任标准、规范。河南省工商联在全国率先发布民营企业社会责任地方标准。全国工商联并购公会编制《中国并购行业行为准则（2019 年版）》，规范行业秩序。青海省工商联逐步探索建立符合青海省实际的民营企业社会责任评价标准，引导民营企业全面履行社会责任。

——开展社会责任专项培训。山西省工商联先后多次组织开展社会责任专业培训，实现全省 11 个市 117 个县级工商联和省联常委以上企业全覆盖。江苏省工商联联合上海市、浙江省、安徽省工商联共建张謇企业家学院，举办各类企业家培训上百场，成为引导民营企业家履行社会责任的重要基地。贵州省工商联通过推出线上公益讲座和免费培训课程，提高民营企业社会责任认识。云南省工商联在楚雄州举办云南民营企业履行社会责任培训班。

——举办社会责任宣传表彰活动。重庆市工商联在全国率先召开民营企业履行社会责任表彰大会。贵州省工商联联合有关方面共同举办企业社会责任报告暨社会责任案例发布会。河北、江西、河南、北京、重庆、浙江等省市发布民营企业社会责任百强榜。全联环境服务业商会开展"环境企业社会责任榜样"宣传表彰活动。湖南省工商联编辑出版了《力量与情怀》一书，展示了湖南民营企业的社会责任担当。

——建立社会责任实践研究基地。河南省工商联为推动社会责任理念融入企业发展战略、管理体系和文化建设，探索企业社会责任工作专业化和标准化管理模式，首批选择在三家企业和两家商会建立了民营企业社会责任实践研究基地，通过组织有关专家指导，培育打造民营企业履行社会责任样板。

四、发展展望

"十四五"时期是中国从全面建成小康社会向全面建设社会主义现代化国家迈进的关键时期。《中共中央关于制定国民经济和社会发展第十四个五年规划和二〇三五年远景目标的建议》对"十四五"和未来更长时间我国经济社会发展目标、路径作出重大部署。中共中央办公厅印发《关于加强新时代民营经济统战工作的意见》，明确提出要强化民营经济人士思想政治引领，引导民营企业家争做爱国敬业、守法经营、创业创新、回报社会的典范，为今后五年乃至更长时期促进民营企业履行社会责任工作明确了指导思想、发展方向和着力点。

民营企业要树立正确的国家观、法治观、事业观、财富观，把企业发展与国家发展结合起来，个人梦与中国梦结合起来，坚持义利兼顾、以义为先，坚持致富思源、富而思进，积极参与光彩事业、乡村振兴和公益慈善事业。可以预见，未来我国民营企业履行社会责任必将呈现普及化、法定化、专业化和个性化趋势，在实现共同富裕、发挥第三次分配作用中更加主动有为，富而有德，富而有爱，富而有责。

一是加大创新力度，发挥创新主体作用。"十四五"规划强调"坚持创新在我国现代化建设全局中的核心地位"，提出"强化企业创新主体地位，促进各类创新要素向企业聚集"，将科技工作的重要性提升到战略层面，同时将企业作为创新主体的表述更加清晰。民营企业是重要的创新主体之一，也是创新成果应用的重要推动者和承载主体，在科技创新中发挥着显著的作用。民营企业贴近市场，对需求敏感且反应敏捷；激励到位，充满了企业家精神，在创新方面具有天然的优势。新形势下，民营企业要强化创新主体作用，进一步释放创新活力，形成市场化的创新生态，为加快实现科技自立自强、建设科技强国贡献力量。

二是提升供给质量，服务"双循环"新格局。"十四五"规划提出"以创新驱动、高质量供给引领和创造新需求，加快构建以国内大循环为主体、国内国际双循环相互促进的新发展格局"。畅通国内大循环，提高供给质量是重要基础。国内大循环目前还不够畅通的矛盾主要是供给侧的供给质量不高，产业的智能化、高端化、绿色化和服务化水平不能满足消费升级的要求。民营企业占全国企业总数的 90% 以上，是竞争性产品的主要供给者，是大多数最终产品的提供者，是打通国内大循环中生产环节的重要着力点。同时，民营企业吸纳了 80% 以上的城镇劳动力就业，是大多数居民消费的主要来源。民营企业兴，则国内消费兴；民营企业活，则国内循环活。企业只有继续锐意进取，不断开拓创新，抓住经济社会中的"痛点""堵点"，准确把握广大人民群众的真实需求和消费倾向，利用好大数据、人工智能、柔性制造等科技工具开展差异化竞争，不断提升产品和服务的质量，才能更好地满足广大人民群众的美好生活新需要。

三是提高就业水平，构建和谐劳动关系。就业是最大的民生。我国有 14 亿人口、9 亿劳动力，解决好就业问题，始终是经济社会发展的一项重大任务。"十四五"规划将实施就业优先战略作为增进民生福祉的重要内容，提出要扩大就业容量，提升就业质量，缓解结构性就业矛盾，促进更充分更高质量就业，保障劳动者待遇和权益。对于就业主渠道的民营企业来说，一方面要树立就业优先的理念，要在企业良性发展和力所能及的条件下，千方百计稳岗、扩员，扩大就业盘子，为缓解就业压力、稳定经济社会发展作贡献；另一方面要优化分配，让利员工，提高员工收入，合理规划企业的工资增长机制，让员工更好地共享企业改革发展带来的成果，推动并践行兼顾效率与公平的收入分配制度改革。

四是投身乡村振兴，推进共同富裕。巩固拓展脱贫攻坚成果与乡村振兴有效衔接，是党在"十三五"与"十四五"重要历史交汇期，开启全面建设社会主义现代化国家新征程中作出的重大战略部署。"十四五"规划纲要中将"坚持农业农村优先发展，全面推进乡村振兴"单独成篇，彰显出乡村振兴在国家战略布局中的重要地位。积极投身乡村振兴和区域协调发展战略，补齐共同富裕的短板，这是当前民营企业履行社会责任的主要方向和重要着力点。民营企业要积极参与乡村振兴战略，实现脱贫攻坚中的产业扶贫和乡村振兴中的"产业兴旺"的有效衔接，巩固脱贫成果，促进农村一二三产业融合发展，丰富乡村经济业态，推动城乡要素平等交换与双向流动，加快实现农业农村现代化和城乡深度融合发展。

五是加快绿色转型，推动绿色低碳发展。"十四五"时期，我国生态文明建设进入以降碳为重点战略方向、推动减污降碳协同增效、促进经济社会发展全面绿色转型、实现生态环境质量改善由量变到质变的关键时期。中国宣布"力争 2030 年前实现碳达峰、2060 年前实现碳中和"的目标，确立了未来数十年的低碳转型方向，将深刻影响今后中国产业链的重构、重组和新的国际标准的形成。民营企业要顺应这个低碳转型的大趋势，摒弃传统低端破坏生态环境的发展模式和做法，在绿色消费、绿色生产、绿色流通、绿色创新、绿色投资等方面，广泛形成绿色生产方式，助力实现"碳达峰、碳中和"，为生态环境增值赋能，为建设美丽中国贡献力量。

六是拓宽国际视野，增强国际经营能力。建设现代化强国需要一大批有国际竞争力的中资跨国公司来支撑。"十四五"规划提出要实施更大范围、更宽领域、更深层次对外开放，尤其是要推动共建"一带一路"高质量发展，积极参与全球经济治理体系改革。民营企业要拓宽国际视野，增强国际化经营能力，成为具有国际视野和经营能力，得到东道国和国际社会尊重和信赖的跨国公司。一方面要提高把握国际市场动向和需求特点的能力，提高把握国际规则的能力，提高开拓国际市场的能力，提高防范应对国际市场风险的能力，增强自身在全球产业链上的话语权和主动权；另一方面要革新思路，强化世界公民和企业公民理念，不断提升海外履责意识和能力，将履行社会责任作为推动中国民营企业进行全球化布局的重要手段和途径，全面提高中国企业国际形象与文化软实力。

专 题 篇

Special Reports

2

"万企帮万村"精准扶贫行动专题报告

摘　要： 本文总结梳理了五年来"万企帮万村"精准扶贫行动的成效和经验，
集中展示了广大民营企业在各级工商联的精心组织动员下，创新帮
扶模式，积极履行社会责任的典型案例和实践，以期对下一步推动
乡村振兴带来借鉴意义。

关键词： 民营企业　万企帮万村　扶贫

2021 年 2 月 25 日，习近平总书记在全国脱贫攻坚总结表彰大会上庄
严宣告我国脱贫攻坚战取得了全面胜利，完成了消除绝对贫困的艰巨任务。
习近平总书记在讲话中指出，"民营企业、社会组织和公民个人热情参与，
'万企帮万村'行动蓬勃开展。我们构建专项扶贫、行业扶贫、社会扶贫互
为补充的大扶贫格局，形成跨地区、跨部门、跨单位、全社会共同参与的
社会扶贫体系。千千万万的扶贫善举彰显了社会大爱，汇聚起排山倒海的
磅礴力量"。

　　"万企帮万村"精准扶贫行动由全国工商联、国务院扶贫办、中国光彩

会发起，自 2015 年 10 月启动，伴随着脱贫攻坚战进程，经历了不平凡的五年。习近平总书记先后 10 次对行动作出重要指示批示，汪洋、俞正声、孙春兰、胡春华、尤权等中央领导同志多次对行动作出批示，社会各界对行动给予高度评价。"万企帮万村"行动已成为脱贫攻坚十大行动的排头兵，是国家脱贫攻坚的大品牌、民营企业扶贫的大平台。"万企帮万村"的成功实践，充分展现了中国民营企业的智慧，为世界减贫事业贡献了中国模式、中国方案。

一、"万企帮万村"精准扶贫行动实践

"万企帮万村"精准扶贫行动实施五年来，民营企业充分发挥决策机制灵活、市场反应灵敏、资源配置高效等优势，坚持因户因人施策、因企因地制宜，聚焦深度贫困地区，以产业扶贫、消费扶贫、教育扶贫、电商扶贫等形式，倾情投入人力、物力、财力、智力，克服重重困难，在帮扶举措上下足绣花功夫，找准穷根对症下药，探索创新出了一系列精准扶贫的新机制、新模式、新方法，为构建大扶贫格局贡献智慧和力量。

（一）总体情况

1. 参与企业数量多、类型广

五年来，参与"万企帮万村"精准扶贫行动的民营企业规模空前，凝聚起助力脱贫攻坚的磅礴力量，成为一支强劲的扶贫生力军。"万企帮万村"台账数据显示，截至 2020 年底，已有遍布全国 31 个省、市、自治区的 126964 家民营企业参与到"万企帮万村"精准扶贫行动中来。民营企业是打赢脱贫攻坚战、消除绝对贫困的重要主体，也是筑牢乡村振兴根基、推动高质量发展、实现共同富裕的重要力量。

从企业所属行业来看，涵盖了当前我国的主要行业类型。既包括来自农林牧渔业的第一产业企业，也包括来自采矿业、制造业、建筑业等的第二产业企业，还包括来自批发和零售业、住宿和餐饮业、文化、体育和娱乐业等的第三产业企业，其中最多的是制造业企业和农林牧渔业企业。

从企业规模来看，呈现出龙头企业和小微企业多元并存的格局。既有

年营业收入过千亿元的京东、复星、新希望等大型民营企业，也有年营业收入数十万元的小微企业。总体来看，以当地中小企业为主。各地中小微企业也发挥熟悉本乡本土的优势，因企制宜、因地制宜开创了许多投入少、帮扶准、见效快的产业扶贫模式。

2. 覆盖地域广，在地化帮扶特征突显

在"万企帮万村"精准扶贫行动中，企业帮扶覆盖面极广。"万企帮万村"台账数据显示，全国共有139137个村通过"万企帮万村"行动得到帮扶，其中建档立卡贫困村73198个，约占2014年确定的12.8万个建档立卡贫困村的57.2%。在73198个建档立卡贫困村中，河北省有7747个（占比10.6%），河南省有7124个（占比9.7%），四川省有5712个（占比7.8%），前十名省份合计51325个建档立卡贫困村受到参与行动民营企业帮扶（见表2-1）。从受帮扶村庄地域分布可以发现，全国各省市自治区贫困乡、村均有涉及，且河北、河南、陕西等中西部地区分布较多，相对贫困程度较深的乡村得到了较高程度的帮扶。

表2-1 部分省市受"万企帮万村"行动帮扶村数量情况

	民营企业参与总数（家）	村受行动帮扶总数（个）	建档立卡贫困村数（个）
河北省	13972	19025	7747
河南省	13273	18650	7124
四川省	6446	8029	5712
广西壮族自治区	18402	10670	5358
陕西省	8342	8877	5283
贵州省	5918	6982	4594
云南省	4196	5322	4487
甘肃省	2550	5501	3936
湖北省	6970	6271	3597
湖南省	5905	7587	3487

数据来源：中华全国工商业联合会"万企帮万村"台账

在地化帮扶是民营企业参与精准扶贫的重要特征。在"万企帮万村"精准扶贫行动中，有91.7%的企业帮扶同省的村庄，投资在当地、纳税在当地、就业在当地、服务在当地、造福在当地（见图2-1）。同地区的企业在劳动力、原料和市场等方面与本地乡村保持了紧密的"血肉"联系，能够持续为当地输送帮扶资源，从而实现扶贫的精准性、长期性和可持续性。

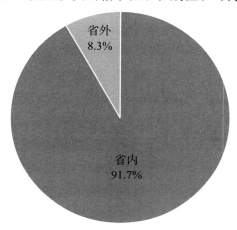

图2-1　帮扶企业与帮扶村庄地域分布情况

数据来源：中华全国工商业联合会"万企帮万村"台账

3. 扶贫方式多样，产业扶贫是重点

民营企业主要围绕产业扶贫、就业扶贫、公益扶贫、技能扶贫开展脱贫攻坚，扶贫方式多元。对于产业扶贫，民营企业注重将自身优势与对口帮扶村庄资源优势（如富余劳动力、特色农产品等）相结合，探索出高效农业、特色养殖、民俗旅游、田园综合体、农副产品加工等多种业态，采取"企业＋农户""企业＋基地＋农户""企业＋村集体（合作社）＋农户"等方式，以产业链为纽带形成了利益联结，进而保证了扶贫的可持续。针对就业扶贫，民营企业通过设立卫星工厂、扶贫车间、扶贫作坊、生产基地等方式让贫困群众实现就近就地就业，通过开设农民夜校、实训店等方式提升贫困群众技能水平和就业能力，为持续增收、稳定脱贫提供保障。公益扶贫是"补短板""救急难""兜底线"的重要举措。民营企业通过实施公益项目、创办慈善超市、发起社会众筹等方式延展公益扶贫"手臂"，成为政府公益资源有益补充。

从组织形式看，既有包市、县、乡整体推进型，也有一企帮多村、多企帮一村、一企帮一村或一企帮多户型；既有企业采取产业、就业、健康、养老、基础设施等全方位一揽子综合帮扶举措，也有企业聚焦教育、健康、生态等具体领域专项帮扶。有的企业负责人亲自担任扶贫工作组组长，带领高管员工全面参与，还有的企业专门设立了扶贫工作部门。

整体来看，产业扶贫是民营企业参与精准扶贫行动的主要手段，也是贫困乡村长久脱贫的核心方式。截至 2020 年 12 月底，全国民营企业产业帮扶总额达 1105.9 亿元，远超另外三项帮扶（见图 2-2）。

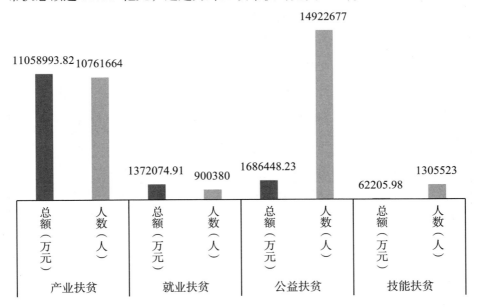

图 2-2 "万企帮万村"行动扶贫模式比较

数据来源：中华全国工商业联合会"万企帮万村"台账

4. 聚焦精准和可持续

深度贫困地区脱贫攻坚是这场硬仗中的硬仗，成为民营企业精准扶贫的主战场。习近平总书记 2017 年 6 月 23 日在深度贫困地区脱贫攻坚座谈会上的讲话中强调，民营企业"万企帮万村"行动要向深度贫困地区倾斜。广大民营企业聚焦攻坚"三区三州"等深度贫困地区，成为攻坚克难的重要力量。全国工商联"万企帮万村"台账数据显示，行动在"三区三州"地区累计帮扶金额 32.6 亿元，帮扶贫困人口 108.9 万。其中产业帮扶共计

18.1 亿元，就业帮扶共计 4.3 亿元，公益帮扶 4.5 亿元，就业帮扶 0.57 亿元。共计有 9812 个"三区三州"村庄受到帮扶，其中四川省涉藏地区共有 1759 个村庄受到帮扶，青海省涉藏地区有 1632 个村庄受到帮扶，西藏自治区有 1561 个村庄受到帮扶（见表 2-2）。

表 2-2 "三区三州"深度贫困地区被帮扶情况

地区		被帮扶村庄（个）
西藏自治区		1561
四省涉藏地区	青海涉藏地区	1632
	四川涉藏地区	1759
	云南涉藏地区	164
	甘肃涉藏地区	658
新疆维吾尔自治区	和田地区	486
	阿克苏地区	405
	喀什地区	566
	克孜勒苏柯尔克孜自治州	58
四川凉山州		1351
云南怒江州		427
甘肃临夏州		745
合计		9812

数据来源：中华全国工商业联合会"万企帮万村"台账

在"万企帮万村"精准扶贫行动中，企业扶贫效果具有可持续性。企业与贫困群众结成利益共同体，强化发展共赢的内在驱动力。一方面，企业深层次挖掘乡村资源、生态、文化等多元价值和多重功能，最大限度优化贫困地区生产要素资源配置，为区域经济可持续发展赋能，在参与扶贫中实现自身的可持续发展。另一方面，贫困群众通过直接参与生产、加工乃至销售、管理各个环节，逐步纳入企业全产业链中，激发贫困户内生动力，实现了扶贫工作由"扶生存"向"扶发展"转变，保障了贫困户脱贫的稳定性。

5. 探索创新出了许多成功的帮扶模式

民营企业经过多年实践，探索出各类推进路径、帮扶模式和组织形式，拓展了扶贫的广度和深度，为丰富和发展中国特色扶贫开发理论提供了鲜活素材（见表2-3）。

从帮扶模式看，民营企业在产业扶贫中探索出土地集约提升型、龙头企业引领型、能人大户带动型、金融机构助推型、扶贫资金入股型、电商平台拉动型等帮扶模式；在就业扶贫中，探索出卫星工厂、扶贫车间、扶贫作坊、生产基地等吸纳就业帮扶模式，以及定向招工、订单培训、设立实习店等技能培训帮扶模式，打造"就业蓄水池"，授人以渔；在公益扶贫中，探索出社会众筹、捐赠资金收益分红、创办慈善超市、消费扶贫、健康扶贫等创新公益扶贫模式。部分民营企业通过开展教育扶贫、党建扶贫、智力扶贫等不断拓展技能扶贫边界。很多民营互联网企业还充分发挥科技、流量和大数据等优势，为扶贫插上腾飞翅膀，装上强大引擎。

表2-3 部分民营企业帮扶模式

参与类型	案例
"公司＋专业合作社＋农户"模式	上海雪榕生物科技股份有限公司投资20多亿元在贵州毕节和甘肃临洮县建立了多个食用菌生产项目，提供就业岗位近4000个。公司还通过专业合作社收购企业所需原材料，稳固了企业与农户的关系，促进贫困农户脱贫增收。
合作社模式	金沙河集团有限公司于2012年成立金沙河合作社，涉及两省三县7106户，通过培育职业农民队伍、科学种地精耕细作、良种试验改善种植结构、研发软件智慧化管理等方式，农民成为月月领工资的职业农民，人均年收入达到12万多元，实现了三产融合利益联结、多方主体受益。
金融扶贫模式	湖北名羊农业科技发展有限公司在湖北省罗田县打造山羊特色养殖业，以企业为平台，政府出政策背书，银行向贫困户发放贷款（政府贴息），保险机构为贫困户提供保险，公司提供技术服务并负责市场销售，带动全县2000多户贫困户通过养羊脱贫。
旅游扶贫模式	贵州省织金古城文化旅游发展有限公司开发了织金古城文化项目，优先接待了六万余名农村贫困人口在平远古镇就业，优先采购贫困户绣娘上百万个刺绣产品作为美城装饰，还签订了贫困户种植养殖基地的采购协议，通过旅游产业有效地带动贫困户脱贫致富。

参与类型	案例
"五个一"整村带动模式	浏阳河集团股份有限公司在武陵山片区推行"结对一个行政村，组建一个合作社，培植一个产业，帮助一批贫困户，兴旺一块经济"模式，通过联办开发公司、组建合作社、引进科研院所、设立公益基金等形式，共投入资金两亿多元，实施20多个项目，组建专业合作社21个，带动9个县14个村的2万多个农户户均增收1800元以上。
"1＋5"立体扶贫模式	安徽红爱实业股份有限公司探索实践出具有特色的"1+5"立体扶贫新模式，即以产业扶贫为中心，以就业扶贫、公益扶贫、智力扶贫、结对帮扶、支援新疆等五大工程为抓手的立体扶贫新模式。红爱股份上下游产业链涉及国内15个省份120余家面辅料供应商，带动两万多名村民就业，解决了五万多名服装加工的富余劳动力，在宿松发展外协工厂21家，累计吸纳劳动人口1328人，为农民在家门口就业脱贫提供了强大支持。
"8+3"带动模式	安徽省龙成生态农业有限公司探索形成"8+3"带动模式，通过土地流转租金、进园务工薪金、承包管理酬金、超产分成奖金、订单种植订金、农副产品售金、贫困子女助学金、扶贫基金"八金"和创业就业帮扶、参股帮扶、公益捐助帮扶"三帮扶"等途径，累计带动农村贫困户增收2.1亿元，惠及9个乡镇40个行政村。
电商扶贫模式	四川易田电子商务有限公司通过构建同镇、同城一体化的电子商务平台，采取"PC端＋移动端＋销售终端"三位一体，连接农村与城市，整合各方资源和优势，充分打通农产品进城、工业品下乡的双向流通渠道。重点盘活全国已覆盖的25个省（区、市）、1.6万多个县（市、区）、乡镇网点，带动了五万个易田创客创业就业。
光伏扶贫模式	通威集团有限公司在全球首创"渔光一体"光伏扶贫创新发展模式，先后在四川、新疆、河北、吉林、山东、宁夏、内蒙古等地建设了多个光伏扶贫电站，解决贫困户长期的经济发展问题，走出一条产业扶贫、生态发展扶贫和清洁能源建设扶贫的崭新路子。
生态产业扶贫模式	亿利资源集团有限公司创造了"治沙、生态、产业、民生"四轮驱动和"绿起来和富起来""生态与产业、企业发展与生态治理"三结合，最终形成一二三产业融合发展，扶贫、扶智、扶志相结合的生态产业扶贫模式。累计带动10.2万名贫困人口彻底摆脱了贫困，贫困人口年均收入从不到400元增长到目前的1.4万元。
"线上＋线下"消费扶贫模式	苏宁易购集团股份有限公司专门设立"苏宁消费扶贫专区"，通过中华特色馆、苏宁拼购、苏宁家乐福、苏宁小店等线上线下体系开展销售活动。2019年以来，苏宁在112个国家级贫困县开设116个苏宁易购扶贫实训店，解决了5000多名贫困人员就业；线上开设约400家中华特色馆，惠及1082个县（市、区），累计助农销售近115亿元。

续表

参与类型	案例
乡村医生健康扶贫模式	上海复星高科技（集团）有限公司瞄准贫困人口的基本医疗保障需求，2017年发起"健康暖心——乡村医生健康扶贫"项目，助力基层医疗体系建设，项目覆盖70个贫困县，共帮扶12545个行政村卫生室，守护22192名乡村医生，惠及300万个基层家庭。
教育扶贫模式	上海莘越软件科技有限公司在云南、贵州、宁夏十几个省（市、区）开展智力支边、教育扶贫的工作。捐赠《几何王》软件近一万套，价值500多万元；组织送教上门，培训初中数学教师一万多人次；对教师进行远程培训，平均在线人数1000多人次；举办初中校长上海培训班，培训云南近100位初中校长；实施民族地区"智能教育试验区试验校"项目，试验学校平均成绩在新疆阿勒泰地区由第4名上升为第2名，整体教育质量明显提升。
"扶贫车间"模式	河北邯郸市连峰服装有限公司积极探索"车间建在家门口，脱贫致富不远走"的扶贫模式，通过在贫困村建设扶贫微工厂，解决贫困群众就业问题。公司在魏县13个村和大名县、永年县2个村建立了15家扶贫微工厂，带动3000余名贫困群众脱贫致富。

数据来源：2017—2020年度全国工商联民营企业社会责任调查问卷

【案例】维西伟宏公司："四种模式"促脱贫

维西伟宏农特资源开发有限责任公司位于云南省迪庆州维西县康普乡康普村，是一家集经营中药材、核桃、野生菌、蔬菜等农副产品种植、收购、加工、销售等业务于一体的民营龙头企业。伟宏公司以"股份合作、土地流转、订单经营、解决就业和产业扶持"四种模式，推动村级集体经济发展，促进农村剩余劳动力就业，带动贫困群众脱贫增收，开辟一条带领群众脱贫致富的新路子。

资金入股分红模式。伟宏公司以资金入股分红模式与康普乡五个村签订了集体经济入股分红协议，五个村投入资金260万元，每个村年分红在2~4万元之间，带动552户农户增收。另外，伟宏公司与合作社、村"两委"签订三方协议，并从产业推广种植面积中每亩提取100元，作为合作社管理费用，而且还从中药材收购总量中每公斤提取0.1元，返给各村作为村级集体经济收入。

土地流转收益模式。伟宏公司在康普乡流转土地共计 487 亩，280 户农户通过土地流转可获得三份收益：一是土地流转费每亩 1000 元；二是在基地打工每年户均可增收 8000 元；三是向基地提供农家肥，每车可获得 800元。以上三份收益每户农户年收益超过 1.2 万元以上，进一步拓宽了农民增收渠道。

订单农业推动模式。伟宏公司推行"先找市场、再抓生产、产销挂钩、以销定产"的订单农业，与中国国药集团、云南白药集团及安徽亳州多家中药材加工企业签订合作协议，确保了产业有订单，确保了村级集体经济股份合作有成效，建档立卡贫困户有收益。自 2017 年来，公司辐射带动周边乡镇 4000 多户农户订单种植中药材达 1.4 万亩，产值达 4200 多万元。

解决就业和产业扶持增收模式。伟宏公司平均每年聘用临时工 1.8 万多个，工人每天获得报酬最高达 260 元，最低达 80 元。公司还邀请专家对中药材、核桃、野生菌等农特产品种植和加工进行技术培训，提高群众和职工的能力素质。

（二）行动特征

1. 注重村级产业发展，为贫困地区注入市场经济新动能

广大民营企业按照"万企帮万村"精准扶贫行动"重点发展一批特色产业，重点解决一批贫困户劳动力就业，重点落实一批公益捐赠项目"的要求，坚持产业扶贫根本措施不改变，持续做好"一村一品"特色优势产业，持续发展种植养殖（菜、茶、菌、禽、药）等短平快扶贫产业，夯实产业扶贫根基。通过"土地流转""企业＋村集体＋农户"等产业扶贫模式，以当地农业特色为依托，成立农机、劳务专业合作社，扩大村级产业发展效应，加大农特产品的开发力度，研制出深受大众喜欢的网红产品，带动带活经济。同时鼓励既有劳动能力，又有创业致富意愿的贫困群众，争取小额贷款，鼓励支持其自主创业；就近提供就业岗位推进脱贫增收，以扶贫车间、社区工厂、卫星工厂、就业驿站等为载体，为贫困劳动力在家门口就业提供了大量的机会，既满足了"挣钱顾家两不误"的需求，又带动了当地产业经济发展。

【案例】阜星农业：标准化园区种植，助农兴产带脱贫

衡水阜星农业科技股份有限公司创建了以酿酒专用糯高粱种植、加工、销售为主要产业的阜星科技现代农业园区。园区秉持"户企双赢"的扶贫开发理念，积极推进现代农业发展，以产业扶贫、合作扶贫为抓手，推行"零租金"土地流转，实行规模化、标准化、科学化、精细化经营，与农户结成利益共享、风险共担、互利共赢的命运共同体。

阜星农业探索建立了"六位一体、八统一分"经营模式。农资、农产品、机械、技术、销售等由园区集约管理，园区为种植户提供各项低于市场价格的租赁服务；园区按照国家技术规范和农产品质量安全示范园创建标准全程进行监管，实现了标准化生产对农作物实行从种植到销售的全环节保姆式管理服务，规范了整个种植流程，保证了初级农产品品质的标准化，有效解决了当前农业劳动力不断减少、种植方式粗放落后的问题；通过提升产品品质、打造农产品品牌，提升了农产品的经济价值，有效降低种植成本、增加收入，保障种植户利益最大化；高粱成熟后，园区实行保护价收购，保障农户收益，提高了农户种植积极性，实现了向订单农业、现代农业方向发展。

阜星农业采用"企业＋合作社＋贫困户"的扶贫模式，将享有产业扶贫项目的建档立卡贫困户的权益资金5000元，入股阜星公司，每年贫困户可领取入股资金9%—10%的红利，在符合用工条件和用工标准的前提下，公司优先安置贫困户劳动力到公司就业，通过这种模式带动全县2458户贫困户脱贫增收。2018年，由于天气的原因造成大部分园区种植户所种高粱霉变、不成熟，为帮助种植户减少损失，园区出资收购20多个村受灾害高粱600余吨，为农户挽回经济损失110多万元，保障了种植户的利益最大化。

2. 注重创新驱动，助推脱贫攻坚提质增效

"万企帮万村"精准扶贫行动中，民营企业坚持技术创新、品牌创新、机制创新，带领贫困群众发展科技含量高、附加值高、市场竞争力强的特色拳头产品，推动帮扶项目稳定可持续发展。一是坚持技术创新，促进小农户与现代农业衔接。通过把先进的技术传授给贫困农民，将其转化为新的生产力，破解了贫困地区农业发展的素质性、结构性矛盾和问题，同时

通过创新种养技术提高了产品品质，逐步实现传统农业向现代农业的转变。二是坚持品牌创新，提升农户组织化程度。以创新方式挖掘贫困地区的优质农产品，放大品牌效应，帮助欠发达地区打造优质农产品品牌，实现培育一个特色农产品地域品牌，带富一方群众。三是坚持机制创新，构建长效脱贫机制。通过建立长效利益联结机制，将企业、村集体、农民与产业深度融合为利益共同体，激发产业的发展动力。

【案例】联邦农业：精准扶贫实现生态农业绿色梦

安徽联邦农业科技有限公司以小河村生态循环农业示范区为核心，通过融合"小河村"和"含山大米"品牌影响力，大力推广"主导产业＋龙头企业＋合作社＋订单基地"的带动模式，带动15家农业合作社、30多家家庭农场、数十个种粮大户发展绿色水稻种植，从事有机水稻、绿色水稻等种植生产，实现增收致富。其中昭关镇"绿游游"黄桃扶贫项目带动230户贫困户入股企业参与分红；在含山县开展的金融扶贫活动中，对于不能自主创业的贫困户，公司吸收100个贫困户每户五万元的小额扶贫贷款500万元，给每户每月入股分红250元，年户均分红3000元。

发挥大米品牌优势，打造健康生产链。"小河村"大米是纯天然的无公害健康食品，也是"含山大米"主力品牌之一。联邦农业在"小河村"大米原有生产基础上，逐步扩大种植面积，开展稻虾共养，吸收当地贫困户负责种养管理，以贫困户的劳动力入股，挣工资，给分红，共带动282户贫困户脱贫。

发挥地理区位优势，打造田园综合体。联邦农业认识到必须联合其他企业进行整合聚集，形成绿色生态的田园综合体，才能形成一定的规模，走共同发展的道路。公司通过整体规划小河村田园社区项目，以田园游乐、田园度假、养生养老、乡村文体、水上休闲、古迹文化等新型业态产品，合理整合土地资源，进而实现生产、生活、生态在乡村的完美融合。

发挥历史文化优势，打造文旅升级版。小何村的梅山是三国时"望梅止渴"典故的发源地。联邦农业将小何村梅山的"望梅止渴"典故历史遗迹与小河村田园综合体紧密结合，开发打造集古迹、观光、采摘、体验、民俗于一体的文旅项目，带动含山县城南部旅游升级，有效拉动了含山旅游发展，增加了农民收入。

3. 注重扶志扶智相结合，调动脱贫主动性

针对脱贫信心不足，对如何致富没门道，还存在坐等靠思想的贫困群众，广大民营企业进一步加强扶志教育与扶智培训，如到贫困户家里讲述脱贫先进事迹、讲好脱贫政策，引导他们自力更生、艰苦奋斗，不断激发脱贫的内在动力。对缺技术缺项目的贫困村、贫困户提供技术咨询指导、技能培训、产业帮扶，尤其是要保证农民会种植、会养殖，形成提高贫困农户造血功能、自我发展能力的长效扶贫机制。

【案例】云南南方教育投资集团：企会联动教育扶贫助困

云南南方教育投资集团有限公司 2011 年成立了云南省温暖工程慈善基金会，借助企会联动，募集善款 1052.73 万元，开展 77 个公益项目，共计资助 1806 名（次）学生走进学校完成学业，帮扶 1246 名农民完成农村农业实用技能培训。

关注边疆地区职业教育扶贫。云南南方教育投资集团资助基础教育薄弱边疆少数民族地区学生进入昆明、曲靖等地的中职、高职院校学习烹饪、汽修、幼教等实用性专业，通过 3—4 年的学习资助学生顺利毕业，大部分学生回到家乡成为厨师、汽修师、幼教老师等专业技术人员，促进边疆少数民族地区技术人才培养进入良性发展。

关注"现代农民"的培养。云南南方教育投资集团结合云南高原特色农产品的市场需求，开展种植养殖技术培训、厨师培训、家政培训、民族刺绣培训等一系列农村实用技能培训，培养一批拥有现代农业技能知识的"现代农民"。

持续常规助学项目。基金会每年都资助帮扶一批边疆少数民族地区家庭贫困的优秀大学生、研究生。

4. 注重打通农产品销售链，提升脱贫成效

消费扶贫是精准扶贫的创新举措之一，是社会力量参与脱贫攻坚的重要途径。广大民营企业在行动实践中不断转变扶贫思路，拓宽扶贫产品销

售渠道，搭建产销对接通道，为农产品走向市场提供精准服务。如"线上＋线下"消费扶贫、直播带货、电商平台"带货出山""以购代捐""以买代帮"等方式，使贫困地区的农产品走出大山，走向全国。

【案例】琥珀茶油：建设"东西部消费协作中心"

重庆琥珀茶油有限公司成立 10 年来，已经从单一种植油茶，发展成为集油茶种植、加工、销售、科研及油茶衍生产品研发、有机农副产品加工于一体的综合性国家级龙头企业。

琥珀茶油长期扎根于扶贫产业，深知扶贫产业的发展不仅需要农业和加工业的持续发展，更需要营销渠道的畅通。2019 年以来，琥珀茶油建设了"消费扶贫柜""西部消费扶贫中心"和"重庆市消费扶贫馆"，并在上级主管部门的指导下，升级成为"东西部消费协作中心"。2020 年 12 月底，"东西部消费协作中心"建成开馆。开馆首日，中央电视台、新华社、中新社、重庆日报、重庆卫视等 20 余家中央、市级主流媒体跟踪报道。2021 年 1 月至 5 月，"东西部消费协作中心"先后举办了石柱县、城口县、潼南区、江津区、彭水县、开州区、巫溪县、云阳县、武隆区、忠县、万州区共 11 场消费帮扶周主题活动，以及内蒙古馆、广西馆开馆仪式活动，实现消费帮扶采购合同金额达 6.025 亿元、线上线下零售总额 1261 万元。

"东西部消费协作中心"全面拓展商业活动，先后举办了全国商业积分联盟大会、重庆"6·18"电商节资源对接大会暨启动大会，来自全国各地的业界人士和企业家会聚山城，洽谈合作，其中不乏中国工程院院士、南南合作组织等，极大地传播了重庆市脱贫攻坚产业成果，有力促进了经贸合作，取得了良好的社会效益和经济效益。

5.注重完善乡村医疗保障，打破"贫困—疾病"恶性循环

因病致贫、因病返贫是造成贫困的重要因素。广大民营企业积极响应号召，特别是民营医疗企业，充分发挥企业优势，通过援建乡村医疗基础设施、加强农村基层医疗卫生队伍建设、提升农村公共卫生治理能力等富有成效的帮扶项目，为农村居民提供低成本、高效率的异地就诊服务。

【案例】复星高科：守护村医，健康扶贫的创新之举

上海复星高科技（集团）有限公司是上海第一家民营高科技集团型企业。2017年，复星发起了"健康暖心——乡村医生健康扶贫项目"，聚焦144万名乡村医生，通过对村医的全方位帮扶，提升基层医疗卫生服务能力。三年来，项目共帮扶了12545个行政村卫生室，守护23956名乡村医生，惠及近300万户贫困家庭。

驻点帮扶，多方协作。复星从成员企业中选派优秀员工，以专职扶贫志愿者的身份赴项目县驻点一年，期满轮换，建立了人力资源上的长效机制。100多名合伙人每人对口一个项目县，并设定详细考核指标，包括结对帮扶的村医数量和建档立卡贫困户数量等，将扶贫落到实处。项目由复星基金会和中国人口福利基金会、中国光彩事业基金会联合执行，建立了政府、企业、NGO多方协作模式，确保乡村医生项目的长远发展。

"五个一"工程打造拳头产品。复星以"五个一"工程为抓手实现健康扶贫产品化运作。"五个一"工程包括：一个村医保障工程（赠送意外保险、重大疾病保险）、一个村医能力提升工程（线上线下＋大班小班培训）、一批大病患者救助、一批优秀乡村医生推选、一批智慧卫生室建设。项目为"五个一"工程制定了标准的执行手册，将此作为"标准动作"在项目县进行快速推广。

开启"龙门梦想计划"，激励提升效率。为调动乡村医生的积极性，复星启动"龙门梦想计划"，对考取乡村全科执业助理医师资格证的乡村医生发放3000元/人的奖励，为每个项目县提供村医奖励基金，开展年度"十大最暖心乡村医生"和"十大最暖心乡镇卫生院长"推选，充分调动乡村医生与乡镇卫生院长的参与积极性。此外，复星还为乡村医生赠送意外险和重疾险、开展多层次的实践培训、为村卫生室进行智能升级等，逐渐构建起基层农村健康守护网络。

推广"未来诊室"，探索乡村医疗智能服务。复星积极调动旗下人工智能、大数据、远程诊疗等相关研发资源，推广四位一体的乡村"未来诊室"智能解决方案。通过软硬件结合，村民健康检测数据实时上网，由一线城市三甲医院专家组成的后台进行远程辅助诊疗，配合大数据AI诊疗助手，提高村医的诊断和治疗能力。

发起"乡村医生守护联盟"，实现开放共建。复星把乡村医生项目打造成一个开放共建的公益平台，发起了"乡村医生守护联盟"，以形成全社会帮扶乡村医生的宏大合力。除此之外，复星还推动乡村医生项目与团中央"西部大学生志愿者计划"合作，每年招募一批具有医药和公共卫生背景的毕业生补充到乡村医生项目中，与复星扶贫队员一起工作，共同探索大学生"西部新村医"扶贫模式。

6. 注重扶贫与乡村振兴无缝衔接，巩固脱贫成果

为巩固脱贫攻坚成果，广大民营企业家继续坚持实施"四不脱"（脱贫不脱政策、脱贫不脱责任、脱贫不脱帮扶、脱贫不脱监管），努力巩固脱贫攻坚成果，防止脱贫户返贫。思当前、想长远，把精准脱贫与国家乡村振兴计划相衔接，提前在政策、措施、经费和人员上规划安排，使精准扶贫向振兴乡村无缝衔接，用持续发展巩固脱贫成果、提升小康水平。同时统筹生产、生活、生态三大布局，聚焦乡村本土资源，打造现代农业的展示区、山水田园的综合体、乡村旅游的网红地等，在建设美丽乡村的同时带动带活村落经济，巩固脱贫成效，防止返贫，把乡村振兴这篇文章做好，让乡亲们生活越来越美好。

【案例】铁骑力士：以乡村振兴为己任，走共同致富道路

四川铁骑力士实业有限公司于 1992 年创建于四川绵阳高新区，已发展为集饲料、畜禽繁育、养殖、食品为一体的国家级农业产业化重点龙头企业、大型农牧食品企业集团。

铁骑力士先后组建了社会责任中心、铁骑力士乡村振兴实验室，与四川省西昌市共建大凉山产业扶贫研究中心等专门机构，致力于产业扶贫模式研究和实践。在政府引导下，铁骑力士将自身的技术、管理、资金及市场等资源优势与农村和环境资源有机结合，通过市场机制把企业、金融、村集体、农场主（能人大户）、贫困户等相关利益主体有机联系起来，推动了农业生产方式现代化转型升级，体现了长效精准造血式扶贫，实现了农民增收、社会增效、政府增益、企业发展。

脱贫攻坚战打响以来，铁骑力士不断创新扶贫新模式，建立利益分配

机制，探索产业链的联合与合作，赋予农民脱贫增收的内涵和活力，促进乡村振兴。

——"1211"生猪代养模式，即一个家庭农场、两个劳动力、年出栏生猪 1000 头、纯利 10 万元。该模式从最初 1.0 版，到 2020 年 3.0 版，不断升级升华。

——"1+N"能人带动模式，即一个能人带动多家贫困户。

——"4321"精准扶贫模式，即四方协作（政府引导＋企业带动＋能人带头＋金融支持）、三方受益（企业、能人、贫困户）、单批存栏生猪 2000 头、带动一片。

——"T+"优质生猪产业联盟发展模式，即由铁骑力士整合饲料、种猪、屠宰、药品、保险、金融、农户等方面产业链资源，资源互补，形成生猪产业联盟。

2015 年以来，铁骑力士通过创新产业扶贫模式，构建产业生态网络，以生猪、蛋鸡产业带动，先后在全国 6 个省、30 多个区县、600 余个村镇带动数万户贫困户、10 多万名贫困群众实现脱贫，人均年增收 3000 元—5000 元。

二、"万企帮万村" 精准扶贫行动成效

经过五年的探索实践，"万企帮万村"精准扶贫行动取得了显著成效，在政治、经济和社会层面体现出重要的时代价值和现实意义，赢得了习近平总书记等中央领导同志的充分肯定和社会各界的广泛好评。

（一）带动贫困人口脱贫致富

"万企帮万村"台账系统数据显示，截至 2020 年 12 月 31 日，民营企业通过"万企帮万村"行动共帮扶 13.91 万个村，其中建档立卡贫困村 7.32 万个，共带动和惠及 1803.85 万建档立卡贫困人口，占 2014 年末贫困人口的 25.7%。"万企帮万村"精准扶贫行动有效解决了小农户与大市场的衔接困难，贫困群众通过流转土地、入股分红，直接参与生产、加工、销售、管理，增加了收入，提升了能力，激发了动力。

（二）构建起富有成效的脱贫长效机制

"万企帮万村"精准扶贫行动充分发挥民营企业在带动产业发展中的独特优势，建立富有成效的脱贫长效机制。在脱贫攻坚的精准性和长效性上，市场机制的优势更加突显。民营企业最大限度地将市场、技术、信息等要素与贫困地区的资源禀赋相结合，将贫困群众纳入现代产业链条，改善传统生产方式，有效解决小农户与大市场的衔接困难，提高贫困人口在企业产品价值链中的收益分配，创建了可持续的稳固的脱贫方式，保证扶贫效果的可持续性。同时，深层次挖掘乡村多元价值和多重功能，最大限度优化贫困地区生产要素资源配置，赋能区域经济的可持续发展。从而与贫困户结成利益共同体，强化了发展共赢的内在驱动力，有利于实现内源性脱贫。

（三）奠定乡村振兴的坚实基础

"万企帮万村"精准扶贫行动推进乡村一二三产业融合发展，促进城乡优势资源的互联互通，为乡村振兴奠定了坚实基础。一是实现了扶贫产业链的延伸与融合，以培育乡村扶贫优势特色产业为中心，向产业的产前（如育种、育苗等）、产后（如加工、仓储保鲜、物流、销售）等环节延伸，实现农村扶贫特色产业全产业链的健全与融合；二是实现了扶贫产业多方面的融合，探索乡村特色扶贫产业与文化、体育、教育、旅游、医疗康养等多产业的融合，丰富乡村经济业态，培育乡村发展新动能；三是实现了扶贫产业多要素的融合，重视技术对特色产业的支撑，加强特色产业与品牌的融合，大力开展特色农产品的认证管理，提高产品附加值；四是推进"扶贫特色产业＋互联网"的融合，利用互联网销售新业态，打通"从农户到消费者"的直供直销渠道，将产品价值最大程度留在乡村。

（四）助推民营经济高质量发展

"万企帮万村"精准扶贫行动，企业与贫困村、贫困户找到了利益联结点与利益平衡点，既让企业履行了社会责任，同时又从中获得发展。参与行动的民营企业充分利用扶贫开发的政策红利，抢抓农村的巨大市场和农业产业发展的广阔空间，利用乡村及周边资源，在带领贫困群众增收致富的同时，促进企业转型。"万企帮万村"精准扶贫行动已不再是简单意义上的扶贫公益行动，而是一场政治意义深远的爱党爱国行动。企业家尤其是年轻一代企业家在精准扶贫行动中受到了深刻的国情民情教育，深化了对党情国情民情的认识，感受到了中国共产党人为人民谋幸福、为民族谋复兴的初心和使命，从而紧密团结在以习近平同志为核心的党中央周围，坚定推动高质量发展。

（五）提供了反哺社会的鲜活经验

民营企业在政府倡导下主动参与精准扶贫攻坚战，尤其是一些企业会选择去那些深度贫困地区"啃最难啃的硬骨头"，用行动表明了同党中央一起战胜贫困的决心。"万企帮万村"精准扶贫行动直接推动了民营企业在民生领域与国家民生建设计划的有机结合，推动了民营企业参与以共同富裕为目标的社会主义建设行动，而不仅仅是在市场中获得盈利。民营企业对底层贫困群体的直接帮扶，是政府主导下资本对农村地区尤其是贫困地区的反哺，这在一定程度上修正了改革开放以来不断扩大的贫富差距现象，从而更加有利于实现社会主义国家共同富裕的目标。同时，民营企业参与扶贫的过程，也是民营企业家和农民两大群体交流交融、互惠互益的过程。精准扶贫实践重塑了我国民营企业与社会、群众的关系，消除了不同群体之间的心理距离和情感空隙，在某种程度上降低了底层"仇富"情绪的蔓延，营造了有利于非公有制经济健康发展的舆论环境。

（六）赋予中国特色企业社会责任的新内涵

民营企业参与扶贫既是社会发展的客观需要，也是企业自我实现的重要方式，其驱动力并非完全来自市场，更源于企业家的家国情怀。中国民营企业在国家号召下直接从事扶贫活动超越了西方的企业社会责任的概念，也进一步丰富了企业社会责任在中国语境下的内涵，这在一定程度上同时满足了市场发展和社会需求。在民营企业参与扶贫的行动中，中国政府一直强调企业结合自身的经营特点，通过企业自身在贫困地区的发展带动该地区的发展和脱贫，这从某种程度上引导了企业在市场机制下，更有效地回归社会价值的轨道。

三、"万企帮万村"精准扶贫行动经验启示

民营企业在"万企帮万村"精准扶贫行动中的实践，为实现"两不愁三保障"后乡村富起来、美起来、强起来打下了坚实基础，也对下一步推动乡村振兴具有一定的启发意义和借鉴价值。

1. 组织保障是决胜脱贫攻坚的有力支撑

"万企帮万村"精准扶贫行动是有效管理、服务先行的行动。在脱贫攻坚这一历史伟业中，工商联发挥了重要作用。全国工商联将"万企帮万村"精准扶贫行动作为工商联系统脱贫攻坚"一号工程"持续推进。联合国务院扶贫办、中国光彩会、中国农业发展银行成立了行动领导小组，各省、市、县层层建立行动领导小组，形成部门协同、上下联动、分工合作的工作运行机制。印发指导性文件，召开电视电话会议、座谈会、动员会，对行动作出规划部署。开展"万企帮万村"消费扶贫行动、"舌尖上的扶贫"直通车、慈展会消费扶贫专题展销等活动，拓展扶贫新路径。聚焦深度贫困，推动"光彩行"活动，加大东西部扶贫协作和对口支援，壮大脱贫攻坚力量。深化金融支持，组织交流推广活动，开展"万企帮万村"精准扶贫行动表彰，做好支持服务工作。

特别是新冠肺炎疫情发生之后，全国工商联统筹推动复工复产与打赢脱贫攻坚工作。国务院扶贫办、全国工商联组织民营企业发起助力脱贫攻坚挂牌督战倡议，引导企业新增帮扶力量向尚未摘帽、挂牌督战的 52 个县和 1113 个村倾斜。在全国工商联的组织动员下，东中部 11 个省（市）共计 2273 家企业和其他社会力量，帮扶了 1113 个挂牌督战村。部分东部省市民营企业和全国工商联直属商会参加甘南行、南疆行，捐款捐物和协议投资达 412 亿元。

行动开展五年来，全国工商联召开"万企帮万村"精准扶贫行动启动仪式、动员部署会次数达 13 次，先后组织召开 10 次"万企帮万村"精准扶贫行动领导小组会议，在全国范围开展了 27 次"万企帮万村"精准扶贫行动专项调研，为"万企帮万村"精准扶贫行动提供了有力的组织保障。

2. 利益共享机制是决胜脱贫攻坚的重要前提

通过利益联结机制，有利于调动贫困群众的积极性，最终实现农户脱贫

与企业发展的双赢，建立起稳固的脱贫长效机制。民营企业在参与脱贫攻坚过程中，从利益关系上来看最多的还是坚持"义利兼顾、以义为先"理念，追求村企双赢、共同发展。企业结合产业特色和地方要素禀赋优势，积极探索创新"企业、村集体、农户"之间多种合作模式，如"公司＋合作社＋基地＋农户""公司＋村集体＋家庭农场"等，让农户深度参与到产业的生产经营中，按照"体现效率、促进公平"的收入分配体系，通过经营性收益联结、工资性收益联结、生产性收益联结、资产性收益联结，让农户实现务工得报酬、经营得收入、租赁得租金、入股得分红，积极做大做好乡村特色产业这块蛋糕，在保障外来引进市场主体基础利益的同时，推进利益联结从外来市场主体向新型农业经营主体的转移、从以贫困户为主向非贫困户的延伸，进而将企业、村集体、农民与产业深度融合为利益共同体，强化了发展共赢的内在驱动力，有利于以可持续性扶贫实现内源性脱贫。

3. 政企共治是决胜脱贫攻坚的关键所在

"万企帮万村"精准扶贫行动中，政府与企业协同推进扶贫行动在责任分担、资源转化和平台建设等方面实现优劣互补，从而形成政企共治的大扶贫格局，有效规避政府主导型扶贫的执行困境和程序参与困境。政府作为主导力量，从顶层设计到政策和管理体制的部署，从人力、资金的投入到协调各方力量的组织，为整个扶贫目标的如期完成提供了重要基础和保障。而作为经济社会发展的中坚力量之一，参与"万企帮万村"精准扶贫行动的民营企业，则在坚持政府主导、农民主体的前提下，通过资金资源的直接投入、提供就业机会和技术培训、支持农民集体组织建设等途径，在产业引领、吸纳就业、市场开拓等方面发挥其独特优势，而在精准扶贫过程中发挥着重要作用。在实践层面，"万企帮万村"精准扶贫行动已纳入各级政府的脱贫攻坚计划，构成政府精准扶贫的有机组成部分，其中产业扶贫方式充分发挥了企业和地方优势，而助力于实现政府扶贫、社会扶贫和贫困群众自力更生脱贫的有机结合，民营企业成为以政府为主体的扶贫力量的有力补充。

3
民营企业抗击新冠肺炎疫情专题报告

摘　要：本文系统总结了新冠肺炎疫情发生以来，在全国工商联的组织动员下，各级工商联迅速响应，广泛动员民营企业发挥专业优势，以不同的角色支持、配合、参与国内外防疫抗疫、复工复产的责任担当。同时思考了民营企业如何迎接后疫情时代的机遇与挑战，更好地推动疫后重振和高质量发展。

关键词：民营企业　疫情防控　报告

新冠肺炎疫情是新中国成立以来发生的传播速度最快、感染范围最广、防控难度最大的一次重大突发公共卫生事件。工商联系统深入贯彻习近平总书记关于坚决打赢新冠肺炎疫情防控阻击战的重要指示精神，全面落实党中央、国务院有关决策部署，组织动员广大民营企业和商会组织迅速投入疫情防控阻击战。据不完全统计，全国超过 11 万家民营企业，共计捐款 172 亿元，捐物价值 119 亿元，设立基金 61 亿元，通过保险保障、租金减免、现金补贴等方式捐助 151 亿元。

2020 年 9 月，在全国抗击新冠肺炎疫情表彰大会上，共有 33 位民营经济人士、21 家民营企业和 2 个商会受到了表彰。民营企业在此次新冠肺炎疫情防控中的非凡表现，充分彰显了民营企业听党话、跟党走的政治品格，证明了民营经济有活力、有灵性、有韧性，民营企业家有情怀、有格局、有担当，是值得信赖和依靠的"自己人"，也向世界展示了中国众志成城、不惧风雨的磅礴力量。

一、齐心协力抗击疫情

2020 年伊始，面对新冠肺炎疫情蔓延的严峻形势，中央统战部和全国工商联认真贯彻落实习近平总书记关于疫情防控的重要指示精神和党中央重大决策部署，迅速成立防控疫情工作组，组织动员全国各级工商联、商会组织和广大民营企业，以强烈的责任感和担当精神，全力以赴投入这场疫情防控阻击战。

（一）打赢抗疫阻击战，工商联在行动

凝心聚力，共克时艰。全国工商联党组高度重视，迅速行动。2020 年 1 月 25 日（大年初一），全国工商联向全国 32 个省级工商联和 31 家直属商会发出通知，号召工商联系统迅速组织动员民营企业参与疫情防控工作，并于 1 月 26 日（大年初二）成立防控疫情工作组，全面部署工商联系统抗击疫情的发动、组织、协调和服务工作，使工商联系统信息交换、供需对接、物资保障等服务紧张有序地开展起来。从 1 月 23 日起，北京、浙江、广东、上海、江苏等 32 个省级工商联发布供需信息、畅通捐赠渠道、组织民营企业有序参与疫情防控。同时，在全国工商联积极协调下，19 个省级工商联与湖北省相关地市工商联迅速建立对口支援关系，开展精准支援工作。

守土有责，守土尽责。湖北作为全国抗击新冠肺炎疫情的主战场，是受疫情影响最重、战"疫"责任最大的省份。疫情发生后，湖北省工商联第一时间发出倡议书，呼吁省内各级工商联组织和广大民营企业家坚定信心，担当责任，奉献爱心，全力保障防疫药品、器材、用具的生产和货源调配。特别是号召食品、药品等生产、流通、销售企业切实保障货源充足，不哄抬物价；主张通过合法正规渠道向武汉捐赠资质齐全的医疗耗材、防护用品及通用物资等。截至 2020 年 2 月 23 日，楚商累计捐赠款物合计 14.52 亿元，其中捐款 6.75 亿元、折价物资价值 7.77 亿元，以及一大批未折价物资。

点点滴滴聚合力，强化责任讲政治。在来势汹汹的疫情面前，各地基层工商联坚定政治站位，精准出击、把握主动，做足、做实、做细防控"最后一公里"。发挥职能优势，统筹各方资源，采取务实举措，组织防疫物资生产供应，促成紧缺医用物资供求对接，积极引导民营企业履行社会责任，

切实当好防疫工作的"勤务兵"（见表3-1）。

表 3-1　部分地方工商联参与疫情防控的做法

地方工商联	参与抗疫的主要做法
安徽省工商联	规范捐赠管理，研究决定将安徽省光彩会作为抗击疫情的捐赠统一募集平台，并组织将平台募集到的资金和物资定向用于支持抗击疫情的相关工作。
河北省工商联	与河北省委统战部共同召开"抗击疫情民营企业在行动"座谈会，并邀请表现突出的民营企业家到场介绍分享自身企业抗击疫情的典型做法。
山东省工商联	主动对接全国工商联、山东省卫健委及山东、武汉两地慈善总会和红十字会等单位，详细了解需求情况、捐赠渠道及有关注意事项，指导省内企业快速精准有序捐赠。
青海省工商联	和青海省工信部等部门及时协调，协助将当地民营企业采购到的医疗物资快速运抵所需地区，助力解决疫情防控方面出现物资紧缺的问题。
宁夏回族自治区工商联	及时与湖北省工商联对接，将湖北疫情防控具体的需求信息发布到自治区工商联、工商联执委、直属商会工作交流群中，促进供需双方精准对接。
内蒙古自治区工商联	与湖北省工商联等单位联合发起"捐助内蒙古支援湖北医疗队所在荆门市五家医院"公益活动，在短短三天内就得到了120多家商协会和600多名会员企业的响应，累计捐款捐物价值470多万元。

数据来源：中华全国工商业联合会

（二）众志成城战疫情，商会组织齐发力

在此次疫情防控阻击战面前，工商联所属商会组织讲大局、讲责任，为党担当、为国分忧、为民解难，以强大的组织凝聚力、极强的工作执行力，通过聚合行业资源助力一线抗疫，展示出了中国特色商会组织的凝聚力。据不完全统计，截至 2020 年 1 月 31 日，全国工商联直属商会会员企业累计捐款 41.31 亿元，捐物价值 6.66 亿元。在 2020 年 9 月，全国抗击新冠肺炎疫情表彰大会上，湖北省楚商联合会、贵商总会受到了表彰。全国工商联在《关于对抗击新冠肺炎疫情先进商会组织通报表扬的决定中》对 507 个

抗击新冠肺炎疫情先进商会组织进行了通报表扬。

表 3-2　部分商会抗击疫情情况

商会名称	抗击疫情主要案例
中国民营经济合作商会	2020 年 1 月 21 日，商会党委第一时间就新冠肺炎疫情防控工作作出部署；截至 2 月 11 日，商会会员企业累计捐款捐物折合人民币 37.51 亿元，占到已公布民企捐资的一半以上。
全国工商联医药业商会	2020 年 1 月 23 日，商会向全国医药企业发出《众志成城，坚决打赢疫情防控攻坚战倡议书》。截至 2 月 12 日，捐款捐物医药企业达到 123 家，合计捐赠总额达到 5 亿多元。
全国工商联五金机电商会	2020 年 1 月 23 日，商会发出《众志成城抗击疫情科学防护平安迎新倡议》，发动会员企业以实际行动投入抗击疫情。仅磨料磨具委员会，在 1 月 30 日至 2 月 1 日三天时间内，就有 41 家企业捐款。
湖北省楚商联合会	2020 年 1 月 21 日，省楚商联合会成立新冠肺炎疫情楚商防控指挥小组，成为当时武汉成立最早的民间抗疫组织之一。截至 5 月，省楚商联合会动员全球楚商累计向湖北捐赠款物合计 17.12 亿元。

数据来源：中华全国工商业联合会

境外商会组织所在地区

■北美洲
■亚洲
■南美洲
■欧洲

图 3-1　部分参与支援国内抗疫的海外商协会所在国家和地区

数据来源：中华全国工商业联合会

　　除了国内的商会组织，分布在多个国家的海外华商商协会也都积极响应，并为此次国内抗击新冠肺炎疫情作出了卓越的贡献。为此次疫情防控作出突出贡献的海外华商协会主要有来自亚洲（新加坡、日本、韩国、菲律宾和阿联酋）、欧洲（意大利和西班牙）、北美洲（美国和加拿大）和南美洲（巴西）的多个海外华商协会（见图1）。这些海外华商协会通过发出抗疫倡议、自发制定防疫医用物资采购标准说明、成立采购群和募款群、组织微信"认捐接力"、定点定向组织海外医疗物资的采购及发运活动等，助力国内医疗机构解决物资紧缺等问题。

【案例】求振实业董事长李平球：发挥商会力量，打赢疫情防控阻击战

九江求振实业有限公司董事长李平球是九江市新生代企业家商会首任会长，被评选为"九江十大杰出青年"，并多次荣获"九江青年岗位建功奖""九江就业创业特别贡献奖"等荣誉。

新冠肺炎疫情暴发后，李平球向九江八里湖新区捐赠一万只口罩、50套防护服、50把温度扫描仪等。他还迅速组织动员九江市新生代企业家商会力量，汇聚会员爱心，采取及时有效的行动，积极参与抗击疫情。在李平球的带领下，九江市新生代企业家商会会员积极履行社会责任，在不到两天的时间内共筹集善款10余万元，采购疫情防护物资并送给多个抗疫网点。九江市新生代企业家商会还向新疆阿克陶捐助扶贫款五万元；在九江市工商联组织的彭泽棉船捐赠活动中捐助一万元；向九江市六个街道防汛点捐赠方便面300箱、八宝粥150箱、荷叶茶120箱（价值2.6万元）；向九江市统一战线同心基金捐助两万元，用于防汛救灾。

（三）发挥自身优势，民企高效抗疫

1.疫情防控民企速度

疫情暴发以后，民营企业对突发事件中物资供应、服务需求的爆炸性刚需增量有清醒认识，迅速建立了快速反应机制。在医疗物资供应、运输服务保障等方面提供专业支撑，为防疫救治、助力抗击和防控疫情作出了应有的贡献（见表3-3）。

表 3-3　部分民营企业助力疫情防控案例

参与类型	案例
医疗物资供应	● 比亚迪集团在医疗物资紧缺之际，宣布援产口罩。仅用三天时间便画出了 400 多张设备图纸，七天时间完成了口罩机生产设备的研发制造。投产后日产 500 万只口罩，这相当于当时全国产能的 1/4，充分展示了"比亚迪速度"。 ● 华大基因紧急组织科研及生产力量，第一时间研发成功了新型冠状病毒核酸检测试剂盒，并捐赠一万人份新型冠状病毒检测试剂盒，支援武汉当地疫情防控工作。
医疗物资调配	● 复星集团第一时间启动"全球医疗物资调配计划"，先后从全球 23 个国家采购医疗物资总件数达 297.6 万件，有效驰援了包括湖北武汉在内的全国 28 个省市区抗疫一线。 ● 卓尔集团迅速组织采购 600 万件应急医疗物资通过 11 架次包机运抵武汉，成为抢运物资到汉时间最早、规模最大的机构。持续捐送的医疗物资覆盖湖北 17 市（州）103 个县（市）的 556 家一线医疗机构。
医疗设施援建	● 泰康同济（武汉）医院为缓解武汉救治床位紧缺的状况，主动请缨，提前开业，为武汉的新冠肺炎患者提供床位 1060 张，累计收治确诊患者 2060 人，救治人数仅次于火神山医院和金银潭医院，成为武汉抗疫战场上的主力军。 ● 宝业建工、山河集团、新八建设、回天新材、华中数控、东华软件等超过 1000 家民营企业驰援火神山医院、雷神山医院建设，与其他单位共同缔造了 10 天落成两家医院的"中国速度"。 ● 美的集团第一时间向武汉火神山医院捐赠家用空调、中央空调、热水器等所需家电产品，捐助建设武汉雷神山医院全部家电产品。
运输服务保障	● 春秋航空于 1 月 25 日提出即日起所有经营航线免费承运救援物资，截至 2 月 4 日，春秋航空已为防疫一线免费运输 285 箱药品、2.3 万套防护服、144.2 万只口罩、1.1 万只手套、4537 副护目镜等。 ● 传化智联及传化·安心驿站于 1 月 25 日起在全国范围内开通物资保障绿色通道，为向武汉地区运送的防疫抗疫物资，提供免费的运力对接、仓储等服务。 ● 顺丰在 1 月 25 日至 4 月 8 日期间，共计为国内外政府和慈善组织等提供防疫物资公益运输 3421 吨，累计减免运费 1777 万元。 ● 福佑卡车、狮桥运力、则一、华能智链、真好运、赤湾东方、壹米滴答、驹马、车满满、卡车宝贝、快狗打车、美菜网、货拉拉、凯京源、万邦迅捷、闪送、G7 18 家物流平台展开联合行动，共同驰援湖北。

数据来源：中华全国工商业联合会

2. 疫情防控民企宽度

民营企业参与疫情防控不仅响应速度快、规模大，参与面之广，更是前所未有。越来越多的民营企业选择了提供专业的产品、技术和能力支持疫情防控。在参与调研的民营企业中，捐款（24.6%）捐物（19.0%）为首选抗疫方式。其次则是通过保障医疗物资（11.2%）和生活物资（10.9%）的供应以及提供便民服务（11.4%）参与抗疫。此外，一部分民营企业还通过组织抗疫志愿者（7.1%）、减免租金（5.0%）和畅通救援物资运输（3.7%）的方式参与抗疫。一小部分民营企业则通过技术支持（2.7%），参与医疗设施援建（2.8%）和全球医疗物资采购（1.8%），以及设立专项基金（0.6%）来支援抗疫（见图 3-2）。

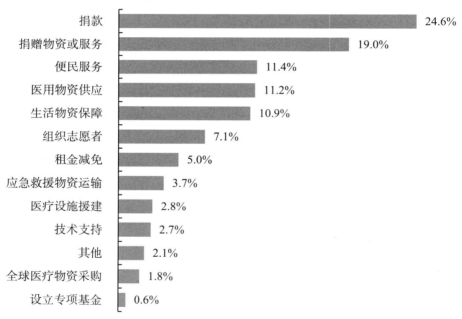

图 3-2　参与调研民营企业参与抗击新冠肺炎疫情情况

数据来源：2020 年度全国工商联民营企业社会责任调查问卷

一些冲锋在前的民营医疗机构和民营医用产品生产企业更是通过改造已有医疗设施或新建医院设施，以接收新冠肺炎患者和组织医护人员奔赴抗疫前线参与救治患者，表现出疫情之下民营医疗机构对国家和人民的责任担当（见表 3-4）。

表 3-4   部分民营医疗机构抗击疫情案例

公司名称	事迹
卓尔控股有限公司	分别联合各专业医疗机构，共建成卓尔汉江应急医院、卓尔大别山应急医院、卓尔盘龙城应急医院、卓尔罗田应急医院、卓尔并江应急医院和卓尔随州应急医院七家应急医院。卓尔控股有限公司在短短 10 天内，紧急捐建 10 家医院，提供了近一万张床位。
泰康保险集团	在获悉患者一床难求的情况后，集团公司紧急向武汉市相关部门提出请战，将泰康同济（武汉）医院提前开业，并在短时间内将门诊楼改造为能够满足 500 张床位的方舱医院，帮助收治病人。
爱尔眼科集团	组织动员全国 400 多家连锁机构开展防控援助等相关工作，企业医护人员主动请缨，支援前线抗疫。
复星医疗集团	集结旗下 10 多家医院近 500 位医生，全面启动"互联网 + 医疗"服务免费义诊。
北京京都儿童医院北京市仁和医院北京燕化医院	成为北京市卫健委公告的 97 家定点医院发热门诊。
淮南东方医院集团	集团九家医院承担了发热门诊任务，共派出 10 名人员分四批到达湖北支援。

数据来源：2020 年度全国工商联民营企业社会责任调查问卷

3. 疫情防控民企态度

中国社会科学院的一项统计显示，截至 2020 年 3 月 1 日，全国工商联发布的"民营企业 500 强"2019 榜单上的前 150 强，有超过八成企业被搜索到发布过针对抗击新冠肺炎疫情的捐赠信息，最高现金捐赠额是 15 亿元，最低的 100 万元。实物捐赠主要以医疗用品为主，超过 75％，其中不仅包括医疗急需的口罩、防护服、药品、消毒用品等常规医疗用品，还包括一些大型的医疗设备，如呼吸机、CT 设备等。在疫情面前，民营企业展现了责无旁贷、不计报酬、不畏艰险、勇于奉献的态度，为新时代企业家精神注入了新内涵，是优秀企业家精神的时代写照。同时，在疫情面前，广大民营企业基层党组织积极行动、广泛组织，争做疫情防控先锋队，其中涌现出了一批典型案例，充分发挥了民营企业党组织政治核心和政治引领作用（见表3-5）。

表3-5 党建引领企业抗击疫情案例

企业名称	模式	案例内容
红豆集团	"四个第一时间"	党委书记周海江第一时间交纳千万特殊党费，践行党员初心；第一时间牵头民企发起倡议，倡议全省民营企业党组织和企业家积极行动、担当作为；集团党委第一时间组建起党员突击队，紧急转产防疫物资，展现责任担当；集团党委第一时间积极组织复工复产，抢抓时间。
圆方集团	"五先"民营企业战"疫"党建工作法	一是集团党委敢为人先、闻令而动，展现民营企业党建工作独特优势；二是党委书记率先垂范，争做抗击疫情"领头雁"；三是党员争当先锋模范，舍生忘死冲锋在前；四是员工争先坚守一线，全力打好疫情防控阻击战；五是下先手棋复工复产，统筹推进疫情防控和企业发展。
91科技集团	"1+3+N"模式	发挥党建引领作用，依托"集团管理团队、疫情防控工作指挥部、疫情防控工作委员会"三级联动，通过全面排查、全方位宣传、实时化报告，广泛凝聚党员、团员以及全体员工的力量，提高企业对疫情的"免疫力"。
武汉高德红外有限公司	"党员冲锋在前"	公司党委印发《致高德红外全体党员的一封信》，号召党员勇担责任、共同抗疫。成立党员突击队，由78名党员带领200多名员工加班加点赶制价值400万元的30套红外测温仪并无偿捐赠，为重要交通站点提供检测保障。

数据来源：2020年度全国工商联民营企业社会责任调查问卷

【案例】奥克斯集团："但尽所能"战疫情

奥克斯集团有限公司产业涵盖家电、电力设备、医疗、地产、金融投资等领域，连续多年位列中国500强企业。在新冠肺炎疫情暴发的艰难时刻，奥克斯集团挺身而出，贡献资源，共同战"疫"。

奥克斯集团第一时间捐款 1000 万元，调集日本、加拿大等海外基地资源筹措捐赠 32 万余只口罩。同时，奥克斯家电集团向黄石市防疫医疗系统 18 家医院捐赠机芯可拆洗空调 450 余套，同时向建设中的武汉市蔡甸区大集健康谷方舱医院捐赠空调设备，用于填补当地医疗机构空调设备的空缺；奥克斯旗下三星医疗电气向雷神山医院捐赠隔离服、护目镜、免洗消毒液等防护物资。

为了更好地支援武汉防疫部署，奥克斯集团主动请缨将旗下武汉明州康复医院作为新冠肺炎患者收治定点医院，无偿提供 300 张床位给政府调配。当浙江发出招募令，组建医疗队千里驰援湖北时，奥克斯集团全体医疗人员第一时间响应，踊跃报名，百余人递上请战书，先后 20 名医护人员千里驰援武汉，奔赴"核心战场"。期间，三名医护人员表现突出，火线入党。面对严峻的形势，明州医院的医护人员不畏风险，尽自己所能为抗击疫情作贡献。

二、复工复产稳就业

2020 年 4 月以来，随着中国境内疫情总体呈零星散发状态，疫情积极向好的态势持续巩固，疫情防控阻击战已经取得了阶段性成果，标志着全国疫情防控进入常态化，民营企业进入复工复产疫情防控新阶段。

（一）多措并举，工商联勇当企业复工助推器

1. 全力支持企业复工复产

2020 年全国工商联全年开展 13 次网络调查，集中围绕抗疫政策落实、企业复工复产、企业资金链、"走出去"及外贸企业受疫情影响情况、纾困惠企政策落实等开展跟踪调查，其中 32 家省级工商联全部参与，调查企业超过 30 万家次，浙江、山东、云南、贵州四省每次线上调查平均填报量都超过 2000 家，对推动党委政府出台有关纾困惠企政策措施提供了支持（见表 3-6）。

本次调研数据显示，在享受政府惠企政策上，59.0% 的民营企业享受了税费、社保的阶段性减免和延期服务，25.2% 的民营企业获得了保障返岗、招聘服务稳岗就业补贴，18.5% 的民营企业获得了灵活、低成本的信贷，

15.3% 的民营企业水电气费用获得了减免。除此之外，部分民营企业房租和住房公积金缴存被减免和减轻。少数民营企业被允许暂时采用灵活的薪酬发放方式（见图 3-3）。

表 3-6　部分省市工商联支持企业复工复产的文件

地区	文件概要
甘肃省工商联	编制《甘肃省民营企业在疫情防控期间复工复产问题的数据调查与分析报告》，向省委、省政府、省政协等部门以工商联信息专报形式报送，为制定政策提供重要依据。
重庆市工商联	联合市人力资源和社会保障局、市总工会、市企业联合会共同印发《做好疫情防控期间稳定劳动关系企业复工复产的通知》，帮助企业稳定劳动关系，解决用工难题。
天津市工商联	印发《关于在全市民营企业、商会组织中广泛宣传国家及天津市企业复工复产相关扶持政策的通知》。
山西省工商联	联合山西省人社厅、省总工会、省企业联合会联合出台《关于做好新型冠状病毒感染肺炎疫情防控期间稳定劳动关系支持企业复工复产的意见》。

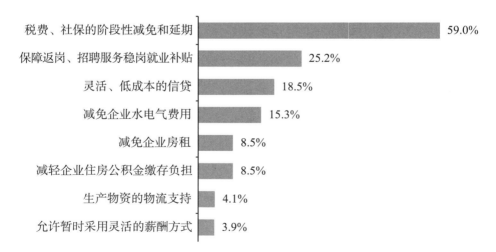

图 3-3　参与调研民营企业已经享受政府帮扶政策情况

数据来源：2020 年度全国工商联民营企业社会责任调查问卷

【案例】浙江省工商联：发挥组织联动优势，助力民营企业复工复产

为掌握企业疫情防控、劳动用工、复工复产等情况，浙江省工商联组织全省工商联系统干部对323158家会员企业实施全覆盖排摸，并引导99.6%的会员企业承诺对因疫情不能如期返工的员工不解除劳动合同，92.6%的会员企业承诺对因疫情延期返岗员工实行带薪休假。开展企业生产经营情况专项调研，组织发动5379家企业积极参与"民营企业应对疫情防控阻击战情况掌上问卷调查"，形成《疫情防控背景下民营企业生产经营情况调查问卷分析》专报信息，得到浙江省委书记车俊、省长袁家军的肯定。会同浙江省委统战部联合开展"助企抗疫情、联企复生产"专项行动，助力民营企业分区域、分行业、分时段科学有序恢复生产。

2. 为产业链上下游顺畅衔接提供便利

习近平总书记在统筹推进新冠肺炎疫情防控和经济社会发展工作部署会议上强调，"要发挥行业协会、商会等社会组织的作用，指导和帮助企业等会员单位科学精准防疫、有序复工复产"。工商联所属商协会贯彻落实习近平总书记有关要求，推动产业链各环节协同复工复产，特别是以资源要素互补、产业链上下游协同、企业融通方面重点搭建了一系列服务平台，如全国工商联并购公会充分发挥公会的金融专业优势，搭建网上活动直播平台，为中小企业及业内人士提供法律、税务、金融等方面的在线培训与咨询服务，协助和扶植中小企业顺利度过疫情期间及疫情结束后的困难时期，助力企业复工复产。

同时，商会会员企业也积极在供应链端发挥自身优势，助力上下游企业复工复产。全国工商联家具装饰业商会会长企业月星集团对所有环球港及月星家居商场实行"两免三减半"措施，同时为所有商户三万余名一线营业人员购买总额30亿元的"利安抗击新型冠状病毒专项保险"。

3. 开展法律服务，稳妥推进企业复工

面对疫情常态化下民营经济所面临的新的企业内外部环境，尤其是在民营经济复工复产过程中所涉及的新的法律风险，全国工商联在官网抗疫专题迅速上线法律服务专栏，并与各地工商联及所属商会形成线上线下联动，通过积极提供法律服务和政策解读，助力民营企业抗击疫情、复工复产、稳妥处理劳动关系。在地方层面，各省市工商联充分发挥劳动关系三方协商机制作用，稳妥推进企业复工复产。广西壮族自治区工商联与自治区劳动关系三方协商机制单位共同宣传《应对新型冠状病毒感染肺炎疫情引发的与劳动关系相关的 16 个问题》等疫情防控期间有关的劳动关系政策，引导企业在疫情防控期间，积极构建和谐劳动关系，稳妥推进企业复工。上海市工商联与市人社局、市企业联合会等劳动关系三方协商机制成员单位密切联系，就企业关心的疫情期间本市出台的相关劳动关系用工政策解读口径和企业反映的问题进行沟通讨论，回应企业复工关切。

4. 稳就业，支持民企在行动

在统筹推进疫情防控和经济社会协调发展中，民营企业助力"六稳""六保"，其中"稳就业"成为重中之重。全国工商联搭建复工复产人才对接平台，助力民营企业和社会组织解决好在复工复产过程中遇到的用工难、招工难问题。

图 3-4　全国工商联复工复产人才对接平台

具体来说，工商联会同有关部门举办的金秋招聘月、招聘周、知名民企湖北行等活动，都取得了卓越的成果，既为劳动者求职提供集中服务，也为民营企业招聘到包括 2020 届高校毕业生、其他贫困劳动力、失业人员、下岗（待岗）职工等在内的各类型涉及多个不同领域的职员。其中仅 2020 年全国民营企业招聘月活动便集纳平台优质民营企业超过 3500 家，提供职位数超过 1.5 万个，招聘人数近 30 万人，专场线上招聘会累计投递量超过 16 万人次。

（二）积极复工复产，民营企业在行动

广大民营企业按照党中央、国务院决策部署，做好疫情常态化防控，紧紧围绕"六稳""六保"，在科技创新、转型升级方面谋划企业高质量发展蓝图，为稳住经济基本盘，保住基本民生的经济社会发展目标任务作出积极贡献。截至 2020 年 4 月底，全国规模以上工业企业复工率超过 99%，中小微企业复工率达到 88.4%，重大项目复工率超过 95%。中国经济运行加快回归常态，经济活力正在快速释放。

1. 以制度提升效力，有序复工复产

很多民营企业都制定了疫情防控工作方案和复工复产实施方案，从复工筹备、疫情防控、应急处置三个环节建立标准化流程。调研数据显示，59.4% 的企业重点强调做好防控，加强员工健康监测；36.0% 的企业关注灵活用工、弹性生产和及时复工；21.9% 的企业则积极寻求转型和加快智能化、数字化发展（见图 3-5）。

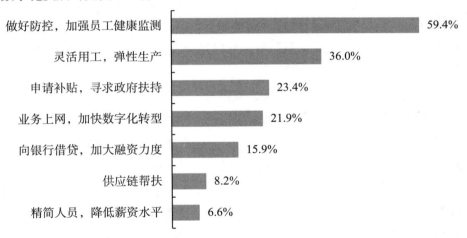

图 3-5　参与调研民营企业在复工复产方面所采取的措施

数据来源：2020 年度全国工商联民营企业社会责任调查问卷

如中天钢铁集团建立了员工"上班—公司—下班"闭环疫情防控标准化体系，建立动态台账管理，记录员工上下班行程，包括姓名、住址、活动路线等。立白疫情防控小组制定了完善的员工安全防控方案。对于工厂员工，各生产基地成立防疫管控小组，制定相应的疫情防控方案，对涉疫

地区、有确诊病例的小区进行员工身体情况跟踪（见图3-6）。

图3-6　立白集团战"疫"系统图

健康复工，安检先行。民营企业纷纷建立了相应的机制确保企业员工可以顺利复工。比如，欣旺达电子股份有限公司自主开发比"i深圳"更为严苛的疫情信息上报管理系统，实现人员信息管理，实现自动定位、精准管理、智能分类。星邦重工复工的前提条件是核酸检测过关，对所有员工进行无死角排查，对所有拟复工人员进行了严格筛选、排查和培训，确保安全复工、科学复工、精准复工。

2. 发挥"头雁"效应，协同复工复产

全国工商联2020年4月调研数据显示，大型企业复工复产达到了基本恢复正常，其中57.84%的已复工大型企业产能利用率在80%以上。以民营企业500强为代表的大型企业，主要以化工、机械、电子、冶金、有色、建材等重要产业为主，这些产业附加值高、产业链长，恢复生产经营，可以带动更多产业链上下游企业，推动民营企业复工复产提速扩面。如杭州娃哈哈集团有限公司董事长宗庆后等11名浙商（见表3-7），联合发起《关于强化疫情防控有序复工复产的倡议书》，倡议书建议"龙头企业要带动产业链上下游企业、小微企业攻坚克难，共同发展"。

表 3-7　知名浙商关于强化疫情防控有序复工复产倡议人名单

企业名称	企业家
杭州娃哈哈集团有限公司董事长	宗庆后
传化集团有限公司董事长	徐冠巨
正泰集团股份有限公司董事长	南存辉
浙江吉利控股集团有限公司董事长	李书福
富通集团有限公司董事长	王建沂
华立集团股份有限公司董事局主席	汪力成
浙江新湖集团股份有限公司董事长	林俊波
万向集团董事长、CEO	鲁伟鼎
浙江中南控股集团有限公司董事局主席	吴建荣
康恩贝集团有限公司董事长	胡季强
浙江建华集团有限公司董事长	许荣根

3. 科技企业，助力复工复产

图 3-7　腾讯"云办公全家桶"

全国各地复工复产稳步推进过程中，数字化抗疫成为防疫抗疫、促进复工复产的利器。五色疫情图、复工率五色图、健康码、智控指数……这些战"疫"武器背后汇聚了 5G、大数据、云计算、人工智能等各类硬核科技的力量。例如，腾讯云推出"云办公全家桶"，利用企业微信、腾讯会议、腾讯文档等平台，帮助企业实现即时通讯与办公，提高远程协同的工作效率，全面准确掌握员工健康情况（见图 3-7）；山西科达自控股份有限公司研发的"物联网疫控智能测温筛查系统"，运用大数据技术可达到现场与疾控中心数据实时共享，实现身份识别、测温、登记、报送四功能秒级完成，目前已在国内 300 多家企业安装应用，并已远销国外，为企业复工复产带来了更多安全感。

【案例】瀚华金控：多措并举支持小微企业复工复产

瀚华金控股份有限公司是全国领先的综合性普惠金融集团，他们搭建了集股权、债权、交易于一体的综合金融服务平台，为中小微企业提供一站式、全周期、综合化的普惠金融服务。2020 年新冠肺炎疫情暴发以来，公司积极落实党中央决策部署，通过一系列举措帮助受疫情影响的中小微企业复工复产，被评为"重庆市抗击新冠肺炎疫情先进民营企业"。

疫情发生后，瀚华金控快速启动 24 小时应急服务联动机制，开通绿色通道，创新线上服务，全面落实"到期延、存量续、总量增""不抽贷、不断贷、不压贷"等措施，全力保障客户资金使用连续性。同时，瀚华金控在核心业务中主动减费让利（如担保费率降低约 40%），以最大限度支持小微企业渡过难关，并积极落实各地再贷款专项要求，保障企业生产物资供应，支持企业复工复产。对药品供应企业、医疗器械生产企业、运输物流企业的紧急融资需求，优先给予贷款并适当降低融资担保条件，对湖北等疫情严重地区的住宿餐饮、物流运输以及参与疫情防控重点物资研发和保障的企业，下调担保费率。

瀚华金控服务于小微企业及"三农"、个体工商户等的小额信贷业务团队一方面紧急针对疫情防控相关企业或受疫情影响的小微企业出台系列措施，包括还款计划调整、贷款展期、利息延期支付、减免部分利息等，另一方面积极与所有合作机构联合行动，共同发起针对小微企业的抗疫专项支持产品。通过一系列举措，公司共计支持了近万个中小微客户复工复产。

（三）助力全球抗疫，民营企业有担当

习近平主席在第 73 届世界卫生大会视频会议开幕式上致辞强调，"中国坚持以民为本、生命至上，始终秉持人类命运共同体理念，既对本国人民生命安全和身体健康负责，也对全球公共卫生事业尽责"。山不相连，人要相逢，新冠肺炎疫情在全球持续蔓延，中国民营企业秉持人类命运共同体理念，在这场全球抗疫之战中，承担起应有的责任担当。

抗疫物资驰援"地球村"。在中国支援世界各国开展抗疫斗争的过程中，中国民营企业为国际抗疫事业作出的贡献有目共睹。数以万计的医疗物资飞越山川异域，中国民企无论体量大小，皆以助人助己、休戚与共的信念，彰显全球抗疫中的民企担当。如复星国际 3 月 1 日紧急调拨 3.6 万件防护物资发往日本，并通过亚布力中国企业家论坛，发起了针对重点国家捐赠医疗物资的倡议，收到包括龙湖集团、北京泰康溢彩公益基金会在内的超过 10 家爱心企业及机构的响应，多家企业联合向意大利发送的医疗防护物资共计 4.55 万件；泰康溢彩公益基金会与阿里等众多爱心企业共同发起"全球人道主义援助计划"；三一集团多批次向印度、德国、意大利等 34 个国家捐赠 100 万只口罩。

【案例】洪达集团：加快医护物资生产，助力国际疫情防控

江西洪达医疗器械集团有限公司是专业生产一次性使用无菌医疗器具产品的大型企业，已成为美洲、欧洲、非洲、中东、东南亚无菌医疗器械市场的主要供货商。洪达集团作为防疫物资生产企业之一，拥有 110 条防疫物资生产线，医用口罩日产量达到 300 万只。2020 年 5 月 9 日，洪达集团接到医用外科口罩出口法国订单后立即安排人员，提高产能，加紧生产，按时完成生产任务。6 月 4 日，洪达集团生产的 1700 万只、价值 3600 万元的医用外科口罩，通过"法国防疫物资专列"从南昌铁路口岸出口法国，助力国际疫情防控。中欧班列运输防疫物资数量远超普通货机运力，成本较空运降低约 30 倍，较海运缩减 10—20 天，有效降低了企业出口运输成本，缩短了货物到达时间。

打造全球救援绿色生命线。疫情期间，国际物流供应链体系遭受严重打击，开辟全球救援绿色"生命线"，串起世界人民奋力战胜疫魔显得尤为重要。菜鸟通过智能物流骨干网和数字贸易模式创新，启动了全球救援绿色生命线，这是在疫情期间全球为数不多还在正常运行的物流网络，菜鸟通过eWTP枢纽和相关通道作为全球救援运输的主动脉，将中国援助海外的抗疫物资陆续运往亚洲、欧洲、非洲、美洲、大洋洲的 100 多个国家（见图 3-8）；同样作为物流企业，顺丰也无惧海外疫情扩散，从 3 月 1 日至 18日，顺丰国际业务事业部承运来自中国组织、企业及个人发往海外的医疗防疫物资累计达 220 吨，发往美国、德国、意大利、韩国、日本、澳大利亚等 50 个国家及地区，其高效运输服务得到了各国政府和人民的一致赞誉，展现了中国企业的大勇和担当。

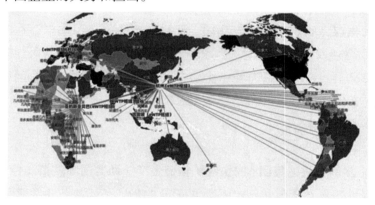

图 3-8　菜鸟架起全球物资救援"生命线"

贡献全球抗疫的"中国经验"。作为行业内唯一覆盖"互联网＋医疗健康"全产业链的数字健康平台，微医先后上线"新冠肺炎实时救助平台"和"全球抗疫平台"，为公众提供免费的医疗咨询服务。2020 年 3 月 18 日，在中国驻意大利大使馆的推介联络下，通过微医全球抗疫平台（中英文版），向世界传授"中国经验"，帮助了意大利、荷兰、印度等九个国家的医生和病人。截至 2020 年 3 月 24 日，微医全球抗疫平台共集结 7273 位医生参与国际救援，累计服务 49438 名咨询者。此外，京东健康针对海外同胞及海外友人专门推出"全球免费健康咨询平台"，并专门设立了由 30 多位中医专家组成的"中医抗疫专区"，开设了心理求助热线，免费为海外同胞进行心理疏导服务。

（四）抗疫全力以赴，扶贫初心不改

脱贫攻坚收官之年遭遇新冠肺炎疫情，在极其艰难的 2020 年，民营企业在扶贫与抗疫面前没有退缩，以疫情防控为切入点，抓好脱贫攻坚重点任务，在助力脱贫攻坚工作中发挥重要作用，主动参与并创造了疫情时期多样化帮扶方式。

深化东西部协作扶贫。广大民营企业响应东西部扶贫协作工作座谈会号召，东中部 11 个省（市）共计 2273 家企业和其他社会力量，帮扶了 1113 个挂牌督战村。部分东部省市民营企业和全国工商联直属商会参加甘南行、南疆行，捐款捐物和协议投资达 412 亿元。民营企业踊跃参与消费扶贫行动，采购和帮助销售扶贫产品达 272 亿元。此外，抗疫期间 300 多家民营企业通过全国工商联复工复产人才对接平台，成功协调企业用工七万余人，有效地带动了贫困地区劳动力就业。

【延伸案例】全国工商联携手知名民企助力疫后重振脱贫攻坚湖北行

为贯彻落实习近平总书记"在湖北最艰难的时期搭把手、拉一把"的重要指示精神和党中央关于支持湖北省经济社会发展决策部署，全国工商联、湖北省人民政府、中国光彩会共同主办了"全国工商联携手知名民企助力疫后重振脱贫攻坚湖北行"活动。本次活动采取"网上行＋实地行""省上行＋市州行""主题行＋专题行"相结合的方式，具有持续时间长、覆盖范围广、帮扶力量大的特点。

本次活动于 5 月 30 日在线上启动。全国各地近万家民营企业齐聚线上，从捐赠扶贫、产业扶贫、就业扶贫、消费扶贫、招商引资等方面入手，踊跃参与爱心认筹、项目超市、惟楚有才、味爱湖北、诗画荆楚等线上板块活动。据统计，"知名民企网上湖北行"活动启动以来成果丰硕，430 家单位（个人）爱心认筹 1.12 亿元，598 家民营企业（商会组织）结对帮扶湖北 454 个扶贫攻坚村，实现了村企帮扶全覆盖；2193 家省内外民营企业为湖北提供就业岗位 106203 个；带货帮销湖北农产品 3.49 亿元；促成民营企业投资项目41 个，合同投资额 1228.8 亿元。

抗疫与扶贫并举。2020 年是全面打赢脱贫攻坚战收官之年。民营企业做出了一道以"战'疫'"促"战贫"、以"战贫"助"战'疫'"的共赢加法。以碧桂园为例，利用扶贫干部体系，把农产品组织起来，依托东西部农产品协调系统，跟武汉抗疫前线的党员志愿者服务队及碧桂园物业体系对接，大批杂粮、柑橘、蔬菜、土豆等耐运输、耐保存的农产品免费送到了武汉及周边城市的医院和社区居民手上，此举既及时向抗疫前线输送了补给，又帮助解决了众多贫困户生产的农产品销售出路。又如中国平安集团、敏捷集团、新又好餐饮集团等一批企业定向采购累计价值 5000 万元扶贫农产品支援湖北等疫情重点地区。

【案例】瀛久农业："宅配＋直播"方式助力扶贫

2020 年上半年，新冠疫肺炎情影响使得西双版纳农产品严重滞销。西双版纳农产品松江直销中心在重点搞好疫情防控的同时，及时判断形势发展，反应迅速，推出"抗疫情，助菜农"一系列销售宣传，助力当地农户和带贫农业企业复工复产。

抓住疫情消费窗口期，创新工作方式，通过微信公众号开发小程序，以及盒马鲜生、易居乐农、爱护网、建行线上菜篮子等线上合作，通过无接触配送，为"宅"家上海市民推送优质农产品；开发了一系列居家宅配套餐，用进社区、进机关、进企业等方式，将农特产品带入 250 余个社区和单位。如此，不仅解决了疫情期间市民出门采购难题，也缓解了产地农产品滞销问题，两个月内销售扶贫农产品 240 多万元。疫情期间，西双版纳农产品松江直销中心还创新以"'吃'援版纳"为主题，首次将版纳农特产品搬上直播间，多种产品在镜头前亮相。

三、后疫情时代的思考

新冠肺炎疫情让全球经济陷入第二次世界大战后最严重的大萧条，对中国经济的发展也带来了巨大的影响，特别是疫情对中小企业的影响更是全面而深刻。为了保障民营经济能够适应新的局势，健康发展并能够更好地履行对不同利益相关方所承担的社会责任，民营企业和民营经济人士需要不断地了解更新国内外社会经济环境和相关政策变化趋势，重新审视企业的发展战略和经营模式。

（一）坚定信心，融入新发展格局

2020 年新冠肺炎疫情暴发以来，中小企业俨然成了处境最难的市场主体。一方面，经营性收入大幅下滑，收入已达到"流动性极限"。另一方面，服务业小微企业逼近"降成本极限"。有关数据显示，疫情初期，34.0% 的中小企业账上余额只能维持一个月，33.1% 的企业可以维持两个月，17.9% 的企业可以维持三个月。然而，随着中国抗疫取得重大战略成果，经济发展也迎来具有里程碑意义的一年，2020 年 GDP 首次突破 100 万亿元大关，比上年增长 2.3%，是全球唯一实现正增长的主要经济体，走出一条令人振奋的"V"形曲线，给"疫霾"笼罩下的世界带来了宝贵的供需增量和投资机遇，既为全球经济保卫战提供了可资借鉴的经验，也为构建开放型世界经济提供了强大动力。我国经济再次迎来了"信心比黄金更重要"的关键时点，民营企业更应抢抓机遇，迎接挑战，努力为探索形成新发展格局的有效路径贡献力量。

1. 坚定不移扩大内需，扎实推动共同富裕

进入新发展阶段，人民群众的需求和消费不断拓展，优质化、多样化、个性化需求持续攀升。民营企业要找准推动共同富裕的着力点和突破口，把握扩大内需这个战略基点，将扩大内需工作从经济导向转向民生导向，重点要向就业、教育、社保、文化、健康、养老、环境保护、社会治理、乡村振兴、应急体系等各个民生领域全面深度拓展。同时要结合疫情防控中催生的风险预警、信息溯源、智慧城市、远程医疗、无人配送、在线消费、自助零售、线上教育、视频会议、企业在线运营等新技术、新业态发展和消费模式创新。主动适应消费升级带来的市场变化，在品牌建设、产品战略、营销手段等方面多花心思，不断创造适应新需求的有效供给，要充分考虑国家碳中和、碳达峰和绿色发展的要求，聚焦符合行业企业实际发展情况的 ESG 投资发展规划，扩大农村消费，主动融入乡村振兴战略，加快乡镇商贸发展，激活中国的超大规模市场优势。扎实把扩大内需工作以满足人民日益增长的美好生活需要作为根本目的。

2. 把牢国际化发展方向，稳妥走出去

民营企业要在构建新发展格局中展现新作为，就要拓宽国际视野，讲好中国故事，积极履行社会责任，加大国际传播影响力。中国国家铁路集团有限公司公布的数据显示，2020年，中欧班列累计开行1.24万列、运送113.5万标箱，分别同比增长50%、56%。可以看出，面对新冠肺炎疫情大考，共建"一带一路"展现出强大的韧性和旺盛的活力。民营企业在外贸稳增长中的作用突出，成为外贸市场的"稳定器"。特别是随着《区域全面经济伙伴关系协定》《中欧投资协定（RCEP）》签订，据国际知名智库测算，到2025年，RCEP可望带动成员国出口、对外投资存量、GDP分别比基线多增长10.4%、2.6%、1.8%。这些利好都将增强中国出口韧性，增加区域双边贸易便利度，为外贸型和有海外投资需求的民营企业带来巨大的机遇。

（二）因事为制，实现高质量发展

在疫情冲击下，不少企业通过转型和变革寻求出路在所难免，有些是行业暂时性的制约不得不"断臂求生"，有些是中长期的趋势必须"革故鼎新"。不管怎样，受疫情冲击的当代民营企业，如何加强企业管理创新、战略更新、技术革新，是后疫情时代企业"以变应变"必须思考的问题。

1. 树立风险防控意识，重视合规经营

合规经营是立行之本，是企业的核心竞争力，是新时代赋予中国民营企业的历史重任，也是企业社会责任的核心内涵。2020年因受疫情冲击的严重影响，以及内外部复杂的发展环境和明显增多的各类风险致使中小企业营业收入大幅下降，实际运营困难持续增加，加大了企业倒闭风险。清华大学和北京大学联合调研995家中小企业的报告显示，2020年29.6%的中小企业营业收入下降比例超过50%，58.0%的中小企业营业收入下降幅度在20%以上，只有4%的中小企业收入下降幅度小于10%。

而在后疫情时代，困扰企业的风险不仅仅是国际市场冲击、宏观政策调控、营商环境、金融流动性等外生变量，更重要的是转向债务、投资、金融、国际化经营及安全生产等风险关注点。这就要求我国民营企业应当树立强烈的风险意识，培养抗风险、抗打击、对冲不确定性的能力，要更加聚焦主业。例如，重庆力帆集团申请破产重整，原因就是资金链断裂、摊子铺得过大。而曹德旺专注汽车玻璃产业，目前占全世界市场份额的 22% 左右。特殊时期，民营企业更要学会谋方略、建机制，从加强战略预判和风险预警、抓住要害提高风险化解能力、构筑全面风险防控体系等方面，以有效增强风险研判、评估、预警、控制、反馈等防控管控能力。

2. 产业链重塑，打好转型转产硬仗

在此次疫情中，我国产业链供应链经受住了疫情考验，总体上平稳，一些民营企业如阿里巴巴、复星集团、比亚迪集团借助自身强大的供应链能力，迅速组织力量投入疫情防控和复工复产之中。但新冠肺炎疫情也暴露了当前全球产业链水平分工结构导致产业链环节过多、运输距离过长，从而物流成本高、运输时间长、供应链易断裂的问题，全球产业链的加速调整和重塑正当其时。

一是在融入优化和稳定产业链供应链过程中，民营企业应当加大关键基础材料、核心基础零部件、先进基础工艺、产业技术基础和基础装备投入，着力补齐产业链的短板及缺失环节，构建完整的生产供应体系，打造具有战略性和全局性的产业链集群。二是大力推进产业链上中下游有序协同。以数据作为生产的核心要素，即数据的生产、加工、处理、交易和消费，在整个经济链条中产生决定性或者基础性的作用，实现产业链上下游企业间、产业链相关企业与政府部门间的数据共享，以及产业与产业之间的整合、优化和协同，消除整个产业链网络上不必要的运作和消耗，促进产业链高效运转，有效增强产业内垂直分工的效率，提高包括研发合作、原材料和中间件的稳定保障，以及服务于市场需求变化的弹性制造能力。三是推动产业链和创新链融合，培育"链主"企业，引领中小微创新企业、上下游配套企业合力攻坚，推动中高端智能制造产业发展。

3. 产业数字化趋势，培育新兴产业

在此次新冠肺炎疫情中，科技企业利用自身数字化能力优势，支持政府部门、医疗科研机构和相关企业开展远程居家办公、快速疫情防控系统搭建、人工智能防控疫情应用等相关工作，取得了巨大的成效，不仅支持了相关机构在疫情期间加强防控举措、确保工作效率，而且也为后疫情时代企业长期的数字化建设带来了一些重要的启示。

中国信息通信研究院数据显示，我国数字经济增加值由 2011 年的

9.5 万亿元增加到 2019 年的 35.8 万亿元，占 GDP 比重从 20.3% 提升到 36.2%，可见数字经济的潜力较大。特别是当前中央提出要加快推进 5G 网络、数据中心等新型基础设施建设，加快培育发展新兴产业。民营企业应当充分发挥优势推动人工智能、物联网、大数据、区块链等技术创新与产业应用，丰富 5G 应用场景，推进城市管理和制造业、服务业数字化、智能化改造升级，推动产业变革和新兴产业发展，促进形成一批战略性新兴产业集群。

【案例】长三角产业链联盟："链"上共舞

为了构建长三角人工智能产业生态，提升长三角人工智能产业的竞争力，强化人工智能与经济社会各领域深度融合，长三角人工智能产业链联盟（以下简称"联盟"）正式成立，其包括上海市牵头成立的长三角超导产业链联盟、江苏省牵头成立的长三角软件和信息服务产业链联盟、浙江省牵头成立的长三角数字健康产业链联盟以及安徽省牵头成立的长三角人工智能产业链联盟。上海集成电路行业协会、中国药科大学、吉利控股集团、科大讯飞为首任联盟理事长单位。

四大产业链联盟旨在搭建政府企业间的交流沟通平台，加强产业链上下游的信息、技术、人才、资金等交流对接、联合攻关和推广应用，促进产业链创新平台和科研资源共享，搭建渠道吸引更多的人才服务产业链发展，加强国际规则、投资产业政策培训服务，联合开展产业链重大课题研究，锻造有全球竞争力和影响力的长三角产业链共同体。

（三）机制变革，激发民企发展活力

2020 年度全国工商联民营企业社会责任调研数据显示，在将近两万家参与调研企业中，仅有 14.2% 的民营企业在促进国内大循环为主体、国内国际双循环相互促进的新发展格局采取了相关措施，其中采取的措施及占比情况如下：产品质量（23.93%）、创新／科技／研发投入（22.48%）、消费（5.59%）、销售（4.75%）、品牌（4.47%）、诚信（4.19%）、竞争力（3.52%）、转型（2.43%）、绿色发展（2.32%）、供应链（1.90%）、就业（1.76%）、"一带一路"（1.55%）、培训（1.48%）。可见民营企业对融入新发展格局的活力不够。根源还是民营企业所面临的一系列外部环境，包括市场环境、政策环境和法律环境，不可避免地存在缺陷。而进一步支持民营企业改革发展的顶层设计和进一步优化工商联服务的手段对切实缓解民营企业经营压力，激发产业发展活力具有重要意义。

1. 要在执行层面上支持民营企业改革发展

2019 年发布的《中共中央国务院关于营造更好发展环境支持民营企业改革发展的意见》，被称为支持民营企业改革发展领域的首个中央文件，也称为"民企 28 条"。2020 年为有效应对新冠肺炎疫情影响，激发民营企业活力和创造力，进一步为民营企业发展创造公平竞争环境，带动扩大就业，国家发改委、科技部、工信部等六部门联合印发《关于支持民营企业加快改革发展与转型升级的实施意见》，共提出 38 条具体举措。而如今政策实施的关键问题是，政策牵头部门是否要会同相关部门加强政策指导、工作协调，部分惠企政策落地还不实，难以公平获得生产要素等问题依然存在，中小企业发展基础仍有待夯实。因此，还需要在以下几个方面进行完善。

第一，加大中小民营企业纾困政策力度，包括更多的纾困资金投放、更大幅度的税收优惠、更多元的企业纾困方式。第二，狠抓中小民营企业政策落实效果，包括各地成立专门的民营企业危机化解工作组，完善组织保障和人员保障，建立中小企业政策性银行和其他中小企业金融机构，从制度上解决中小企业融资难的问题等。第三，继续改善营商环境，优化政务环境、市场环境、法治环境、人文环境，帮助民营经济解决各种困难。

2. 提升工商联、商会组织凝聚力影响力执行力

疫情发生后，各级工商联立即行动，充分发挥组织优势，建立系统联动机制和防疫物资对接机制，广泛动员民营企业和商会参与抗疫斗争，助力民营企业运行逐步恢复常态，充分发挥了工商联系统优势。后疫情时代，工商联、商会组织要引领民营企业投入"双循环"，推动民营企业高质量发展，就应当充分发挥抗疫行动中的组织优势和系统联动优势，提高改革攻坚的能力，充分发挥工商联和商会在社会治理中的作用。

一是要做好服务中心大局，深化顶层设计。各级工商联组织要准确研

判"十四五"时期民营经济发展面临的新形势、新任务，要发挥好职能作用，找准工作定位，创新服务手段，延长工作手臂，密切联系企业、商会，搭建长效政企沟通服务平台，聚焦推进政策落实，助力打造市场化、法治化、国际化营商环境，服务民营企业解决好要素成本、市场准入、产权保护等方面最关心、最现实的问题。

二是通过积极培育和发展新商会、加强领导和管理商会党建工作、探索组建专业委员会等多种形式，使商会组织覆盖更多以民营经济为主体的行业领域。同时要促进基层、行业商协会改革，发挥其参与社会治理的积极作用。商协会作为联系企业、政府和市场、社会的重要主体，在协助国家应急体制快速反应，特别是地方政府应急体制的纵横上下信息畅通与工作协调有着积极作用，同时，要对此次疫情暴露出来的民营企业产业链上的相关问题和商协会处理问题的短板加以克服和纠正。

4

全国各地民营企业驰援河南洪灾专题报告

摘　要： "一方有难，八方支援"一直是中国人团结合作、家国一体的集中体现。在河南省遭遇严重洪涝灾害之际，众多民营企业纷纷伸出援手，第一时间捐款捐物，于滔滔洪水中为群众撑起一片天。本文通过勾画抗洪救灾中民营企业群像，展现出当代民营企业的责任和担当。

关键词： 河南洪灾　民营企业　捐赠

2021 年 7 月 20 日以来，河南省多地遭遇极端强降雨天气，郑州、新乡、安阳等地发生区域性严重洪涝灾害，给人民生命财产造成重大损失。截至 8 月 9 日，本次洪涝灾害共造成河南全省 150 个县（市、区）、1664 个乡镇、1481.4 万人受灾，直接经济损失 1337.15 亿元。

天灾无情，人间有爱。7 月 21 日下午，全国工商联积极贯彻落实习近平总书记对河南防汛救灾工作重要指示精神，第一时间倡导和动员广大民营企业驰援河南。一笔笔捐款、一车车救援物资、一支支救援力量源源不断地向灾区汇聚，民营企业用爱心和力量绘制成一幅"一方有难，八方支援"的斑斓画卷。

一、迅速驰援，彰显民企速度

河南洪灾告急，广大民营企业捐款捐物，助力河南人民共渡难关。据不完全统计，截至 2021 年 8 月 16 日，全国累计有 7629 家民营企业向河南地区捐款捐物 53.29 亿元。其中河南省内 3942 家民营企业捐助款物 7.51 亿元，省外 3687 家民营企业捐助款物 45.78 亿元。

洪灾面前，民营企业表现出高涨的捐赠热情和快速的响应速度。上海寻梦信息技术有限公司、辽宁方大集团实业有限公司、牧原食品股份有限公司、腾讯公益慈善基金会、美团公益基金会、北京字节跳动公益基金会、滴滴公益基金会、河仁慈善基金会、阿里巴巴公益基金会分别捐赠一亿元。仅 7 月 21 日，就有上百家企业捐赠资金拨付到账。如辽宁方大集团实业有限公司捐赠一亿元，上海寻梦信息技术有限公司捐赠一亿元，牧原食品股份有限公司捐赠一亿元，OPPO 广东移动通信有限公司捐赠 5000 万元，维沃移动通信有限公司捐赠 5000 万元，江苏沙钢公益基金会捐赠 5000 万元，极兔速递有限公司捐赠 2000 万元，新城控股集团股份有限公司捐赠 2000 万元……此外，以鸿星尔克为代表的部分企业在自身经营困难的情况下仍坚持援助河南，尽显民族企业之担当。

在河南遭遇暴雨洪灾之际，无数民营企业第一时间发起捐款，用真金白银垒筑抵抗汛情的硬核力量；无数零售业民营企业打开自家仓库，将急需物资以最快的速度送到需要的人手中；还有众多的民营企业开放场地，给困在归途的人们提供帮助。民营企业在危难之际坚定地扛起社会责任，与广大人民群众一道风雨同舟、守护家园，凝聚成了强大的抢险救灾合力，彰显了民企的责任速度和企业家的责任担当。

表 4-1　部分民营企业及基金会驰援河南捐赠信息不完全统计

（截至 2021 年 8 月 16 日）

企业	捐赠金额	主要方向
方大集团股份有限公司	2 亿元（资金和物资）	捐赠 1 亿元和价值 1 亿元的应急救援物资，用于保障当地群众人身安全、紧急采购救灾物资和灾后重建工作。
牧原食品股份有限公司	1 亿元	用于郑州等灾情严重地区的防汛救灾、群众帮扶、卫生防疫及灾后重建工作。
河仁慈善基金会	1 亿元	支援河南省防汛救灾工作。
阿里巴巴公益基金会	1 亿元	用于救灾紧急举措和灾后重建工作。免费提供首批 45 万件蔬菜、粮油等生活日用品。高德地图、阿里云"'郑州大脑'医疗 120 急救系统"、菜鸟、阿里健康积极参与救灾行动。

续表

企业	捐赠金额	主要方向
腾讯公益慈善基金会	1亿元	用于保障当地群众人身安全和紧急采购救灾物资。同时，腾讯公益平台在首页设置"驰援河南洪灾"专区，腾讯文档上线"救援互助信息登记模版"，腾讯医典发布《极端天气生存指南》，助力社会各界抗洪救灾。
美团公益基金会	1亿元	调配技术能力和资源助力抗洪救灾，免费开放郑州仓库63万件生活物资，优先为受灾群众生活安置、灾后卫生防疫等提供服务。
北京字节跳动公益基金会	1亿元	优先为受灾地区儿童的安全保障和生活学习提供服务。旗下多个产品（抖音、今日头条、西瓜视频、抖音火山版）上线暴雨求助通道。
上海寻梦信息技术有限公司	1亿元	紧急上线"应急救灾物资反馈入口"，收集受灾地区抗灾需求，提供信息对接和物资支持。
北京滴滴公益基金会	1亿元	驰援河南防汛救灾，并在郑州组织防汛救灾保障车队。
北京百度公益基金会	9000万元	驰援河南防汛救灾，百度App、百度贴吧、百度健康医典、好看视频、百度地图等百度旗下产品，上线暴雨互助通道等功能。
安踏体育用品集团有限公司	5000万元（资金和物资）	用于支援灾区前线的救援工作，帮助受灾地区群众尽快恢复正常生活。向所有受灾的河南员工及员工的家人开放"和木爱心基金"帮扶通道，为员工解除后顾之忧。
福建鸿星尔克体育用品有限公司	5000万元（物资）	为工作在抗洪一线的救援人员、社区工作者及受灾群众提供支持。
小米公益基金会	5000万元	用于保障当地群众的人身安全、采购紧急救灾物资和灾后重建工作。同时，紧急动员小米河南分公司全体员工积极参与当地救援行动。
上海复星公益基金会	5000万元	紧急驰援河南尤其是郑州等受洪灾影响严重地区。持续关注大灾之后的卫生防疫、受损设施重建，尤其包括乡村医疗机构在内的基层卫生体系重建等领域。
北京快手科技有限公司	5000万元	用于当地开展救灾、安置及重建工作，并第一时间开通多条互助通道；在显要位置搭建暴雨相关专题，并分阶段、高强度发布针对河南地区的精准推送；在河南用户的同城页，快手还置顶了媒体关于郑州暴雨防汛救援的直播以及相关辟谣信息。

续表

企业	捐赠金额	主要方向
维沃移动通信有限公司	5000 万元	用于当地开展救灾、安置及灾后重建工作。
联想（北京）有限公司	5000 万元	捐赠 5000 万元援助河南救灾，同时还将加派一支由 500 名专业 IT 服务工程师组成的联想 IT 服务救援队驰援河南，支援河南灾后重建工作。
OPPO 广东移动通信有限公司	5000 万元	用于采购受灾人群必需必要的生活、防汛物资，以及灾后重建。同时多家线下门店在确保安全的情况下，向有需要的人提供手机通信联络、手机充电，以及必要的水和食物。
泰康保险集团股份有限公司	5000 万元	用于保障当地群众的人身安全、采购紧急救灾物资和灾后重建工作。
网易（杭州）网络有限公司	5000 万元	网易新闻客户端紧急上线互助信息通道；网易有道联合公益伙伴提供 10—15 所学校和幼儿园的灾后重建与教师支持，预计至少涵盖一万名灾区学生；网易公开课针对灾区民众上线心理知识普及内容，免费协助开展灾后心理重建。
江苏沙钢集团有限公司	5000 万元	支援安阳市抗洪救灾及灾后重建工作。
万科公益基金会	5000 万元	主要用于保障当地群众人身安全、采购紧急救灾物资和灾后重建工作。
北京奇虎科技有限公司	4000 万元	紧急筹措相关救灾物资，投入一线救灾工作。
重庆智飞生物制品股份有限公司	3000 万元（资金和物资）	用于支援抗洪救灾及灾后重建工作。
浙江吉利控股集团有限公司	3000 万元（资金和物资）	捐赠现金 2500 万元、工业级无人机 3 架和辅助设备 500 万元。成立防汛救灾专项小组，调动全国各地经销商与服务站资源推出多项应急服务保障政策。
万达控股集团有限公司	3000 万元	支持郑州抗洪救灾，帮助受灾群众渡过难关。
华为技术有限公司	3000 万元	用于支援河南省抗洪救灾。紧急启动应急保障预案，187 名工程师在灾区一线，68 名研发专家远程投入，支持河南当地运营商进行网络修复与维护，力保灾区通信网络畅通。

续表

企业	捐赠金额	主要方向
上海均瑶（集团）有限公司	2000万元（物资）	携手旗下吉祥航空、九元航空、爱建集团、华瑞银行、均瑶健康、无锡大东方等子公司开展救援行动。
极兔速递有限公司	2000万元	用于保障河南地区人民群众的人身、财产安全，采购救灾物资以及支援灾后重建工作。
顺丰公益基金会	2000万元	用于当地受灾群众人身安全、紧急救灾物资采购与运输，以及灾后困难群众生活救助。协调到三万个编织袋运往前线。
龙湖公益基金会	2000万元	紧急驰援河南暴雨灾害，用于保障当地群众的人身、财产安全，采购紧急救灾物资和支援灾后重建工作。
融创公益基金会	2000万元	用于保障受灾地区人民群众的生命安全、紧急救灾物资采购等。
哔哩哔哩股份有限公司	2000万元	用于灾区紧急救援和灾后恢复重建工作。
新城控股集团股份有限公司	2000万元	用于保障当地群众人身安全、采购救灾物资和灾后恢复重建工作，助力当地帮扶救助。
比亚迪慈善基金会	2000万元	用于救灾紧急举措和灾后恢复重建工作。开启车主紧急救援服务通道，并开放郑州市所有4S店作为应急避难场所，附近市民可就近进店寻求援助。
上海蔚来汽车有限公司	1500万元	用于救灾及灾后重建工作。
广州小鹏汽车科技有限公司	1500万元	用于保障受灾地区人民群众的生命安全、紧急救灾物资采购等。
北京车和家信息技术有限公司	1000万元	全力支持救灾工作。
郑州宇通集团有限公司	1000万元	向河南全省所有受灾的公交客运企业提供免费救援服务，以保证群众灾后正常出行。
华兰生物工程股份有限公司	1000万元	加快急救药品的生产，启动应急药品供应绿色通道，做好应急药品的紧急调拨；加快流感疫苗的生产，保障灾后防疫接种。

数据来源：全国民营企业社会责任课题组整理

【案例】鸿星尔克：用心践行"爱国责任"

河南特大暴雨灾害发生后，福建鸿星尔克体育用品有限公司向河南捐赠 5000 万元物资。联系到鸿星尔克在 2020 年 -2.2 亿元利润的背景，更让民众感受到这家民营企业的有情有义、担当大义。在慈善捐赠物资方面，鸿星尔克一贯慷慨大度。2008 年汶川地震，鸿星尔克捐赠 600 万元现金和大量物资抗震救灾；2018 年 5 月，当年巨亏 2.98 亿元的鸿星尔克仍捐赠价值 6000 万元服装，以改善贫困残疾人及其家庭生活条件；2020 年 1 月捐款 1000 万元抗疫物资；2020 年 7 月捐款 1 亿元用于扶贫助残。

凭借捐赠事件，鸿星尔克"一夜爆红"。直播间涌进大量网友，数百万人"野性消费"参与扫货，线下门店也是挤满顾客，有的实体店销售额暴增 10 多倍。鸿星尔克现象级"火出圈"的背后，是红心引领下的一家民营企业展现的责任与担当。

二、风雨同舟，向险而行

河南遭遇暴雨洪灾之际，全国各地的民营企业秉承"生命至上"的理念，以高效的机制、快速的反应、有力的组织，发挥专业优势，将急需物资以最快的速度运送到灾区人民的手中，成为应急保障的一支重要力量，展现出民营企业作为"自己人"的责任担当。

风雨同行，发起救灾倡议。 河南省牧原集团、建业集团、天明集团、河南绿色中原现代农业集团、三全集团、龙蟒佰利、安图生物、好想你集团、正商集团、康利达集团、巴奴火锅、白象集团、UU 跑腿、汉威科技集团、蒲源建设集团、河南中通 16 家企业闻汛而动，第一时间向河南省广大民营企业发出《全省民营企业积极投身防汛救灾倡议书》，号召民营企业弘扬企业家精神，履行社会责任，展现民企担当，助力防汛救灾，并第一时间捐款捐物。

组建救援队伍，企业向险而行。 各地民营企业纷纷组建自己的救援力量奔赴救灾前线。胖东来集团董事长于东来带领救援车队和各类救援物资第一时间前往受灾一线；好想你公司董事长石聚彬亲自率领党员突击队、民兵连两支救援队伍到灾情严重的薛店镇、龙湖镇及其周边地区进行救援；山西成功集团派出人员 31 名，车辆 6 辆，组成应急救援队，紧急前往河南郑州实施救援任务；浙江大华技术股份有限公司河南公司成立应急保障小组，协助郑州、开封、焦作、周口等多地提供 7×24 小时现场技术支撑和保障服务；华为紧急启动应急保障预案，187 名工程师在灾区一线，68 名研发专家远程投入，支持河南当地运营商进行网络修复与维护；佛光发电紧急组织所有在厂的党员、员工成立救援小组，奔赴电力中断的医院、市政、学校等多个抢险现场，在最危急时刻提供了坚定的电力保障；圆方集团成立党员突击队，冒雨前往郑大一附院（河医院区），抢救物资、搬运沙袋、帮助病人及家属转移。

发挥专业优势，提供应急服务。7 月 21 日，全国各地的民营企业拿出"看家本领"，纷纷为河南提供力所能及的服务。航空企业调配航班资源，快递企业开通救援物资特别通道，高新技术企业调动技术资源快速响应，机械企业紧急调配各类装备前往救灾一线……春秋航空执飞的河南所有进出港航线免费承运救援物资。圆通速递、申通快递、中通快递开通救灾物资运输绿色通道，并分别出资 1000 万元用于网点灾后重建及快递小哥帮扶。360 集团及旗下政企安全集团调动各类技术和产品资源，助力当地政府和社会救灾工作，全力做好网络安全防护。成都阿尔刚雷公司紧急调配赶制了一批"绝电"拖线盘、"绝电"排插等应急供电物资，捐赠给河南辉县受灾严重的三个乡镇。字节跳动旗下抖音、今日头条、西瓜视频、抖音火山版等多个产品上线暴雨求助通道，提供信息服务。中联重科第一时间与河南客户公司派出汽车起重机，积极开展驰援，同时还为河南客户提供"免费检修"服务。

精准救灾，急群众之所急。郑州万达影城、东方嘉禾影城、奥斯卡曼哈顿影城等开放场地，为滞留人员提供充电、空调、毛毯、卫生间等力所能及的帮助。海底捞、巴奴火锅等餐饮企业开放门店，为周边居民提供避难场所和热水、食品等援助。医院、学校等重要场所受灾严重，成为救援重点对象。在接到郑州大学第一附属医院向外界发出的求援信息后，好想你救援队第一时间连夜赶往救援，抽调 5 辆货车，组织 20 余名队员运送医院设备。三全食品发布公告对幼儿园、学校、敬老院、福利院、医院、抗洪救灾一线人员以及车站、机场等有滞留旅客的单位等提供免费速冻及自热食品，以解餐食燃眉之急。京东集团紧急调拨大批铁锹、救生衣、雨衣、胶鞋等防汛物资以及矿泉水、方便面、火腿肠等生活物资，开通了950618河南地区专线，客服团队提供24小时商品调度、物资协调等必要的咨询服务，为当地群众提供紧急救助支持。

【案例】好想你：大灾之下，向险而行

好想你健康食品股份有限公司是河南本土一家集红枣种植、加工、冷藏保鲜、科技研发、贸易出口、观光旅游于一体的综合性企业。在洪灾发生时，好想你公司在自身受灾严重的情况下，仍然不忘灾区群众，及时采取行动，实施救援措施。

网络化的门店提供便利服务。在洪灾发生之后，好想你旗下的黄河路店迅速启用了便民服务站机制，免费提供热水、充电、简餐及休息场所。而像这样的门店，好想你还开放了近50家，免费提供了上千次服务。

救援队冲锋一线。郑州大学第一附属医院发出求援信息后，好想你救援队第一时间连夜赶往救援，抽调5辆货车，组织20余名队员运送医院设备。救援队克服淤泥散布、电梯故障等不利因素，将每一层楼上的病床拆卸搬运下来装车送至郑东院区，协助完成承担了该院的设备运送工作，为患者及时提供了设施保障。

三、工商联、商会发挥作用

河南暴雨洪灾发生之后，全国工商联迅速应对，运用自身的优势，最大化发挥自身的联接作用，倡导全国各省工商联、直属商会等积极开展救援行动，驰援河南。

闻"汛"而动，工商联倡议发声。7月21日下午，在呼和浩特举行的全国工商联十二届七次常委会议上，全国工商联第一时间向与会的企业家常委发出倡议，要向踊跃捐款捐物、奉献爱心的民营企业学习，行动起来，与受灾群众风雨同舟、共渡难关，为河南夺取抗洪抢险胜利作出应有贡献。各级工商联纷纷发声，号召民营企业为河南抗洪救灾奉献爱心（见表4-2）。

表 4-2 部分地方工商联驰援河南行动

地方工商联	主要行动
湖北省工商联	湖北省委统战部、省工商联向广大民营企业发出《关于驰援河南抗洪抢险的倡议书》，用大爱善举为河南加油，支援冲在抗洪抢险一线的最美逆行者。
广东省工商联	广东省工商联在《关于支援河南抗洪救灾倡议书》中，号召全省民营企业为受灾群众恢复正常生产生活、重建家园作出粤商贡献。截至 7 月 27 日，仅深圳市民营企业捐款捐物已逾 4.6 亿元。
辽宁省工商联	辽宁省工商联向各级商会组织、民营企业发出倡议书，号召发扬"一方有难，八方支援"的中华民族优良传统，弘扬"义利兼顾、以义为先、自强不息、止于至善"的新光彩精神，为河南抗洪救灾奉献爱心。
四川省工商联	四川省工商联在倡议书中倡议各市（州）党委统战部、工商联，各直属商协会和广大民营企业积极行动起来，贯彻落实习近平总书记对河南防汛救灾工作重要指示精神，以实际行动支援河南打赢防汛救灾保卫战。
河南省工商联	河南省工商联第一时间向全省各级工商联、商会组织、广大民营企业发出了《关于做好防汛救灾工作的通知》和《同心协力坚决打赢防汛救灾保卫战》倡议书。
江苏省工商联	江苏省工商联积极动员全省各级工商联、商会组织和广大民营企业伸出援手。据不完全统计，截至 7 月底，全省共有 300 多家民营企业、商会向河南受灾地区捐赠钱物 2.61 亿元。
山西省工商联	山西省工商联向全省民营企业、商协会发出倡议，号召民营企业为河南夺取抗洪抢险胜利作出力所能及的贡献。
上海市工商联	上海市工商联号召民营企业发挥自身力量和优势，共同助力当地防汛救灾工作。据不完全统计，上海市共有 214 家民营企业向河南防汛救灾捐款 9.1 万元，捐物折价 2.1 亿元。

数据来源：中华全国工商业联合会

各尽其能，彰显商会力量。各级工商联所属商会纷纷行动，以强烈的责任感和担当精神迅速响应，以各种形式开展捐资救援，与社会各界一道驰援河南。全国工商联并购公会秘书处和会长单位尚融资本与中国扶贫基金会"风基金"取得联系，发起"风雨同舟奖助学金"项目，用于资助河南省家庭受灾严重而无力支付学杂费的学生；全国工商联汽车摩托车配件用品业商会会长协调商会力量在汽车维修方面提供必要支持和帮助；全国工商联汽车经销商商会为帮助广大受灾地区群众和被淹被泡车辆车主、受灾汽车销售企业发出倡议；全国工商联烘焙业商会从灾后重建与防灾预案两方面，总结烘焙企业应急指南，为河南以及全国烘焙企业提供指导；全国工商联城市基础设施商会多家会员企业向河南灾区开展募捐工作。湖南省山东商会党委临时召开紧急会议，连夜紧急采购 1.05 亿元灾区急需的救灾、生活、医疗等物资，发往受灾地区。

调 研 篇

Regional Reports

民营企业健康发展调研报告

摘　要：2020年，我国广大民营企业在诚信守法、质量管控、创新发展、品牌建设等方面持续发力，以自身健康发展为基础，努力为各利益相关方创造最优的经济、社会和环境综合价值。

关键词：民营企业　诚信守法　质量管控　创新发展　品牌建设

引导民营企业履行社会责任，促进共同富裕，是新时代民营经济统战工作的重要内容，也是推动"两个健康"工作的重要载体。新时代民营企业在推进诚信建设、质量提升、创新发展、品牌建设等方面持续发力，推动民营企业健康发展提质增效，努力为各利益相关方创造最优的经济、社会和环境综合价值，在完成"第一个百年"奋斗目标和中华民族伟大复兴中国梦的历史进程中书写民营企业履行社会责任的独特风采。

一、爱国诚信，筑社会责任之基

爱国诚信是民营企业健康发展的重要前提，是民营企业履行社会责任的"根"和"魂"。近年来，党中央、国务院高度重视民营企业党建和诚信体系建设，习近平总书记多次作出重要指示批示，为非公党建和诚信体系建设工作指方向、强定力、增信心。广大民营企业守正笃实，以党建促诚信，持续推动党的领导融入公司责任治理各环节，把制度优势转化为治理效能，不断筑牢企业社会责任发展之基。

图 5-1　建立党组织的调研企业党组织设立情况

数据来源：2020 年度全国工商联民营企业社会责任调查问卷

民营企业党建逐步从"有形覆盖"到"有效覆盖"。改革开放以来，民营企业党建工作伴随着民营企业的起步而探索推进，在社会主义市场经济蓬勃成长中加快发展，在建设社会主义现代化国家新征程中持续加强。调研数据显示，有 9098 家民营企业在内部设立了党组织以指导管理运营工作，占调研企业总量的 45.6%。其中，超过 11% 的企业在内部成立党委，以达到总览全局、统筹管理的目的；近 80% 的企业设立党支部（见图 5-1）。此外，超过 90% 的企业认为，履行社会责任，诚信守法经营的主要动因在于积极响应党的号召；超过 70% 的企业认为在社会责任实施过程中，应该优先考虑党和政府的发展规划，紧跟党走；超过 84% 的企业提出积极履行社会责任，可赢得党和政府的信任，为企业经营发展带来便利。党建工作在民营企业的健康发展中的引领作用日益显现。

党建对民营企业责任体系建设发挥了重要作用。 党组织在企业中发挥的作用与社会责任具有本质的联系，如引导企业依法经营健康发展，开展思想政治建设，化解矛盾和风险隐患，参与企业文化建设等。值得注意的是，67.8% 调研企业认为党建可以推进企业社会责任体系建设，党组织建设成为民营企业社会责任体系建设的独特表达（见图 5-2）。

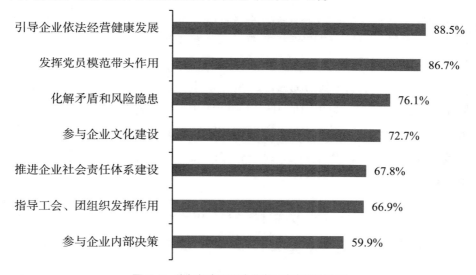

图 5-2　党组织在调研企业发展中发挥的作用

数据来源：2020 年度全国工商联民营企业社会责任调查问卷

【案例】泰隆商业银行："党建＋金融"，打通普惠金融最后一公里

浙江泰隆商业银行股份有限公司将党建与社会责任相融合，持续提升农村金融服务质量，积极探索出符合自身企业特色的发展道路。

2016 年 6 月，泰隆银行在衢州市开化县金星村首次开展"党建＋金融"试点，与基层党支部结对共建，实施"整村授信"，打造"红色信贷基地"。首次试点向金星村党支部所有党员集体授信 1000 万元，鼓励党员干部创业，带动普通村民致富。截至 2020 年末，泰隆银行的"红色信贷基地"已覆盖1.32 万多个社区和村庄，信贷服务农户 20 多万户，覆盖 84% 的辖区内街道乡镇，打通了普惠金融"最后一公里"。

泰隆银行建立了一支由 2000 多名员工组成的"红色信贷员"队伍，率先下沉乡村发挥"宣传员、服务员、调查员、解释员、监督员"的"五员"作用，打通金融服务"最后一公里"。通过"党建＋金融"模式，为乡村振兴带头人、脱贫致富带头人等量身定做"先锋贷""先锋卡"等系列红色产品。"红色信贷员"每周定时、定点、定人去村里开展服务。截至 2020 年末，先锋系列等党群贷款产品余额达 140 多亿元。泰隆银行党委 2011 年被评为全国先进基层党组织，探索出的"三融三创"党建工作法入选中央党校《学习时报》百强案例库，并被浙江省委组织部发文推广。

诚信体系建设机制日益完善。2020 年以来，国家进一步强化诚信建设顶层设计（见表 5-1），为我国信用环境不断优化，推动着企业诚信建设进程持续向前奠定了坚实的政策基础。本次调研数据显示，有九成以上的民营企业将诚实守信纳入企业履责范畴，越来越多的民营企业将诚实守信作为自身健康发展的第一要素。

表 5-1　关于诚信建设的相关政策文件

时间	文件名称／会议场合	主要内容
2020 年 5 月	《中共中央　国务院关于新时代加快完善社会主义市场经济体制的意见》	以一流营商环境建设为牵引持续优化政府服务，构建适应高质量发展要求的社会信用体系和新型监管机制。
2020 年 9 月	中央财经委员会第八次会议	习近平总书记在会议上研究畅通国民经济循环和现代流通体系建设问题时指出，"要完善社会信用体系，加快建设重要产品追溯体系，建立健全以信用为基础的新型监管机制"。
2020 年 11 月	国务院常务会议	李克强总理在国务院常务会议上明确指出，"要通过推进社会信用体系建设，加强诚信建设，营造公平诚信的市场环境和社会环境"。
2020 年 12 月	《国务院办公厅关于进一步完善失信约束制度构建诚信建设长效机制的指导意见》	这是推动社会信用体系迈向高质量发展新阶段的重要标志性文件，对构建诚信建设长效机制，进一步提高社会信用体系建设法治化、规范化水平具有重要意义。

诚信建设迈向新高度。民营企业主要从企业信用制度建设、诚信文化建设、行业诚信互动三个方面开展诚信建设（见图5-3）。与2019年相比，我国民营企业参与政府或行业协会的诚信活动比例有所上升，对商业伙伴的信用管理行为亦有所加强，体现出我国民营企业正由内而外逐步完善信用体系建设，所处的市场信用环境也趋于良性发展的整体态势。

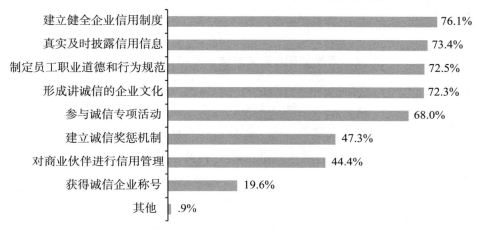

图 5-3　参与调研民营企业诚信建设情况

数据来源：2020 年度全国工商联民营企业社会责任调查问卷

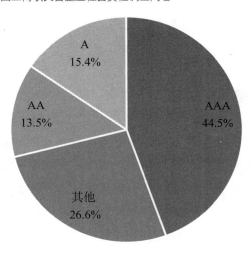

图 5-4　参与调研民营企业信用评定等级

数据来源：2020 年度全国工商联民营企业社会责任调查问卷

企业信用建设取得明显成效。调研数据显示，A 级及以上信用评定企业总体占比达到 73.4%，其中 44.5% 的企业获得 AAA 级信用评定，较上年增加 5%（见图 5-4）。还有 3908 家企业获得诚信企业称号，占比达到 19.6%。

以上数据表明，2020 年以来，广大民营企业守正初心，坚持诚信经营，以诚信和信誉服务市场、服务社会、服务消费者，加速构筑健康发展的责任之基。

【案例】万景集团：天天诚信，诚信就会成为习惯

党的十九届五中全会进一步明确建设质量强国的目标，着力推动经济发展质量变革、效率变革、动力变革。民营企业作为市场主体之一，普遍意识到质量是企业核心竞争力的关键因素，积极探索解决质量发展中的关键问题和共性问题，努力提高产品和服务质量，以满足人民群众日益增长的美好生活需要。

2012 年，集团将客户多汇的 36 万元如数退还，赢得客户高度信任，获得河北业务代理权；2013 年，集团将供货商多发的 1000 株毛白杨连夜送回，深深感动了供货商，拓宽了集团的业务渠道；2015 年集团租赁河南店镇王堡村土地 450 多亩建设养殖场，在租赁协议因故被迫终止后，集团再次支付一年半租赁费 54 万元，得到乡亲们高度赞赏。几年来，集团签约的各种合同已达上千份，全部按时履约，没有一起失信。

二、严控质量，守基础责任关卡

党的十九届五中全会进一步明确建设质量强国的目标，着力推动经济发展质量变革、效率变革、动力变革。作为充分竞争市场的主体，民营企业充分意识到质量是企业核心竞争力的关键因素，积极探索解决质量发展中的关键问题和共性问题，满足人民日益增长的美好生活需要。

强化体系认证是质量管理的重要举措。质量管理体系认证具有一定的权威性，代表了国家及社会对该企业质量管理过程及结果的肯定。调研数据显示，有 6000 家企业通过相关质量认证，其中逾八成企业通过了 ISO9001 质量体系认证（见图 5-5）。这表明我国民营企业持续发力，牢固树立质量管理意识，提高企业质量管理水平，不断增强企业核心竞争力。

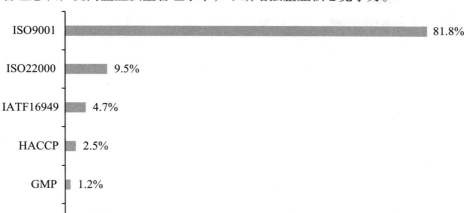

图 5-5　通过质量认证的调研企业认证分布

数据来源：2020 年度全国工商联民营企业社会责任调查问卷

评选质量奖项是质量管理的有力推手。国家及各省（区、市）市场监管部门积极部署各项质量奖评选活动，力求通过一系列激励活动促进各民营企业高质量发展。调研数据显示，有 1176 家获得过质量奖（见图 5-6）。政府部门主导的质量奖评选，推动国内一大批民营企业在经营理念、方式、绩效上产生较为明显的变革，带来我国民营企业整体质量水平的提升。

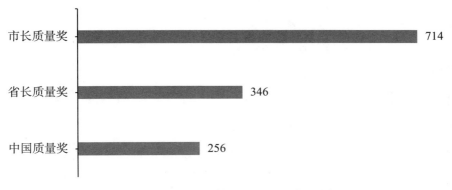

图 5-6　获得质量奖的调研企业获奖分布

数据来源：2020 年度全国工商联民营企业社会责任调查问卷

能力全面提升是质量管理的必然结果。在企业发展中，质量管理起着至关重要的作用。调研数据显示，大多数民营企业都将质量管理贯穿于企业生产、经营、销售的全过程之中，建立质量安全检测与追溯体系，从原材料供应入手，规范生产流程，严密监测产品质量安全，进行链条式质量管理（见图5-7）。这体现出我国民营企业质量管理的能力与实力进一步增强。

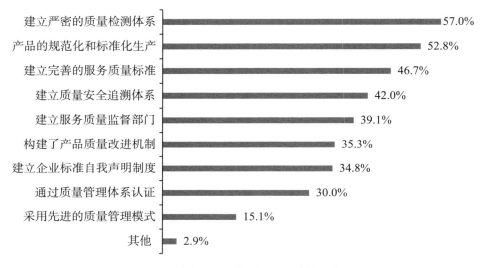

图 5-7　参与调研民营企业质量服务管理情况

数据来源：2020 年度全国工商联民营企业社会责任调查问卷

【案例】华森制药：连续 22 年保持"四个 100%"

重庆华森制药股份有限公司是一家集药品研发、生产和销售于一体的国家重点高新技术企业、深交所 A 股上市公司。华森制药高度重视产品生产质量，率先在制药企业中推进精细化管理，严格按 GAP 标准制定出科学、合理、可行的各项操作规程，从原料采购到生产过程、仓储管理的每一个环节严格把关。华森制药先后 12 次高分通过药监部门组织的 GMP 认证现场检查，主导产品威地美（铝碳酸镁咀嚼片、铝碳酸镁片）、长松（聚乙二醇 4000 散）在全国首家通过药品质量和疗效一致性评价。自成立以来，药品生产连续 22 年出厂成品检验、药监局抽检、国家评价性抽检和市场抽检合格率达 100%，在业内树立了良好的品牌形象。

三、创新发展，蓄高质量发展之力

习近平总书记强调，中国要强盛、要复兴，就一定要大力发展科学技术，努力成为世界主要科学中心和创新高地。"十四五"规划强调"坚持创新在我国现代化建设全局中的核心地位"，提出"强化企业创新主体地位，促进各类创新要素向企业聚集"，科技工作的重要性已经提升到国家战略层面，推动民营企业准确把握创新目标任务，完善创新驱动发展战略顶层设计，科学谋划科技创新布局，系统推进科技创新发展，着力激发"第一生产力"的巨大潜能。

民营企业创新主体地位更加强化。调研数据显示，62.6% 的参与调研企业将创新发展情况列为衡量自身社会责任履行状况的重要指标，该项数据与去年基本持平。此外，参与调研的民营企业中，24.7% 的企业获得国家高新技术企业认定，23.4% 的企业获得科技型中小企业认定，相较上年小幅上升。在疫情影响、经济承压的大背景下，我国民营企业依旧将创新发展作为重要内生动力源，以创新谋求发展，提升实力。

研发投入持续增加。研发投入是一系列创新工作开展的基本保障。国家统计局局长宁吉喆指出，2020 年我国科技创新日趋活跃，研发投入总量已达到世界第二，新兴产业发展势头良好。民营企业是科技创新的重要阵地，其研发投入水平事关国家创新发展大局。2020 年数据显示，15265 家参与调研企业拥有专项研发经费，占参与调研民营企业总数的 76.4%，高于上年度 6.5 百分点。其中，约 17.4% 的企业研发经费占总营业收入的比重高于 5%（见图 5-8）。值得一提的是，作为民营企业领头羊的华为以 1316.59 亿元的研发投入位居国内企业研发投入榜首，该数字是其净利润的两倍多，占全年销售收入的 15.3%。近 10 年来，华为公司投入研发费用总计超过 6000 亿元，其总裁任正非曾表示："客户给我们的钱，不是产生利润，而是产生投入。"

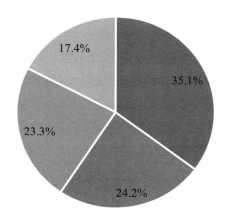

■1%以下 ■1%～3% ▨3%～5% ▨5%以上

图5-8 有研发投入的调研企业研发经费占总营业收入比率分布

数据来源：2020年度全国工商联民营企业社会责任调查问卷

研发机构多元组建。研发机构既是企业依靠科技创新赢得竞争优势的重要阵地，也是区域创新体系的重要组成部分，在集聚创新资源，开发新技术、新产品，带动行业技术进步和产业转型升级方面具有重要作用。2020年发布的《中共中央国务院关于构建更加完善的要素市场化配置体制机制的意见》强调，支持科技企业与高校、科研机构合作建立技术研发中心、产业研究院、中试基地等新型研发机构。

调研结果显示，与上年相比，企业研发机构组建呈现出的产学研结合趋势更为明显。企业自建研发机构比例略微下降，但其与高校、科研院所合建比例有所提升。这体现出，近年来产学研协同创新凝聚了强大合力。未来，产学研紧密结合所产生的强大合力，仍是我国民营企业创新发展的重要推动力。此外，一些民营企业积极拓展海外市场，选择与国外机构合建科研机构。这反映出在国家不断推进改革开放进程的宏观背景下，我国民营企业亦主动发力，积极对接国际市场，树立长远战略发展眼光的良好局面（见图5-9）。

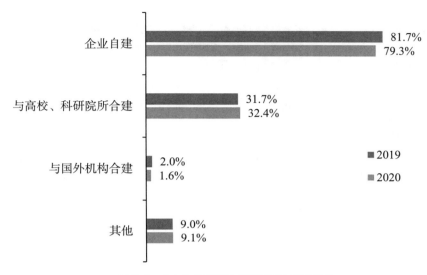

图 5-9　参与调研民营企业研发机构组建形式

数据来源：2020 年度全国工商联民营企业社会责任调查问卷

人才发展空间广阔。创新是第一动力，人才是第一资源。实现科技自立自强这一战略目标，就要重视创新型人才的培养，让科研人才脱颖而出。调研数据显示，有 20.0% 的企业建立重点实验室、企业技术中心等科技创新平台，较上年度增长 3.8 个百分点。其中，近 65% 的民营企业设立技术中心，为创新型人才提供充分资源支持；近三成企业设置细化的工程技术研究中心，超过两成企业设立专业技术创新中心。此外，一些实力较强的企业设立重点实验室、博士后流动站、院士专家工作站，在充分发挥专家学者创新力的同时，为企业技术人员提供专业的学术及科研指导，形成双向良性循环（见图 5-10）。整体来看，我国民营企业为创新型人才提供的发展空间越来越广阔。

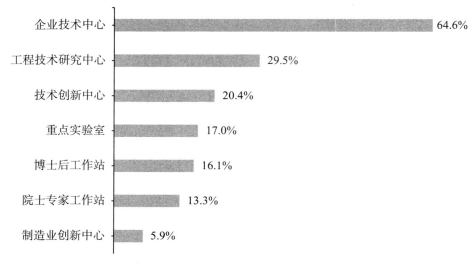

图 5-10　建设科技创新平台的调研企业平台分布情况

数据来源：2020 年度全国工商联民营企业社会责任调查问卷

【案例】灵通集团：打造功能型创新平台

安徽灵通集团控股有限公司是一家聚焦于传统能源和新能源的综合性企业，拥有煤炭大宗贸易、物流、煤化工、LNG 清洁能源、氢能产业发展等多种业务。灵通集团扭住科技创新的"牛鼻子"，与高校共同建设创新平台，牢牢把握创新发展主动权。

灵通集团与同济大学深度合作，联合铜陵市国资平台共同出资成立服务氢能产业发展的功能型创新平台——安徽长江氢能研究院，开展船用大功率燃料电池系统测试技术研究、控制策略开发，以及船用大容量储氢系统设计与集成技术开发，打造服务国家氢能发展战略和安徽省氢能产业技术创新的第三方功能型技术创新研究平台。长江氢能研究院已与同济大学合作成立同济长江氢能联合研究中心，在此基础上，依托同济大学国家燃料电池汽车及动力系统工程技术研究中心，成立国家燃料电池汽车及动力系统工程技术研究中心铜陵分中心，快速接入国家级研发平台，形成创新研究能力。

参与关键核心技术攻关。部分关键核心技术受制于人是制约我国发展的最大隐患。民营企业瞄准世界科技前沿，在关键领域、卡脖子的地方下大功夫，不断提升我国科技自立自强的能力和水平。在本次调研中，有3554家企业涉及战略性新兴产业，占调研企业总量的17.8%，涵盖量子通信、大数据、工业互联网、人工智能等领域，其中参与种业自主创新的企业占比最高（见图5-11）。有3946家企业参与多项关键核心技术攻关工作，涉及新材料、高端装备、人工智能等多个方面（见图5-12）。瞄准世界科技前沿，着力攻克关键核心技术。

未来，广大民营企业要继续坚持创新在我国现代化建设全局中的核心地位，坚持科技创新和体制机制创新"双轮驱动"，强化国家战略科技力量，打好关键核心技术攻坚战；提升自身技术创新能力，加大科技人才培养力度，激发全社会创新活力，全面塑造新时代发展新优势。

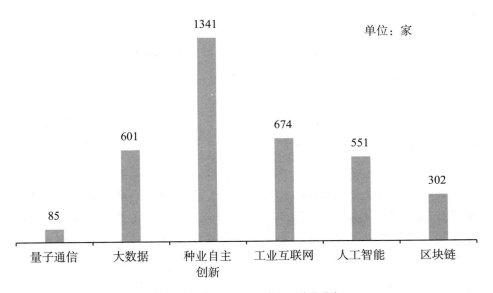

图5-11　战略性新兴产业调研企业分布

数据来源：2020年度全国工商联民营企业社会责任调查问卷

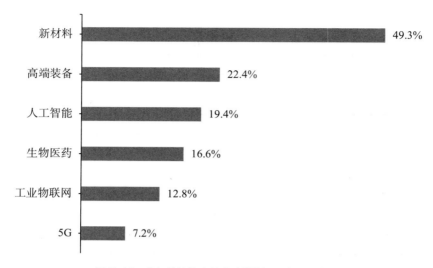

图 5-12　参与关键核心技术攻关的调研企业研究领域分布

数据来源：2020 年度全国工商联民营企业社会责任调查问卷

【案例】重庆广怀集团：参与国家重点支持领域科研项目

重庆广怀实业（集团）有限公司是一家以"新基建"中的"特高压、人工智能、充电桩"为主营业务的高科技产业企业。广怀集团积极参与国家重点支持领域科研项目，为国内"特高压、人工智能、智慧建造"等领域提供高质量、技术领先的"产品＋服务"。

广怀集团重点致力于 5G、智能铁塔、智慧电网、智能建造及城市智慧监管等技术的研发和产业化，已完成国家"973"项目、市人工智能重大主题项目 10 多个，解决了特高压输电线路覆冰技术及装备产业化难题。多项高新技术产品已进入国家电网设在湖南省雪峰山自然恶劣环境下的"973"覆冰试验基地，被贵州电力公司、四川电力公司、国家电网和南方电网等应用，为输变电安全运行作出了重大贡献。累计取得技术专利、技术标准等 100 多项，高新技术产品 10 个，其中"电网不停电冰灾防御技术和智能融冰装置及其应用项目"获国家教育部科学技术进步奖二等奖和重庆市科学技术进步奖二等奖。科技成果产业化效益显著，建成了年产 10 万吨铁塔生产线和工业互联网数字化生产车间，高新技术产品产值累计近 10 亿元。

集团下辖全资子公司广仁铁塔承建的特高压输电线路工程"昌吉—古

泉±1100kV特高压直流线路工程"，是全世界电压等级最高、输送容量最大、输电距离最远、技术水平最先进的直流输电工程，不但为国家重大工程建设作出了突出贡献，而且充分展示了公司在全国特高压装备制造领域领先的技术、产业化和经营管理水平。

四、品牌建设，树民族品牌标杆

"十年树企业，百年树品牌"，加快品牌建设既是推动高质量跨越式发展的必由之路，也是顺应满足人民对美好生活向往的客观要求。习近平总书记高度重视中国品牌建设，明确提出"推动中国制造向中国创造转变、中国速度向中国质量转变、中国产品向中国品牌转变"，为我国民营企业通过开展品牌建设，推动产业结构调整，促进经济转型升级，实现高质量发展指明了方向。

蹄疾步稳，中国品牌跑出加速度。近年来，中国逐步成为名副其实的品牌大国，越来越多的民营企业逐渐完善自身品牌体系，将品牌建设融入企业发展战略。调研数据显示，参与调研的民营企业中，接近五成企业拥有自主商标，44.3%的企业制定了品牌战略与发展规划。企业顺应消费环境变革的新趋势，自内而外打通品牌发展途径，搭建完善的品牌体系（见图5-13）。

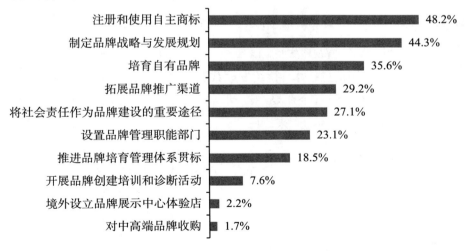

图5-13　参与调研民营企业品牌发展情况

数据来源：2020年度全国工商联民营企业社会责任调查问卷

精益求精，民企品牌绽放荣誉之花。品牌荣誉代表了国家、社会及广大消费者对企业经营成果的认可。调研数据显示，有600家企业入选国家级、省级产业集群区域品牌培育试点企业，556家企业入选省级工业品牌培育示范企业，796家企业荣获"中国驰名商标"称号，215家企业被冠以"中华老字号"之称。此外，不少企业位列中国品牌价值百强榜；一些企业跻身国际市场，位列全球品牌价值500强之内（见表5-2）。民营企业正在依靠荣誉背后的创新与坚守，助力中国品牌走向世界。

表5-2　参与调研民营企业所获品牌荣誉

品牌荣誉	数量（家）
省级工业品牌培育示范企业	556
国家级、省级产业集群区域品牌培育试点企业	600
全球品牌价值500强	63
《财富》世界500强	54
中国品牌价值百强榜	180
中国驰名商标	796
中华老字号	215

数据来源：2020年度全国工商联民营企业社会责任调查问卷

持续推动民营企业品牌发展，既要充分发挥市场在资源配置中的决定性作用，又要创新利用信息技术，持续发挥数据平台作用，传播品牌发展理念，营造品牌发展氛围。民营企业要在推动高质量发展上闯出新路子，在构建新发展格局中展现新作为。未来，民营企业品牌必将大有可为，大有作为。

【案例】郑州思念：以品牌扩版图，以发展报社会

郑州思念食品有限公司是国内最大的专业速冻食品生产企业之一。"思念"牌汤圆、水饺双双荣获"中国名牌产品"称号，是"中国驰名商标"。

思念食品凭借高品质的产品、严密的质检手段、严格的管理程序打造出"思念"这一优秀品牌，成为中国速冻食品行业的领军企业。思念食品已通过ISO9001国际质量管理体系认证、ISO22000食品安全管理体系认证、

HACCP 认证，并获得美国 FDA 认证；拥有河南省博士后科研工作站、河南省工程技术中心、国家 CNAS 认可检测实验室、国家级企业技术中心等研发机构，以求打造具有中国名族特色的速冻食品第一品牌，为消费者提供优质美味的健康食品。思念食品将社会责任作为品牌价值的核心内容，组织"思念公益行"等活动，一直关爱留守儿童、回报社会，践行企业的社会责任，把思念的温暖及时送到需要的地方，思念食品成立 20 来，累计已捐款 7000 万元以上。

6

民营企业践行国家责任调研报告

摘　要： 2020 年我国民营企业保持战略定力，准确判断形势，精心谋划部署，果断采取行动，在增加税收、稳定就业、加强社会投资、开展国际合作、紧抓应急保障等方面履行国家责任，交出了一份对国家负责、让人民满意的答卷。

关键词： 税收贡献　稳定就业　社会投资　国际合作　应急保障

2020 年，面对突如其来的新冠肺炎疫情、世界经济深度衰退等多重严重冲击，民营企业把自身发展同国家繁荣、民族兴盛、人民幸福紧密结合在一起，在增加税收、稳定就业、加强社会投资、开展国际合作、参与应急保障等方面采取积极行动，切实将"国之大者"铭于心、践于行，在服务党和国家工作大局中体现民企担当作为。

一、税收贡献服务发展大局

2020 年，为帮助企业尽快走出困境、复工复产，我国实施阶段性大规模减税降费，全年为市场主体减负超 2.6 万亿元，提振了民营企业创新创业的底气和信心，有效激发了民营经济活力。

民营企业总体上展现出较强的发展韧性及强大的税收贡献能力。 调研数据显示，76.4% 的企业将贡献税收作为自身必须履行的社会责任之一。其中，共有 797 家民营企业缴纳税金大于等于一亿元。民企 500 强纳税额 1.37

万亿元，占全国税收总额的 8.7%。万科、华为、碧桂园等八家企业纳税均超 200 亿元。

民营企业纳税信用持续稳定发展，企业发展与诚信纳税之间形成良好的双向互促关系。调研数据显示，纳税信用 M 级以上（A 级、B 级、M 级）的企业占比为 98.5%。其中，纳税信用等级为 A 级的企业占比为 72.7%，较上年增长 2.4 个百分点（见图 6-1）。整体来看，尽管受到新冠肺炎疫情的严重冲击，我国民营企业整体纳税信用持续稳定发展，民营企业依法纳税的责任意识不断提升。

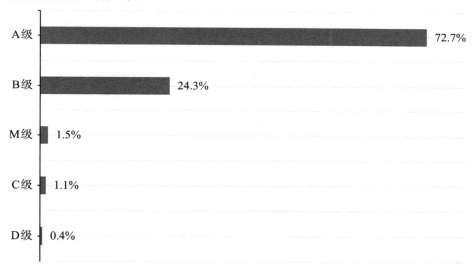

图 6-1　参与调研民营企业纳税信用等级

数据来源：2020 年度全国工商联民营企业社会责任调查问卷

二、稳定就业筑牢民生根基

就业是最大的民生，是经济社会发展的"稳定器"。面对世纪疫情和百年变局交织，严峻挑战和重大困难并存的局面，以习近平同志为核心的党中央高度重视就业工作，把就业摆在做好"六稳"工作、落实"六保"任务的首位，实施就业优先政策，引导民营企业努力扩大就业容量，提升就业质量。

民营企业是吸纳就业的主力军。2020年，广大民营企业积极稳岗促就业，筑牢民生根基。调研数据显示，民营企业采取多种措施，积极稳定和促进就业。超过70%的企业优先考虑为本地就业人员创造就业岗位；超过五成的企业通过创造灵活就业岗位、安排实习岗位等形式，促进劳动者就业（见图6-2）。2020年3月，娃哈哈集团举办了一场名为"春暖花开，国聘行动"的云招聘，招募超千人。"民营企业是吸纳就业的主力军，稳就业是我们义不容辞的责任。"娃哈哈集团董事长宗庆后说，"关键时刻，企业家要守好自己的门、管好自己的人、做好自己的事。"

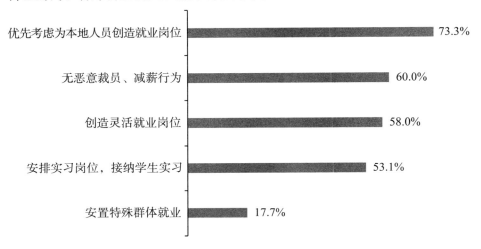

图6-2　参与调研民营企业在促进和稳定就业方面的措施

数据来源：2020年度全国工商联民营企业社会责任调查问卷

【案例】方远集团：不裁员不降薪，为社会稳定承担应有责任

方远控股集团有限公司是涵盖智慧建工、先进制造、品质地产、现代服务等四大板块的综合性集团企业。2020年新冠肺炎疫情给各行各业带来巨大冲击，尤其是酒店闭店停业，但集团旗下的方远国际大酒店坚持不裁员不降薪，对已经返乡居家的员工，工资照发，培训在线；对在公司驻地的员工，妥善安排他们的吃住行和防疫物资，有效地提升了员工的向心力和凝聚力，为后续的回暖经营打下了坚实的人员基础。当政府号召复工复产时，集团各公司及时派出上百辆大巴车到各地迎接员工返岗。近年来，方远直接吸纳就业近 5 万人，每年发放员工工资超过 15 亿元，为社会稳定作出了应有的贡献。

民营企业是"新就业形态"的发育地。 2020 年全国两会期间，习近平总书记指出，"疫情突如其来，'新就业形态'也是突如其来。对此，我们要顺势而为，让其顺其自然、脱颖而出"。作为最有活力和创造力的市场主体，民营经济是共享经济、直播带货、网络零售等"新就业形态"的发育地和蓄水池，承载了大量新型就业人员。百度文库 2020 年上半年知识店铺的开店量超过四万家，直接带动近 100 万兼职或全职的内容创作者就业；抖音平台在 2019 年 8 月至 2020 年 8 月期间，共有 2097 万人通过从事创作、直播、电商等工作获得收入。以上数据体现了我国民营企业作为"新就业形态"培育地，为稳定就业、保障民生所作出的突出贡献。

【案例】滴滴出行：打造就业蓄水池

滴滴出行科技有限公司是全球卓越的移动出行科技平台，提供出租车召车、网约车、顺风车多元化服务。滴滴公司充分发挥平台优势，持续提供丰富的就业机会。2020 年滴滴与退役军人事务部签订 1.5 万人的新增就业合作协议，目前已为超过 5 万人提供了灵活就业机会；参与人力资源社会保障部、国务院扶贫办组织开展的"数字平台经济促就业助脱贫行动"，向贫困地区定向开放一批入职门槛低、工作上手易、薪资待遇较高的工作机会，合作期间累计在已建立合作的省市地区定向招募两轮车运维员、代驾员等共计 2.1 万人，此外还有来自 47 个贫困县的 3717 名从业者进入平台成为网约车司机。

民营企业是特殊人群就业的包容所。 2020 年，民营企业持续关注特殊人群的就业问题，帮扶残疾人、复转军人、刑满释放人员等群体上岗就业。调研数据显示，2020 年 3490 家民营企业共安置残疾人、复转军人、刑满释放人员 95583 人（见图 6-3）。受疫情影响，该数据与上年相比有所下降。但广大民营企业面对自身经营压力，依旧为特殊人群就业提供了相对广阔的就业平台，扩大了就业容量，巩固了就业这一民生之本，使其扎得更深、立得更稳。

图 6-3   参与调研民营企业安置特殊人群就业人数

数据来源：2020 年度全国工商联民营企业社会责任调查问卷

【案例】飞力勋铖："阳光工作室"让残疾人同沐阳光

上海飞力勋铖电气科技有限公司是上海市高新技术企业和上海市非公企业社会责任试点单位。公司成立上海市残疾青年职业见习基地，建立"阳光工作室"，帮助残疾人平等就业。面对职工文化偏低技能较少、心理承受能力较弱的问题，飞力勋铖公司建立"阳光工作室"，完善职业见习制度和流程，制定了"循序渐进培训上岗""个性化服务""自我管理""坚持市场价值导向"四大工作要点，逐步探索出一条帮扶残疾人就业的路径。随着具体工作的耐心推进，"阳光员工"对公司岗位技能和要求的认知逐渐提高，各用人部门对"阳光员工"也逐渐有了认同感。现在公司的 29 名"阳光员工"分散在各个岗位上，不仅从事着适合自己的工作，而且收获了职业发展和人生价值提升带来的成就感和幸福感。

三、社会投资，补齐发展短板

以社会投资推动社会和谐持续发展是民营企业履行社会责任的显著特点。近年来，广大民营企业在社会投资中聚焦国家战略，瞄准民生短板，为推动新型城镇化和区域协调发展、促进民生改善、推进共同富裕取得实质性进展作贡献。

投资项目对接国家发展战略。近年来，越来越多的企业将社会责任实践议题聚焦到国家经济社会发展的重大议题上来，"精准扶贫""污染防治""绿色产业""一带一路""乡村振兴"成为企业社会投资中的重点领域，体现了企业对履行国家责任的高度重视与敏感性。特别是精准扶贫领域，据全国工商联"万企帮万村"精准扶贫行动台账数据显示，截至2020年12月底，全国民营企业产业帮扶总额达1105.9亿元，遥遥领先于其他扶贫投入。广大民营企业继续加大产业扶贫力度，努力协助国家做好巩固拓展脱贫攻坚成果同乡村振兴有效衔接，助力脱贫攻坚圆满收官。

社会事业多元参与百花齐放。全国工商联主席高云龙在全国工商联十二届四次执委会议上的工作报告中指出，民营企业要积极投身社会事业，助力推动区域与城乡的协调发展。调研数据显示，2020年我国广大民营企业参与社会事业建设热情高涨。超过三成企业积极主动参与社会事业建设，优化社会环境，参与社会治理，以企业之长，补社会之短。此外，接近三成企业虽尚未参与社会事业建设，但已有相关意向，并正逐步将相关工作纳入企业发展规划，谋求落实路径，细化落实项目（见图6-4）。从参与社会事业投资企业的投资领域来看，多元化趋势较为明显。除了教育领域一枝独秀之外，养老、医疗、居民服务、文化发展等领域分布相对均衡，呈现出多元领域百花齐放的良好态势（见图6-5）。

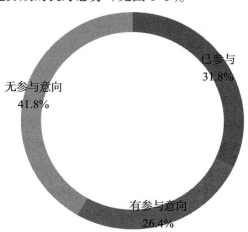

图6-4　参与调研民营企业参与社会事业建设情况

数据来源：2020年度全国工商联民营企业社会责任调查问卷

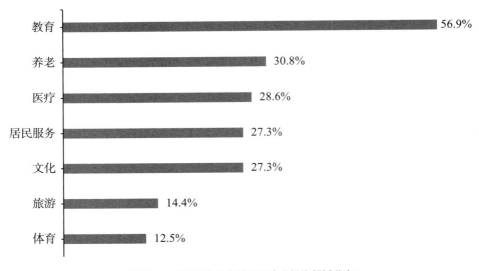

图 6-5　参与社会投资的调研企业投资领域分布

数据来源：2020 年度全国工商联民营企业社会责任调查问卷

【案例】邦天农业：彩色森林——"荒山多功能综合开发利用"新模式

　　重庆邦天农业发展有限公司是国家级林业重点龙头企业。邦天农业全力打造彩色森林文旅康养项目，探索"荒山多功能综合开发利用"新模式。从 2009 年 10 月起，邦天农业持续投入 1.5 亿元，分 20 余批种植金叶水杉、金叶槐树、美国红枫、蓝冰柏、紫叶紫荆等 50 余个品种 20 余万株彩叶苗木，将 3000 亩无水、无电、无气、无路、无通信、无住房的荒山和 500 亩多年无人耕种的荒土彩化与香化，并打造成为"彩色森林文旅康养度假休闲区"。依托森林文旅和森林康养产业，公司带动了沿江高速丰盛下道口—丰盛古镇—彩色森林一线沿途近 20 公里 30 余户农家乐、50 余家手工作坊、20 余个家庭农场发展，近千户农户共同致富。2020 年接待游客 50 余万人次，带动当地村民增收逾亿元。通过发展森林文旅康养产业，邦天农业将昔日荒山变彩色银行，践行习近平总书记提出的"两山"理论和党中央提出的"健康中国"战略。

四、国际合作，彰显民企风采

尽管国际上逆全球化暗流涌动，新冠肺炎疫情全球性蔓延导致各国经济与人员的隔离，但是全球化依然是大势所趋。习近平总书记指出，"各国走向开放、走向合作的大势没有改变。我们要携起手来，共同应对风险挑战，共同加强合作沟通，共同扩大对外开放"。广大民营企业深化国际合作交流机制，不断在资本、技术、服务、货物贸易与投资等方面进行全方位合作实现优势互补、合作共赢，聚力开启国际合作新征程，携手推进海外业务优化升级，为构建人类命运共同体作出积极贡献。

工商联助力民企开展对外合作。各级工商联认真落实党中央关于促进外贸平稳发展、支持高水平对外开放的决策部署，创新服务方式，支持引导"走出去"企业克服海外疫情影响和国际经贸局势波动，加强对外合作交流，持续履责，展现风采。

首先，全国工商联搭建"走出去"民营企业复工复产服务平台，推出"走出去"民营企业抗疫服务包，与中国贸促会开展办理疫情不可抗力事实性证明工作，出具不可抗力事实性证明 7004 件，涉及合同金额约 6900 亿元；与中国信保签署战略合作协议，共同为民营企业办理进口预付款保险。13个省级工商联与信保分支机构联动服务企业，与中国银行共同启动普惠金融服务"走出去"企业行动，27 个省级工商联与当地中国银行建立常态化合作机制。"一带一路"信息服务平台成功上线。

其次，工商联创新开展国际经贸对接交流活动，带领全国范围内民营企业举办以"疫情下中非工业与贸易合作的机遇与挑战"为主题的 2020 年中非民营经济合作论坛，参与 2020 年中国国际服务贸易交易会、第三届中国国际进口博览会等多项国际活动，与 63 个国家的 76 家海外主流商协会等单位机构保持线上沟通。此外，实施以"送政策、送服务、防风险"为主要内容的"两送一防"行动，首次组织开展线上境外服务活动，推送惠企政策，及时协调相关部门解决减免进口产品关税、海外工程劳资纠纷、防疫物资出口等企业诉求，助推民营企业高质量"走出去"。

民营企业迎难而上推动外贸增长。民营企业作为我国第一大外贸主体，2020 年实现进出口 14.98 万亿元，增长 11.1%，占我国外贸总值的 46.6%，比 2019 年提升 3.9 个百分点。特别是在疫情大考中，民营企业迎难而上，充分发挥生产经营灵活的优势，积极开拓国际市场，展现出我国外贸发展的韧性。我国民营企业对欧盟、美国、日本、韩国等传统市场出口分别增长 14.9%、23.4%、12.9% 和 18.6%，对东盟出口增长 15.1%，均实现了两位数增长。同时，中西部地区民营企业外贸增速达 15.9%，比东部地区高 5.6 个百分点。中国海关总署发布数据显示，2020 年，我国民营企业进出口增速比同期我国外贸整体增速高 9.2 个百分点，成为我国外贸进出口增长的重要拉动力量。

"一带一路"建设是我国民企海外履责亮点。我国民营企业持续开展海外履责行动，将"中国方案"带往世界各地。调研数据显示，有 2141 家企业参与了"一带一路"建设，其中投资额超过 50 万美元的占一半以上，与去年相比，该数据呈现小幅上涨趋势，投资规模略有上升（见图 6-6）。

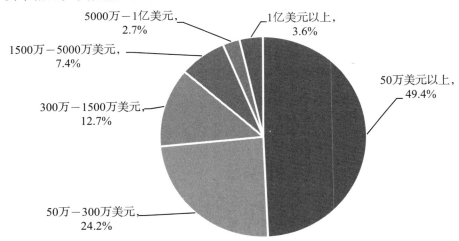

图 6-6　参与"一带一路"调研企业投资规模

数据来源：2020 年度全国工商联民营企业社会责任调查问卷

海外履责意识与能力持续向好发展。在"走出去"的企业中，超过七成企业能够尊重东道国相关法律、规则及政策；近一半企业能做到加强与利益相关方的沟通，尽力满足多方诉求（见图 6-7）。与 2019 年相比，我国民营企业在海外开展的社会责任实践项目亦有所增加，不少企业在发展自身产业的同时，通过增加就业、保护环境、加大公益投入等方式为东道国排忧解难，充分展现了我国广大民营企业"义利兼顾、以义为先"的企业家精神和责任担当。

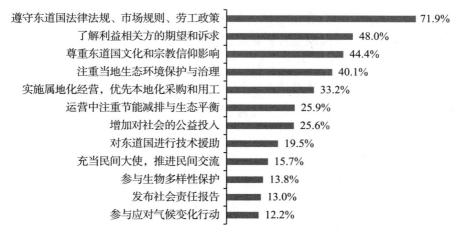

图 6-7 "走出去"调研企业履行社会责任情况

数据来源：2020 年度全国工商联民营企业社会责任调查问卷

综合分析来看，我国民营企业在"一带一路"进程中履责情况呈现良好态势，用自身实际行动将社会责任理念贯彻执行于对外经营过程的各个环节，助力巩固我国与沿线国家的友好关系，让友谊和互利合作精神代代相传。

【案例】通用股份：深化对外合作，打造共赢新样板

江苏通用科技股份有限公司是一家专注各种轮胎研发、生产和销售的现代化高新技术企业，是中国卡车轮胎替换市场的领军企业之一。通用股份积极响应"一带一路"倡议，加速产业全球化布局。2020 年，通用股份首座海外生产基地——泰国工厂成功投产，并实现了"当年投产、当年盈利"的战略目标，成为通用股份新的重要利润增长点，在海外同业中创立了"投产速度快、产能提升快、盈利能力强"的好口碑。通用股份拟在柬埔寨投资 13.05 亿元建设 600 万条高性能半钢子午胎项目，进一步深化中柬全面战略合作伙伴关系，促进高质量共建"一带一路"。

通用股份以"一带一路"为桥梁，以创新技术实力为后盾，紧抓国内国际双循环发展机遇，深化与沿线国家的贸易往来和合作，围绕"让每一条轮胎成为精品"的使命，让中国轮胎品牌傲立于世界制造业的潮流之中。

五、应急保障，体现民企担当

党的十九届四中全会审议通过的《中共中央关于坚持和完善中国特色社会主义制度、推进国家治理体系和治理能力现代化若干重大问题的决定》指出，"构建统一指挥、专常兼备、反应灵敏、上下联动的应急管理体制，优化国家应急管理能力体系建设，提高防灾减灾救灾能力"。从我国突发事件应对体系相关行业的产能看，民营企业是许多行业的产能主体。比如，国家突发事件应对体系主要涉及的民生、医疗、抗灾物资、生活保障、交通、物流等行业中，大部分产能主体都是民营企业。民营企业已经成为国家和各级政府在突发事件应对体系中的新兴力量。

民营企业以其资源整合能力、经济实力和较强的决策力、执行力，成为应急保障的一支重要力量。调研数据显示，有14445家企业加强了应急管理能力及体系的建设，主要方式包括建立应急保障与救援机制、开展定期应急演练、配备应急物资及装备、组织紧急救援培训等（见图6-8）。民营企业专业化、社会化的应急服务逐渐与政府力量形成良性互补，成为我国社会应急保障机制的重要一环。

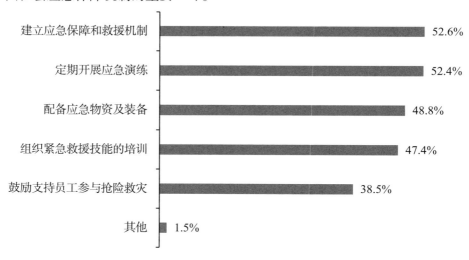

图6-8　参与调研民营企业在应急保障方面的主要举措

数据来源：2020年度全国工商联民营企业社会责任调查问卷

民营企业的应急救援能力在新冠肺炎疫情防控阻击战中得到充分体现。

2020 年初疫情发生后，广大民营企业火速驰援抗疫一线，踊跃参与医用物资供应、生活物资保障、便民服务、志愿者活动、救援物资运输、医疗设施援建、全球物资采购等行动，从雷神山医院、火神山医院到方舱医院，从武汉前线到全国各地防控一线，都能看到民营企业的身影。

在满足国内疫情防控需求的同时，民营企业还对全球抗击新冠肺炎疫情作出了贡献。在 2020 年出口商品中，防控物资出口总值达 4385 亿元，其中口罩出口 2242 亿只，相当于为除中国以外的全球每人提供近 40 只口罩。此外，我国还出口防护服 23.1 亿件，护目镜 2.89 亿副，呼吸机 27.1 万台，新冠病毒检测试剂盒 10.8 亿人份。海关总署新闻发言人李魁文指出，我国对全球大多数国家或地区出口疫情防控物资，有力支援全球抗击新冠肺炎疫情，广大民营企业发挥了重要作用。

【案例】联盛集团：参与应急保障，确保人民安居乐业

九江联盛实业集团有限公司是集商贸服务、商业连锁、电子商务、绿色农业、文化产业、体育产业于一体的综合性集团企业，是江西省服务业龙头企业，赣北地区最大的连锁企业。联盛集团恪守"企业惟有利于社会，才有其存在的价值"的企业信念，以高度的社会责任感积极参与防汛援灾、抗疫保供等应急保障工作。

防汛救灾，应急保障。九江地处长江大堤要塞，每年入夏之时水位高涨易引发汛情，市防汛指挥部启动应急响应，联盛即主动请缨加入防汛一线，成立抗洪防汛抢险队，一边投入防汛前线守护大堤，一边积极组织物资运送小组带班走访各责任单位、慰问武警官兵。截至目前，共计捐赠防汛物资 80 余万元。

抗疫保供，勇于担当。2020 年春节前夕，为响应政府疫情防控要求，联盛所属八家购物中心通告停业，第一时间致信商户合作伙伴疫情停业期间免收租金，并肩负起"抗疫情、保供应、稳物价"的重任，克服多方困难坚持所有超市门店正常营业。疫情期间，及时与供应商联系，加大米、面、油以及洗护用品调运，大年初一即派出采购人员赶赴基地、工厂，采购新鲜蔬菜、冷冻食品，及时补充超市供给；1 月 23 日至 2 月 10 日，采购储备各类商品 18.3 万件、蔬菜 1002 吨，所有商品价格均按正常营业状态保持稳

定。同时，加大"易佳购"线上平台服务，因线上日订单量超四倍，运力超载，在全市跑腿公司全面停滞的情况下，公司积极号召，党员干部带头上前，员工自发组织，有车出车，无车就近社区取货步行配送，不计得失，你争我抢为九江市三万多个家庭提供了"无接触式"送货到家服务，对医院、工厂等防疫一线单位需要的紧急物资，组织专人送货，截至 2020 年 3 月 16 日，完成配送业务 23 万单。联盛"易佳购"让服务走出门店，通过配送把商品送到千家万户，在保障民生供给上发挥重要作用的同时，避免了人流聚集，为政府排了忧解了难。

7

民营企业构建和谐劳动关系调研报告

摘　要：面对疫情产生的巨大影响，广大民营企业力顶压力，积极落实就业优先政策，保障员工权益，提升员工待遇，推进员工职业发展与民主管理参与，破解新就业形态下的员工社会保障难题，维护劳动关系和谐稳定，努力做到尽必尽之责、提发展之效、探共赢之路。

关键词：劳动关系　员工待遇　安全保障　民主协商　职业发展

　　劳动关系是生产关系的重要组成部分，劳动关系和谐与否，事关广大员工和企业的切身利益，事关经济发展与社会和谐。面对新冠肺炎疫情冲击和经济下行压力，民营企业不断适应新变化，应对新挑战，积极落实就业优先政策，推动构建规范有序、公正合理、互利共赢、和谐稳定的中国特色和谐劳动关系。

一、规范企业用工，保障员工权益

　　规范的劳动用工行为，是保障员工合法权益的基础。民营企业全面贯彻落实党和国家关于构建和谐劳动关系的一系列重要决策部署，从源头上规范劳动合同签订、完善员工社会保险缴纳，逐步健全和规范劳动用工，更好服务经济社会发展大局。

　　劳动合同签订率保持稳定。调研数据显示，2020 年参与调研民营企业平均劳动合同签订率达到 94.2%，受疫情影响，与上年相比下降 0.7%，总体呈现持续稳定态势，并维持于较高水平。受疫情影响，科研与技术服务业、卫生与社会工作等行业签订率出现小幅下降，但各行业劳动合同签订率均达到85%以上。其中，采矿业、制造业等八个行业企业员工劳动合同签订率位于参与调研企业总体平均线之上，水利、环境与公共设施管理业劳动合同签订率达到98%以上（见图7-1）。

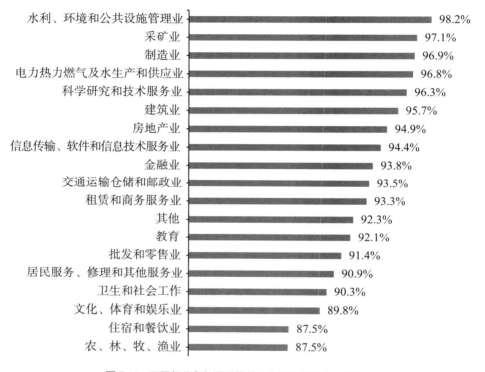

图 7-1　不同行业参与调研民营企业员工劳动合同签订率

数据来源：2020年度全国工商联民营企业社会责任调查问卷

社会保险缴纳率大幅提升。国家统计局发布数据显示，截至2020年12月底，企业养老、失业、工伤保险参保职工人数较2019年底分别增加1619万人、1147万人、1291万人，同比增幅为近五年之最。调研数据也印证了这一点，2020年参与调研民营企业平均员工参保率达到89.5%，比2019年提升3.7个百分点（见图7-2）。

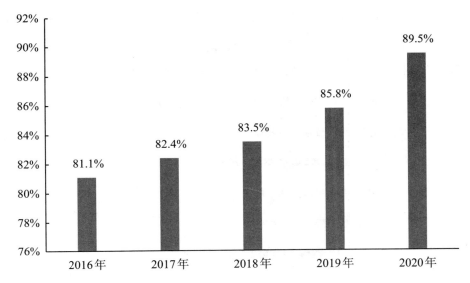

图 7-2　2016—2020 年参与调研企业社会保险参保率

数据来源：2020 年度全国工商联民营企业社会责任调查问卷

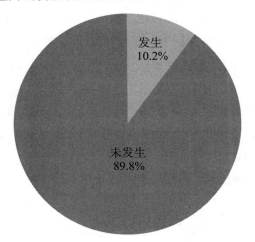

图 7-3　参与调研企业发生劳动争议情况

数据来源：2020 年度全国工商联民营企业社会责任调查问卷

劳动争议发生率小幅上涨。受疫情影响，以中小企业为主体的民营企业成为处境最艰难的市场主体，由此导致劳动争议的小幅上升。调研数据显示，有 10.2% 的企业发生过劳动争议，相较于 2019 年度上升两个百分点（见图 3）。具体来看，劳动合同的解除或终止与工伤认定分歧依然是劳动争

议发生的关键点，此外，劳动合同变更、员工报酬支付、社保缴纳、劳动
关系确认等亦是引发劳动争议的重要原因（见图7-4）。

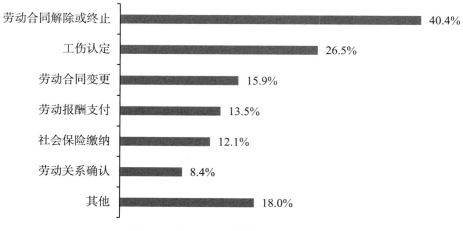

图7-4　参与调研企业引发劳动争议的原因

数据来源：2020年度全国工商联民营企业社会责任调查问卷

　　2020年6月，国家人力资源和社会保障部、司法部、财政部联合印发《关
于进一步加强劳动人事争议调解仲裁法律援助工作的意见》，坚持运用法治
思维和法治方式解决信访投诉请求，致力于保障符合条件的劳动者特别是
贫困农民工及时获得法律援助服务。各级工商联发挥自身在协调劳动关系
三方机制建设中的作用，持续推进"法治民企"工程，助力开展和谐劳动
关系创建活动。广大民营企业亦会更为主动审视自身，尽必尽职责，满足
员工合理需求，积极主动化解并极力避免劳动争议的发生，努力探索构建
和谐劳动关系的新课题。

【案例】中达集团：以人为本，构建和谐劳动关系

　　中达联合控股集团股份有限公司是拥有总资产近30亿元，员工2000
多人的多元化综合性集团企业，获得全国厂务公开民主管理示范单位、浙
江省五一劳动奖状获得者企业、浙江省文明单位、浙江省和谐劳动关系先
进企业、嘉兴市最具社会责任感企业等荣誉称号。

　　中达集团致力于创建舒适、安全的工作环境，让员工安心工作，并积极
配备劳保用品和出台福利政策，集团自2000年就为员工参加社会养老保险，

是全县非公有制企业中首家参加养老保险的企业。中达集团十多年来连续每年为员工进行健康体检和安排近远途疗养、休养，提升员工凝聚力；通过集团党委、工会、职代会、妇联、团委等组织开展了每月员工接待日活动，倾听员工呼声，落实员工建议意见，并开展了"五必访"活动，即员工家庭喜事必访、员工家庭丧事必访、员工生病必访、员工工伤必访、困难员工必访；开创性地开展了员工子女工厂体验活动，拉近员工与子女的沟通距离，营造员工和睦的家庭氛围；通过三年一届员工运动会、每年的春节联欢会和中秋茶话会等多种形式的文艺活动来丰富员工业余生活。中达集团每一份关爱都以人为本，立足员工，切实构建和谐劳动关系。

二、完善薪酬福利，加强人文关怀

人才是驱动企业发展的第一生产力。通过提高工资薪酬待遇，加强员工关怀程度，打造有温度的企业文化，无疑是一种吸引优秀人才的有效方法。调研数据显示，绝大部分民营企业尽力提升员工待福利遇，不断增强员工幸福感、获得感。

员工薪酬水平小幅上涨。国家统计局发布数据显示，2020 年城镇单位就业人员平均工资继续保持增长。2020 年全国城镇私营单位就业人员年平均工资为 57727 元，比上年增长 7.7%（见图 7-5）。

员工福利项目形式丰富多彩。调研数据显示，参与调研的企业中，83.1% 以上的企业为员工提供了形式多样的福利项目，较 2019 年下滑 1.3 个百分点。其中，除提供宿舍、餐厅和带薪休假等基本员工福利形式外，还提供多样化补贴、建设文体设施、缴纳补充保险等功能性员工福利，体现出我国民营企业坚持以人为本，对自身员工关爱程度逐步提升的良好现象（见图 7-6）。

图7-5　2013—2020年城镇私营单位就业人员年平均工资及名义增速

数据来源：国家统计局《中国统计年鉴（2014—2021）》

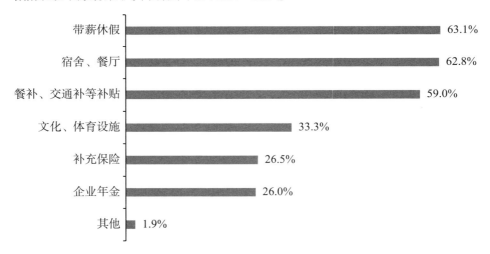

图7-6　参与调研企业在员工薪酬福利方面的措施

数据来源：2020年度全国工商联民营企业社会责任调查问卷

关爱员工常态化。伴随着社会竞争日趋激烈，劳动者在工作生活中承受的压力越来越大，诸多生理与心理问题日渐凸显。员工关怀成为企业在新时期履行责任的重要表现形式。调研数据显示，2020年我国广大民营企业员工关怀实践已常态化，帮扶困难员工、开展文化娱乐活动、关注员工及家属身心健康是企业实施员工关怀的主要形式，与往年的表现一致。值得注意的是，员工救助基金这一方式正得到越来越多企业的青睐，表现出快速增长的态势（见图7-7）。

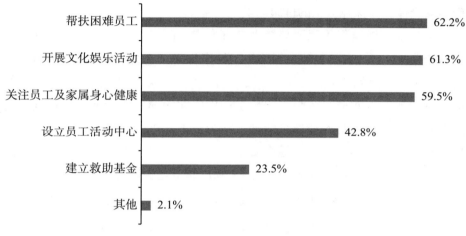

图7-7　参与调研企业关爱员工的方式

数据来源：2020 年度全国工商联民营企业社会责任调查问卷

【案例】北京裕昌置业：薪酬福利稳定劳动关系

北京裕昌置业股份有限公司基于"员工快乐工作"的公司愿景，建立了和谐稳定的新型劳动关系。公司在 20 年的发展中，始终深入贯彻执行《劳动法》《合同法》等法律法规，与员工签订劳动合同率达 100%，劳动合同环节管理完善，维护了员工的合法权益。公司薪酬确保超过 75% 以上的同行企业，保险缴纳率达 100%。集团各公司均建立了工会组织，员工入会率达到 100%，公司依法足额拨缴工会经费，专款专用，单独核算。集团在疫情期间坚持不减员、不减薪、不延迟发放薪酬，并对防疫人员加班平时发1.5 倍薪酬、周六日发两倍薪酬、法定节假日发三倍薪酬。公司成立 20 年来，从未发生过劳动争议。

三、注重劳动保护，护航员工健康

健康与安全是员工最基本的权益，是企业生产运营必须守住的底线。民营企业对员工健康与安全的责任意识在不断提高，开始构筑规范、完善的健康安全体系，保障员工的健康与安全。

员工安全健康保障意愿与能力向好发展。 调研数据显示，参与调研的民营企业中，88.0% 的企业在保障员工健康与安全方面采取了相应措施，该比例比上年上升约 5.9 个百分点，展现出持续向好的发展态势。从采取的相应措施来看，近八成企业为入职员工提供定期的健康体检项目，超过六成企业定期开展健康与安全教育活动，并为员工提供劳保设施或用品。一半以上企业针对不同岗位展开健康安全风险评估，提前告知员工岗位风险并针对特定岗位招聘特种作业人员，最大程度防范化解风险（见图 7-8）。

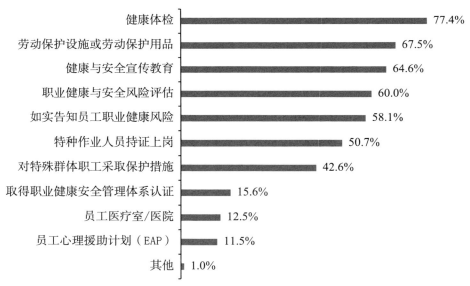

图 7-8 参与调研企业在保障员工健康与安全方面采取的措施

数据来源：2020 年度全国工商联民营企业社会责任调查问卷

特殊群体职工劳动安全保障不容忽视。 残障人士、孕期妇女等特殊群体是我国劳动者大军中不容忽视的重要部分。以残障人士为例，中国残障人士联合会调查结果数据显示，1987 年我国各类残障人士总数约为 5164 万人，到 2010 年末已达 8502 万人，2020 年我国残障人士总数突破 1 亿。越来越多的企业开始探索适合特殊群体的就业模式，为特殊人群提供更多的就业机会，并极力保障其劳动安全与健康。调研数据显示，参与调研的四成以上民营企业都针对特殊群体职工采取了必要的保护措施，以充分保障其合法权益，为其融入社会搭建平台，保驾护航。

【案例】株洲联诚集团：打造绿色生产环境，保护员工健康

株洲联诚集团控股股份有限公司系国家 AAA 级信用企业、国家火炬计划高新技术企业，是全国五一劳动奖状、全国模范劳动关系和谐企业、全国企业管理现代化创新成果一等奖获得者。

在企业资金投入较为紧张的情况下，公司仍然每年保持对改善生产作业环境的持续投入，高度重视改进职业健康和环境安全体系建设。2020 年投入近千万元资金，完成新材料公司电机喷涂生产线，有效改善员工在打磨、喷涂及转运作业中的劳动强度和作业环境；完成结构件事业部调校工作站建设，使员工调校操作劳动强度降低 60%，调校噪音降低 70%。近三年工艺创新项目平均达 49 项 / 年，合计投入资金近 5000 万元，员工作业环境得到进一步优化，员工满意度、安全感不断得到提升。

此外，针对 2020 年突如其来的新冠肺炎疫情，公司花费近百万元为员工购置防护口罩及现场作业区消毒用品，并组织对员工测温、工作区域消毒。同时通过合理排班、流动性筛查，减少聚集性传播风险，做到防疫和生产两不误。

四、深化民主管理，增强内生动力

习近平总书记在全国劳动模范和先进工作者表彰大会上强调，要健全以职工代表大会为基本形式的企事业单位民主管理制度，推进厂务公开，充分发挥广大职工群众的积极性、主动性、创造性。民营企业通过完善民主管理组织、畅通民主沟通渠道，促进企业行政管理与基层员工的良性互动，最大限度地调动职工的积极性、主动性和创造性，切实增强企业的市场竞争力和发展活力，推动企业更高质量、更有效率、更加和谐、更可持续地发展。

企业民主管理制度建设逐步强化。党的十九届四中全会将健全以职工代表大会为基本形式的企事业单位民主管理制度，作为坚持和完善人民当家作主制度体系、发展社会主义民主政治的一项重要内容。调研数据显示，2020年我国参与调研的民营企业中，约81.5%的企业积极主动投身员工民主协商管理体系建设，协调员工参与企业管理各项工作，该指标高于上年近五个百分点。

民主协商管理形式渐趋丰富。调研数据显示，近六成企业建立了工会组织或定期召开职工代表大会，以对员工活动进行统一领导、组织与协调。近五成企业建立了内部网络状沟通与申诉渠道，在促进员工之间横向交流的同时拓宽员工意见与建议反馈渠道。此外，超过三成企业设有劳动关系协调岗位，部分企业配备专业的劳动关系协调师，促进稳定和谐劳动关系的建立。近三成企业允许员工代表进入董事会与监事会，直接参与企业发展规划与战略制定（见图7-9）。

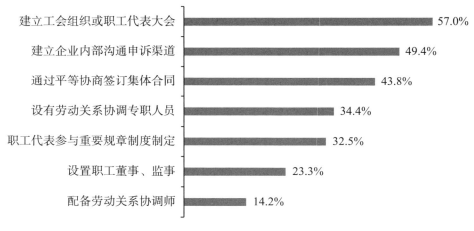

图7-9　参与调研企业在推进民主管理方面情况

数据来源：2020年度全国工商联民营企业社会责任调查问卷

【案例】海企化工：专题职代会，让职工安全监管"长了牙"

江苏海企化工仓储股份有限公司主要提供醇类、酸类、芳烃类等液化品的第三方仓储服务，已建成30万立方米库容，属于高危行业。公司工会在调研中发现，职工参与安全生产和劳动保护的意识不强、积极性不高，决定以专题职代会的形式组织职工参与监督安全生产，调动全员参与安全生产的积极性。

海企化工职代会内容十分丰富，包含八个方面议题：公司主要负责人报告安全生产工作以及个人履行安全生产管理职责情况；工会报告安全生产和劳动保护监督工作情况；进行现场质询；审议通过安全生产"能级工资"专项集体合同草案和安全生产管理制度草案；对安全生产工作进行满意度测评等。

职工方和企业方签订安全生产"能级工资"专项集体合同并获得通过是职代会的一大亮点，意在建立起一套"安全干得好，收入拿得高""安全抓不好，收入别想高"的奖惩制度，打造出独具特色的工资体系。合同设立了七大激励措施，包括安全考核奖、安全生产积分制考核奖、安全资质提升奖、隐患排查举报奖、安全生产金点子奖、安全生产大讲堂考核奖、竞赛类名次奖等，每个奖项分别给予一次性奖励或每月津贴奖励。主题突出、内涵丰富、形式新颖、程序规范的职代会，将安全生产和劳动保护机制纳入企业民主管理轨道，贯穿于职工日常生产生活的全过程，成为海企化工深入推进产业工人队伍建设改革，鼓励职工积极参与安全生产和劳动保护的生动实践和有益探索。

五、加强人才培养，助力员工成长

调研表明，2020 年民营企业在履行员工责任方面，已经开始超越提供优厚的待遇和创造和谐用工环境等层面，部分企业将工作重心转向员工自身可持续发展能力的培养上，培育体系建设逐步完善，培养方式创新发展。

员工培育体系建设逐步完善。2020 年，我国民营企业继续加强员工入职前培训教育，持续为员工充电，相关工作开展比率达到 78.6%，相比上年高出三个百分点。六成以上企业制定了员工轮岗、交流、外派学习制度，全方位提升员工素养。近半数企业针对员工进修提供系列配套支持与激励工作，为员工职业发展提供多项选择，并建立职业多通道发展途径，充分发挥员工主观能动性。超三成企业针对不同员工群体，为其制定高契合度的职业生涯规划。此外，部分企业联合高校、科研院所等机构，为员工成立专业培训中心，打造科学、系统的人才培训链条，以形成与企业高度适配的人才供应链，助力企业可持续发展（见图 7-10）。

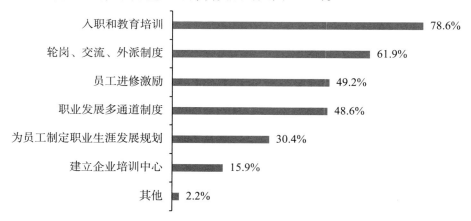

图 7-10　参与调研企业在员工学习与发展方面采取的措施

数据来源：2020 年度全国工商联民营企业社会责任调查问卷

【案例】江西恒信集团：赋能人才培养，保障发展动力

江西恒信检测集团有限公司是集工程检测、工程司法鉴定、产业管理、项目投资、新型材料研发、汽车电子等于一体的综合性集团企业。集团始终坚持"以人为本"，加大人才培养力度，用感情也用待遇留人。

加大培养力度。恒信集团致力于员工的技术培养提高，制定了各岗位人才培养计划和专业培训规划，通过自学与集中培训的方式，分期分批进行技术、管理、新知识等多方面的培训；同时还选派部分优秀员工到北京、上海名校短期学习，培养了一批技术骨干以及管理人才。通过这一系列措施，增强了企业的人才实力，使企业在发展创新中积聚了无形资产。

出台激励方案。恒信集团专门出台了一系列奖励方案，鼓励员工通过在职学习，不断提高自己的业务水平和业务能力，若员工取得了相应的学习成果，集团不仅报销学习费用，还给予个人不同程度的物质或精神奖励。现在，集团公司已拥有由 29 名国家一级注册建造师、21 名国家二级注册建造师、12 名国家注册造价师、2 名国家注册测绘师、41 名注册公路助理试验检测师、278 名工程师、70 名高级工程师等组成的一支坚强可靠的技术人才队伍，先后解决了 4600 余劳动人口就业。

员工培养方式创新发展。 随着时代的发展，民营企业员工在职业发展上，个性化需求及兴趣驱动日益明显。民营企业不断调整人才培养方式，积极运用新型信息技术，以便员工更好地适应新技术环境下的职业要求。部分企业紧抓人才供给源头，联合高校推出"双师同堂"模式，直接将职业培训进驻校园，针对特定专业高校学生进行授课，实现高校人才培养与民营企业的需要有效衔接。部分民营企业重点关注企业员工的学习体验与技能提升，推出高效、智能、有温度的"AI+"培训创新。通过多维度分析员工参与学习和培训过程中的行为数据，企业培训部门不断完善其培训计划，及时对培训工作进行调整与优化，提升其培训管理效率，促进员工的知识输入和技能赋予向实际业绩产出的转化。

【案例】大同华岳集团：好心情工作，多渠道发展

大同华岳建安有限责任公司总部位于素有"中国煤都"之称的山西省大同市，注册资本4.8亿元。集团自成立以来，以杰出的管理团队、优秀的员工队伍、高度的社会责任感为支撑，建筑起具有独特经营模式和文化理念的巍巍大厦。

帮助员工规划职业生涯，做到适才适岗，人尽其才。为确保广大员工在工作中充分发挥自身优势，集团充分尊重员工个性，做到"能容人所短，更能容人所长"，营造宽松、和谐、良好的工作氛围，倡导简单而真诚的人际关系，让员工在愉快的氛围中提升自身能力，实现自我价值。

建立不同的职业发展通道，实现员工自身成长。集团根据员工实际情况建立不同的职业发展通道，通过纵向上的职务晋升、横向上的通道转换和向核心岗位的水平移动，使员工的职业生涯发展最大限度地同集团的发展保持一致。

精干高效的职业经理团队是集团人才理念的具体体现。为建设长期团结稳定、富有经验、与时俱进的职业经理队伍，集团制定职业生涯管理模式，实行优才、后备干部和接班人三类储备人才管理。坚持"内部培养为主，外部引进为辅"的人才培养文化。通过建设"储备人才库"，并实时进行"动态维护"，保证储备人才库的持续性。同时对储备人才实行"周期性评价，阶梯式牵引"，设定培养目标和工作目标，促进技能提升和绩效达成的同步实现。

8 民营企业推动绿色发展调研报告

摘 要：2020 年，民营企业强化制度建设，健全环境治理体系，协同推进减污降碳，切实发挥生态环境保护主体作用，有力推动我国产业结构、能源结构、运输结构调整，支持了我国经济社会发展全面绿色转型，也促进了企业自身可持续发展。

关键词：绿色发展　民营企业　污染防治

2020 年民营企业积极践行绿色发展理念，严格执行质量、环保、能耗、安全等法规标准，加快转型升级，实施清洁生产技术改造，发展环保产业，积极参与环境污染的第三方治理和社会化监测，保证了我国污染防治攻坚战阶段性目标任务圆满完成，助推我国生态文明建设和生态环境保护工作取得了积极成效。进一步增强了人民群众对生态环境的获得感，厚植了我国全面建成小康社会的绿色底色和质量成色。

一、绿色制度建设，增强环保意识

2020 年全国工商联继续加强与生态环境部的合作，共同推进《关于支持服务民营企业绿色发展的意见》落实，凝聚了民营企业绿色发展共识，革新了企业环保理念，增强了环保管理能力。

环境合规管理日趋完善。调研数据显示，有 62.8% 的企业开展了环境管理事项，与 2019 年度调研数据相比有小幅增长。其中 40.7% 的企业开展绿色办公，致力于绿色运营；35.6% 的民营企业建立环境事件应急机制，提升了自身应对紧急环保事件中的反应意识；33.0% 的企业积极落实"三同时"要求，贯彻落实环保责任；29.0% 的企业在内部建立了统计、监测、考核管理体系（见图 8-1）。总体上民营企业环境管理体系建设工作与我国环境管理制度是相匹配的，但在建立环境信息披露机制、设置环境管理专职部门、制定绿色采购计划等方面还有所欠缺，体现了企业在环保意识、建立可持续长效管理体系方面亟待重视。

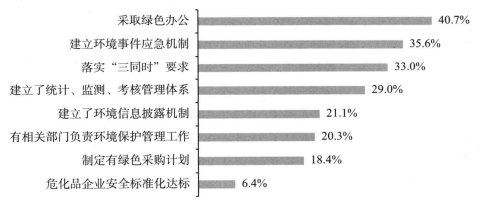

图 8-1　开展环境管理的调研企业具体举措

数据来源：2020 年度全国工商联民营企业社会责任调查问卷

环保投入持续增加。参与调研企业规模与环保投入交叉分析结果显示：大型企业对于环保投入具有普遍认识，环保投入分布相对均衡，其中投入金额一亿元以上的企业数量占比达到 7.16%；中小企业环保投入金额普遍在 500 万元以下，重点分布在 50 万元以下；而微型企业由于自身规模和实力，环保投入金额主要分布在五万元以下区间（见表 8-1）。总体来看，随着国家污染防治力度不断加大，企业绿色环保投入将持续增加，对提升企业环保治理能力、推动企业产业升级、增加企业效益具有重要意义。

表 8-1　参与调研民营企业规模和环保投入交叉分析

单位：%

	民营企业 2020 年环保投入金额								
	5 万元以下	5 万-10 万元	10 万-50 万元	50 万-100 万元	100 万-500 万元	500 万-1000 万元	1000 万-5000 万元	5000 万-1 亿元	1 亿元以上
大型企业	12.14	4.38	13.83	9.45	23.38	9.15	16.32	4.18	7.16
中型企业	26.06	8.64	28.88	10.61	17.46	3.84	3.70	0.44	0.37
小型企业	36.82	12.35	29.98	8.64	9.58	1.74	0.80	0.06	0.04
微型企业	78.79	8.14	9.41	1.72	1.79	0.07	0.00	0.07	0.00

注：企业规模按照国家统计局《统计上大中小微型企业划分办法（2017）》划分

数据来源：2020 年度全国工商联民营企业社会责任调查问卷

绿色运营再上新台阶。全国工商联从 2019 年起连续两年开展全国民营企业家及工商联干部污染防治专题培训班，服务支持民营企业发展，切实提高绿色发展能力。从调研数据来看，37.8% 的企业建立了环保培训制度，明确了企业责任体系；32.2% 的企业倡导并参与公共环境治理与保护，有效提高了企业环境管理水平的业务能力以及服务水平；30.3% 的企业施行电子化、无纸化绿色办公，提倡绿色运营（见图 8-2）。

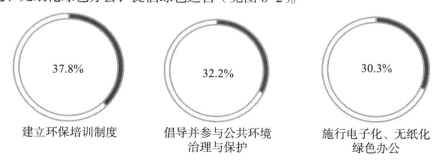

37.8%	32.2%	30.3%
建立环保培训制度	倡导并参与公共环境治理与保护	施行电子化、无纸化绿色办公

图 8-2　参与调研民营企业绿色运营情况

数据来源：2020 年度全国工商联民营企业社会责任调查问卷

【案例】建业集团：深化绿色运营

建业控股有限公司于 2002 年率先启动数字化办公系统，实现纸质公文审批、业务内容沟通转化至系统线上处理。随着数字化、智能化时代迎面而来，建业集团全面推进数智化发展，建设新一代数字化办公平台，连接并覆盖各产业板块，逐步实现业务过程的线上化、移动化、数字化与智能化。建业的数智化也影响、带动着上下游的合作伙伴，共同提高产业协同效率，向绿色产业生态迈进。

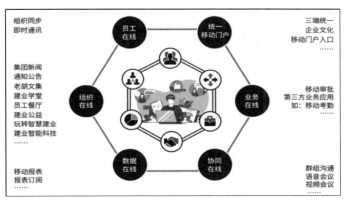

图 8-3　建业集团数字化绿色办公系统

二、开展绿色生产，攻坚污染防治

2020 年民营企业持续攻坚污染防治，坚持方向不变、力度不减。在治理水平上，从末端治理向全过程控制转变，增强治污能力。在源头控制上，加快转变生产方式和生产工艺，加快淘汰落后产能，实施清洁生产，减少污染物排放，在超低排放上作表率。

重点行业仍需深度治理。截至 2020 年底，全国实现超低排放的煤电机组装机累计约 9.5 亿千瓦，229 家企业、6.2 亿吨粗钢产能完成或正在实施超低排放改造。重点涉污的第二产业调研数据显示，62.3% 的企业注重采用节能环保原材料，积极开展源头治理；61.4% 的企业进行了设施设备节能减排升级改造；55.5% 的企业注重开展清洁生产，可见民营企业已经重视污染源头治理与末端治理两手发力（见图 8-4）。但从民营企业污染物排放达标

（40.3%）、民营企业按期完成淘汰落后产能任务（35.0%）、迁入工业园区（17.8%）等数据来看，民营企业污染防治压力依旧，工业企业高排放长期积累的问题依然严峻，特别是在监管力度弱小地区，依然存在大量"散乱污"企业，说明我国工业污染防治仍需纵深发展。

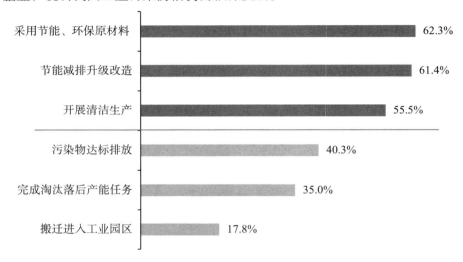

图 8-4 参与调研的第二产业民营企业在降污减排方面采取的措施

数据来源：2020 年度全国工商联民营企业社会责任调查问卷

【案例】富鑫钢铁：绿色生产促发展

　　铜陵市富鑫钢铁有限公司是在承接原铜陵市钢铁股份有限公司和整体收购铜陵金港钢铁公司的基础上创立的一家民营企业。富鑫钢铁始终牢固树立绿水青山就是金山银山的发展理念，积极倡导企业经济效益、生态效益与社会效益的和谐统一，打造环境友好型企业。

　　公司在持续推进清洁生产，实现超低排放，实施环境深度治理，构建"横到边、纵到底"的环保防控体系的同时，不断完善环境管理，积极打造生态花园式工厂，不仅为职工提供了良好的工作环境，更增强了企业凝聚力和向心力，为企业转型升级、迈向更大舞台奠定了基础。公司投入五亿多元进行超低排放改造，取得了显著成效。在环保局网站上公开公司污染物排放信息，及时公开企业环保动态，自觉接受全公司员工和社会各界人士的监督。富鑫钢铁已连续多年保持各类污染物稳定达标排放，在安徽省重污染天气重点行业绩效评级中被评为 A 级，2020 年通过第三轮清洁生产审核工作，提前一年半实现了全流程超低排放，走在了同类钢铁企业前列，获得了全国绿色发展典范企业、省级绿色工厂等荣誉称号，连续被安徽省环保厅评为"环保诚信企业"，被安徽省生态环境厅评为"环保良好企业"。

与此同时，公司设计出能力为每小时 1000 立方米处理能力的全自动高效处理系统，有效容积 6000 立方米的总蓄水池及多级供水管网系统，提高新水水质和调蓄能力，形成独立的雨水、污水、排水收集系统，实现污水零排放。公司成功创建为省级节水型企业、国家级节水型城市达标企业，是铜陵市水资源及节约用水示范单位。

迈向绿色低碳新格局。民营企业通过遵循能源资源消耗最低化、生态环境影响最小化、可再生率最大化原则，优化产品结构及方案，加大节能减排领域产品研发力度，助力实现"碳达峰""碳中和"。调研数据显示，51.3%的企业从改造生产工艺入手，重点对高耗能工艺进行改造；49.6%的企业在生产前重视提高原材料、辅助材料综合利用率；43.8%的企业从调整优化自身能源结构入手，提高清洁能源占比，推进发展动能转换；还有 42.5%的企业采取绿色办公、建筑物节能措施对促进我国绿色低碳转型发挥积极作用（见图 8-5）。

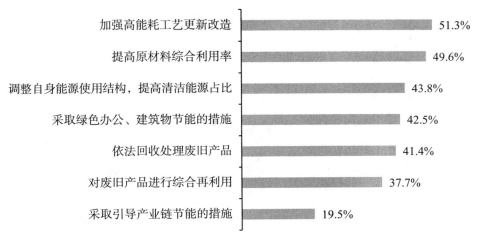

图 8-5 参与调研民营企业资源节约与利用情况

数据来源：2020 年度全国工商联民营企业社会责任调查问卷

【案例】雪人公司："减量化、再使用、再循环"的绿色生产准则

福建雪人股份有限公司注重产品绿色设计，减少有害物质排放。企业采用绿色环保的产品设计理念，开发适用于环保制冷剂 R717（氨）、R744（二氧化碳）、R245fa 等的各类产品，包括压缩机组、制冰机、冷水机组、热泵机组等。在设计环节中，提倡绿色环保材料以及工艺的使用，减少有害物质排放。

建立供应商采购考核制度及体系。雪人公司作为上游企业，严格要求自身，从产品的原材料储运到工艺的节能环保，到产品的质量安全升级，到整个生产过程的职业健康安全，均有严格的制度要求和考核机制，奖惩分明，从而成为绿色供应链中的绿色供应商。

专门成立"绿色制造能力提升领导小组"，在产品设计开发、绿色物料选择、生产工艺规划等各环节构建绿色发展理念，雪人公司积极研发绿色高效产品，推行清洁生产，本着节约和合理使用能源的原则，在工艺技术的采用、节能设备的选用、生产流程等方面均充分考虑了提高设备和劳动效率、降低废品率、节约原材料和缩短生产路线等综合因素，减少水、电、氮气和原材料的消耗量，不断降低单位产品资源消耗。

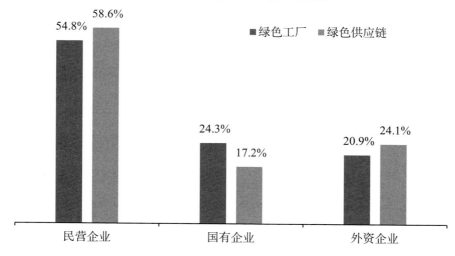

图 8-6　绿色工厂与绿色供应链体系建设示范展示占比情况

数据来源：中国绿色制造联盟绿色制造体系示范展示平台

绿色制造渐成体系。中国绿色制造联盟绿色制造体系示范展示平台数据显示，在集中展示的 1848 家绿色工厂中，民营企业占比 54.8%，国有企业占比 24.3%，外资企业（含中外合资、独资、港澳台企业）占比 20.9%。在集中展示的 58 家绿色供应链企业中，民营企业占比 58.6%，国有企业占比 17.2%，港澳台及外资合资企业占比 24.1%（见图 8-6）。总体来看，现阶段民营企业绿色制造水平明显提升，绿色制造体系初步建立，绿色制造能力稳步提高，深入开展绿色认证，注重绿色产品设计、建设绿色工厂、构建绿色供应链、加入绿色园区等形式，减少资源消耗，实现生态可持续发展。

三、培育绿色产业，推动绿色发展

2020 年，随着"双碳"时代的到来，民营企业在环保产业、清洁能源产业、生态环境产业、基础设施绿色升级、绿色服务等领域得到了长足的发展，并为我国绿色产业带来了广阔的市场前景和全新的发展机遇。

绿色能源引领者。民营企业一直以来都是新能源领域的引领者和主导者。2020 年中国能源（集团）500 强榜单显示，在入围企业数量上，民营企业达到 321 家，遥遥领先于国有企业的 179 家。以光伏产业为例，以阳光电源、隆基、特变电工、晶科、通威、林洋能源等光伏企业为代表的民营光伏投资运营服务商，在 2020 年 7 月至 10 月仅四个月，新增光伏电站备案就达到 3.13GW。同时，民营企业也广泛聚焦氢能、光伏、生物质能等清洁能源项目，如雄韬股份、美锦能源、长城汽车、鸿达兴业等一批能源企业都重点进军氢能源领域，正在形成我国民营氢能源产业新势力。

【案例】天伦集团：致力气化乡村，助力乡村振兴

河南天伦投资控股集团有限公司成立于 1997 年，在全国 16 个省为 67 个城市提供燃气服务。2018 年，天伦集团联合中原豫资投资控股集团，共同设立了"河南豫资天伦新能源投资基金"，探索创新出了气化乡村的四大样本："市场化的收并购"兰考样本、"政府参股＋公司运营"民权样本、"政府完善竞争机制＋试点先行"台前样本和"市场化招投标"郏县样本，通过"气化乡村"项目助力乡村振兴。

不同于国内其他地区在乡村"煤改气"过程中采用的政府补贴模式和农

民承担初装费模式，天伦燃气受基金委托，作为建设方遵循"免费安装"原则负责"气化乡村"项目的建设、施工，乡村居民每户可节省初装费3000元左右，同时减少了政府的财政压力。截至2020年末，"气化乡村"累计工程建设153万户，共为乡村居民节约费用近46亿元。

"气化乡村"工程，其本身具备公共事业属性，并对环境保护、实现碳达峰、碳中和的国家目标起着非常重要的促进作用。同时，乡村燃气基础设施建设，从基本生活方式上实现城乡一体化，从而使得人才、资金、产业由城市向乡村流动，全面助力乡村振兴。2021年5月，天伦集团"气化乡村"项目入选新华社民族品牌工程。

勇当环保产业生力军。2020年，受益于环境治理市场需求快速释放，我国环保产业总体仍保持较快发展态势。根据《中国环保产业发展状况报告（2020）》中列入统计范围的环保企业规模来看，我国环保产业大、中型企业数量占比分别为3.4%、24.3%（见图8-7）；小微型企业数量占比为72.3%，以中小微企业为代表的民营环保产业依旧是我国环保产业中的生力军。据不完全统计，2020年成功过会（上市）环保企业达31家，创历史新高，其中25家为民营企业，占比达到80%以上。环保产业广受民营企业青睐，越来越多的民营企业进军环保产业。

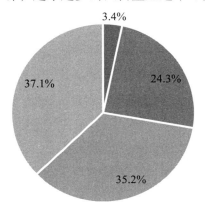

图8-7　2020年不同规模环保产业占比情况

数据来源：《中国环保产业发展状况报告（2020）》

绿色科技支撑者。绿色技术创新日益成为绿色发展的重要动力和撬动绿色产业发展的重要支点。2020 年，我国环保产业的创新技术不断涌现，36 项环境技术进步奖的获奖成果包括国际专利 12 项、发明专利 646 项。获奖项目近三年相关产值高达 935 亿元，实现利润 121 亿元，出口创汇 10.8 亿元。从调研数据来看，32.3% 的企业开展了节能环保技术研发工作；21.7% 的企业注重研发绿色产品，推行生态设计；7.7% 的企业参与风能、电能、太阳能等新产品开发工作。特别是 2020 年国家出台"新基建"政策将支撑绿色科技创新整体产业链数字化转型，成为以追求效果为核心的环境治理转型的提速器，环境治理行业将向"高质量、系统化、效益化"加速迈进。

【案例】西安西矿环保：水泥烟气多污染物协同治理专家

西安西矿环保科技有限公司是一家专门在水泥建材非电领域从事大气污染治理研发、服务的企业。长期以来，西矿环保投入了大量的人力、物力和财力进行技术研发，在尘硫硝方面已拥有了完全自主知识产权的超净治理技术，并在大量工程上得到成功应用。

西安西矿环保承建了我国首台水泥 SCR 脱硝项目，采用"高温电除尘器 +SCR 脱硝一体化"组合技术，实现颗粒物排放浓度≤ 10mg/m³、二氧化硫排放浓度≤ 35mg/m³、氮氧化物排放浓度≤ 50mg/m³。该项目已获授权专利 19 件，其中发明专利 2 件，在《中国水泥》杂志等媒体发表论文 9 篇，制定企业标准 2 项。该项目成果推动了水泥行业烟气中氮氧化物深度治理技术的进步，经济效益和社会效益显著，市场前景广阔，成果整体处于国际领先水平。

【案例】台达电子：推行绿色建筑，助力"碳中和"

台达电子企业管理（上海）有限公司是国内"碳中和"的先行者。台达在 2017 年既以科学方法制定减碳目标（SBT），计划 2025 年碳密集度下降 56.6%，从产品方案减碳、运营网点减碳、绿色建筑减碳等方面切实减少企业运营过程中的碳排放。

台达自 2006 年开始在世界各地的生产基地陆续打造了 27 栋绿色建筑，以及 2 座绿色数据中心。台达上海运营中心是台达在大陆打造绿色建筑的桥头堡，于 2017 年获得 LEED 既有建筑白金级（最高级）认证，相较一般的大型民用建筑，节电率最高可达 39%。台达吴江研发制造中心的自有数据中心，是绿色数据中心的先行者，使用了多项台达自家节能解决方案，将机房的耗电量大幅降低，成为全球首座获得 LEED v4 ID+C 金级认证的绿色数据中心。

在减少自身碳排放的同时，台达积极推广绿色低能耗建筑。台达自2007 年起冠名支持由国际太阳能学会、中国可再生能源学会及太阳能建筑专业委员会、国家住宅与居住环境工程研究中心等机构主办的"台达杯国际太阳能建筑设计竞赛"。该活动已成功举办了九届，先后有 90 余个参赛国家、8700 个参赛团队参赛，提交了 1724 件有效作品，为推广绿色低能耗建筑发挥了良好的示范和促进作用。2020 年"台达杯国际太阳能建筑设计竞赛"选用福建省南平建阳区景龙幼儿园作为赛题，竞赛获奖作品将运用于幼儿园的建设，力求打造绿色、低碳、有童趣的幼儿园。

【案例】朗新科技：数字科技助力"碳中和"战略

朗新科技集团股份有限公司是一家"助力产业数字化"的科技企业，以"数字化技术＋能源互联网"解决方案推动构建低碳绿色的数字生活场景和数字城市，助力"碳中和"战略。

助力能源供给侧数字化转型。朗新科技长通过数字化技术持续助力国家电网、南方电网等电力企业构建智能电网，驱动电网向能源互联网转型，并实现低碳绿色化发电。同时，朗新科技通过新耀光伏云平台为光伏电站提供数字化系统开发、咨询、实施及运维服务，助力光伏企业、电站进行数字化转型，继而实现降本增效，累计减少二氧化碳排放超 1200 万吨。

构建能源消费侧新生态。朗新自主研发聚合充电平台"新电途"，连接城市充电桩、城市电动汽车、城市能源网，形成"绿色交通—数字能源互联网"，构建全民参与、生态共享的电动汽车充放电服务运营新模式，提高了车主购买电动汽车的决心。

助力城市构建碳管理体系和碳管理智慧系统。朗新科技联合国家电网上海综合能源服务有限公司打造"上海智慧能源综合服务平台"，降低电网投资运行成本。此外，朗新科技应用 BSE 节能系统为无锡锡山人民医院、无锡硕放机场、苏州狮山广场等国内数十家的机场、医院、园区等企业或公共建筑等提供能耗监测、节能诊断、节能技改等一站式综合能源服务，平均节能效率达 18% 以上，有效降低企业生产运营成本支出和碳排放量。朗新科技还研发了城市碳管理智慧系统，辅助政府动态掌握辖区涉碳主体的碳减排情况和"双碳"目标执行情况。

四、助力生态治理，改善生态环境

党的十九届五中全会提出，深入实施可持续发展战略，完善生态文明领域统筹协调机制，构建生态文明体系，促进经济社会发展全面绿色转型，建设人与自然和谐共生的现代化。广大民营企业立足实现经济发展与生态环境保护的有机统一，开展了一系列根本性、开创性的工作，为推动生态环境保护修复和应对气候变化工作作出了杰出贡献。

致力于生态保护修复工程。在生态修复领域，民营企业发挥资金、技术等优势，广泛参与长江、黄河、京津冀及汾渭平原等重点区域历史遗留矿山生态修复。"十三五"期间，国家开展了 25 个山水林田湖草生态保护修复工程试点，民营企业广泛参与其中（见表 8-2）。如内蒙古乌梁素海山水林田湖草生态保护修复工程试点中由六家国有企业和一家民营企业成立了合作联合体，发挥了社会资本的活力，有效助力解决了我国生态退化问题。

表 8-2　民营企业参与国土空间生态修复典型案例

企业名称	项目名称	案例内容
威海华夏集团	山东威海华夏城矿山生态修复项目	华夏集团先后投资 51.6 亿元，因地制宜，分类施策，持续开展矿坑生态修复和旅游景区建设。截至 2019 年底，恢复被毁山体近 4000 亩，区域植被覆盖率由 65% 提高到 97%，修复了水系、栖息地，提高了动植物物种多样性。矿坑废墟变身生态良好的华夏城，吸纳了周边居民 1000 余人就业，人均年收入达四万元，周边 13 个村集体经济年均增长达 14.8%。
上海长峰集团	浙江长兴县原陈湾石矿生态修复及开发利用项目	上海长峰集团在该区域投资兴建"太湖龙之梦乐园"，投资约 251 亿元，总占地 1.16 万亩。项目以景观再造、矿地融合形式开展废弃矿地治理，建成后累计解决了三万余人就业，每年可吸引游客约 3000 万人次，形成了综合的生态效益、社会效益和经济效益。

续表

企业名称	项目名称	案例内容
浙江重山实业有限公司	浙江省温州市洞头"蓝色海湾"整治项目	青山岛沙滩修复由浙江重山实业有限公司投入2000万元，项目建设过程中同步对周边海岸线进行整体环境整治，带动了温泉泥浆、青山海洋牧场、离岛度假等项目的建设。沙滩修复后将委托给业主对沙滩及其周边配套进行运营和管养，有效解决生态项目建设与后续管理的衔接难题。与此同时，该项目采用"村企共建"模式，村民通过参与陆域配套设施建设、后续运营等可获得一定收益。

把参与生态保护作为助力"碳中和"的重要路径。民营企业积极参与生态系统保护，提升生态系统固碳能力。调研数据显示，25.1%的企业在生态保护方面投入资金，参与生态修复工程；24.0%的企业建立了生态保护制度，使生态保护工作有章可循；20.5%的企业致力于减少运营对生物多样性影响；10.5%的企业参与碳排放权的交易，进一步深化企业生态保护理念（见图8-8）。

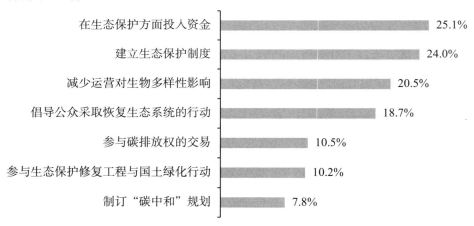

图8-8　参与调研民营企业在生态系统保护方面的措施

数据来源：2020年度全国工商联民营企业社会责任调查问卷

深入开展国土绿化行动。全国工商联、国家林业和草原局、中国光彩会三部门从2005年设立"光彩事业国土绿化贡献奖"，引导广大民营企业家踊跃投身国土绿化事业，已经成为国土绿化中最具活力和生机的力量，为生态文明建设发挥了积极作用，作出了重要贡献。调研数据显示，有10.2%

的民营企业参与生态保护修复工程与国土绿化行动，有效增加了国家森林覆盖率、森林蓄积量，在调整我国森林、草原生态系统结构和功能，固碳释氧、缓冲气候变化影响等方面发挥了积极作用。

环保公益呈现多样性。调研数据显示，30.4%的民营企业积极开展环保公益活动。调研发现，随着越来越多的民营企业聚焦于生态保护领域，各类型企业参与生态环境公益的方式呈现出多样性。如互联网企业支付宝上线名为"蚂蚁森林"的公益项目，以互联网企业擅长的方式参与生态环境公益，以"能量体系"的生态环境公益方式，已经为中国中西部地区植树造林约300万亩，助力包括滇金丝猴、菲氏叶猴保护区在内的15个保护区工作；卓尔控股有限公司发起并出资设立卓尔公益基金会，联合多家机构以保护江豚、青头潜鸭等长江流域濒危旗舰物种为重点，开展多个物种保护项目；众安保险通过关心环保参与人士，为濒危物种滇金丝猴保护项目中的科学家与巡护员提供保险保障支持，同时为他们添加健康保障。

【案例】阿里巴巴公益基金会：人人参与，守护绿色星球

阿里巴巴公益基金会由阿里巴巴集团旗下四家公司联合发起。阿里巴巴公益基金会在环保领域开展了多个公益项目，唤醒公众环保意识，推动公众参与生态保护。

意识唤醒。阿里巴巴公益基金会致力于推动自然教育事业的发展，通过自然教育，建立人与自然的连接，唤醒每个人心中的环保意识，为环境保护凝聚更多力量。武汉自然教育系列项目让武汉32座城市公园、100多个绿色驿站开放成为自然教育基地，影响800多所中小学，带动参与的学生和市民共达120多万。

创新水源地保护模式。"千岛湖水基金"是阿里巴巴公益基金会、民生人寿保险公益基金会共同发起，由万向信托股份公司作为受托人，大自然保护协会（TNC）作为科学顾问的水源地保护项目。阿里巴巴公益基金会创新性地在千岛湖探索建立"水源地保护＋自然教育基地＋带动当地经济可持续发展"的保护模式。千岛湖水基金与当地旅游局、安阳乡人民政府合作，举办"千岛湖丰收节""守望千岛湖音乐会"和"千岛湖马拉松赛"等环保主题活动，带动全国各地环保热心人士，以及合作方企业员工30多万人参与线上线下活动。

❾ 民营企业坚持公平运营调研报告

摘　要： 公平运营是企业、市场乃至整个社会和谐稳定发展的题中应有之义。2020 年中国民营企业在公平运营方面承担了自己应尽的责任，为市场的公平、透明、有序发展和经济社会的健康发展增光添彩。

关键词： 公平竞争　反腐倡廉　产权保护　供应链

公平运营不仅是民营企业履行社会责任，保证自身可持续发展的重要基础，更是完善社会主义市场经济体制，建设高水平信用社会的重要内容。近年来，随着国家相关法律法规的逐渐完善，民营企业对于公平运营方面越发重视，采取措施更加全面，涉及领域更加广泛。

一、促进公平竞争，优化营商环境

公平竞争能够激发创新和效率，减少产品和服务的成本，确保所有组织有平等的机会。在宏观政策的推动下，民营企业对内加强反腐倡廉工作，对外维护市场秩序，积极创建公平、公正、健康的市场环境。

公平竞争表现优异。调研数据显示，2020 年有 18929 家民营企业在公平竞争方面采取了具体举措，占参与调研企业总数的 94.8%。有 90.0% 的企业表示会遵守有关法律法规，杜绝价格联盟，73.2% 的企业无严重低于市场价格销售产品行为，说明价格是民营企业在市场公平竞争中最重视的因素之一。除此之外，还有超过半数的企业会根据公平竞争的法律法规对员工进行培训，以及参与和推进行业反垄断的联合行动，这些措施都有利于市场树立公平竞争意识，更好地推动企业间的公平竞争（见图9-1）。

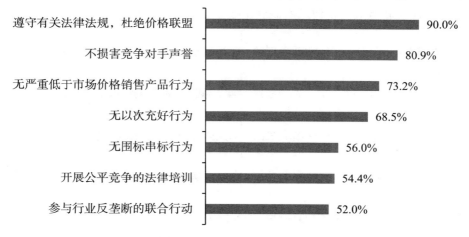

遵守有关法律法规，杜绝价格联盟 90.0%
不损害竞争对手声誉 80.9%
无严重低于市场价格销售产品行为 73.2%
无以次充好行为 68.5%
无围标串标行为 56.0%
开展公平竞争的法律培训 54.4%
参与行业反垄断的联合行动 52.0%

图9-1　参与调研民营企业在公平竞争中采取的措施

数据来源：2020年度全国工商联民营企业社会责任调查问卷

反腐倡廉取得积极进展。民营企业通过惩治内部腐败，形成了公平参与市场竞争的良好风气。调研数据显示，参与调研的民营企业中，共有18158家企业在反腐倡廉方面采取了具体的措施，占所有参与调研企业的90.9%。主要举措集中在制度保障和教育培训两大方面，其中有67.5%的企业采取开展反腐倡廉的相关教育和培训的方式来进行反腐建设，另外还有64.8%的企业选择建立包括商业贿赂在内的腐败风险的识别、监控、预防和惩治制度的方式来进行相关领域的预防和整治，而拒绝采购涉嫌商业贿赂的产品或服务也不失为促进企业廉洁发展的重要手段之一（见图9-2）。

民营企业创设反腐败的相关机构，综合运用培训、教育、管理等手段，做好预防工作，加大对腐败现象的查处力度。阿里巴巴成立廉政部，以调查公司内部是否存在违反纪律的情况；腾讯成立反舞弊团队；百度成立职业道德建设部，独立对公司内部腐败案件进行调查，并直接向最高管理层汇报；良品铺子于2018年6月成立审计部，同时对外公开举报平台，鼓励外部举报监督；京东设立每年1000万元反腐奖励专项基金，用于对举报违规行为并查实的举报个人或举报单位进行高额奖励。各民营企业间还逐渐形成了反腐联盟。2017年2月，由京东倡议并联合腾讯、百度、联想、美的、小米、唯品会、李宁、永辉超市等公司成立了"阳光诚信联盟"，旨在通过互联网手段共同打击腐败、欺诈、假冒伪劣、信息安全犯罪，提升联盟企业的反腐能力，现联盟成员单位已发展到 173 家，员工规模超百万。

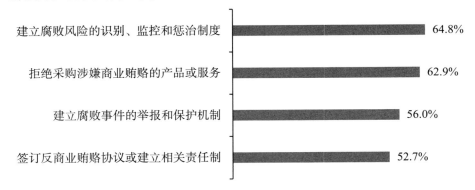

图 9-2　参与调研企业在反腐倡廉方面采取的举措

数据来源：2020 年度全国工商联民营企业社会责任调查问卷

【案例】科大讯飞：构建三位一体的廉洁工作体系

科大讯飞股份有限公司作为中国人工智能代表企业之一，积极推进系统性的廉政建设。公司面向廉洁共同体（全体员工、供应链合作伙伴、平台合作方），构建了预防、打击、宣教三位一体的廉洁工作体系，助力风清气正的商业氛围。

预防为主。公司从员工层面的廉洁自律承诺、合作伙伴层面的廉洁协议，双向约束主体行为，将舞弊预防工作实现内外部结合贯通，构建廉洁共同体。持续要求员工进行自查自纠及礼品礼金上缴工作，启动入职新员工廉洁培训并签署廉洁制度，同时持续进行合作伙伴廉洁培训。

打击违规。公司通过专项检查、审计等多重举措，发现和处理违反相关法律法规的行为，并在内部进行舞弊案例的通报。建立了内部员工及外部合作伙伴的投诉举报渠道，并制定跟踪处理机制，进一步净化了合作环境。

廉政教育。公司持续加强廉政教育，通过对公司价值观重申、内部廉洁人物事例宣传、廉洁制度学习、相关信息申报、大型廉洁文化宣传活动等，精准地投放和控制宣传教育信息，实现了良好的教育效果。为了深入推进公司廉洁风气向各业务部门延伸，公司针对各部门敏感岗位人员组织开展了一系列廉洁培训活动，为筑牢廉洁防线提供了有力保障。

二、保护知识产权，助力创新发展

调研发现，2020 年民营企业持续推进知识产权强国建设，有效提升知识产权创造质量、运用效益、保护效果、管理水平和服务能力，为经济社会发展提供了有力支撑。

知识产权保护环境不断优化。2020 年，我国修改出台知识产权相关法律法规四部（见表 9-1），发布知识产权保护相关司法解释六个，出台实施知识产权保护相关政策文件 20 余个，发布知识产权保护相关国家标准两个。这一系列政策法规推动我国知识产权保护工作不断向前发展。

表 9-1 2020 年知识产权相关法律法规制定情况

序号	类型	名称
1	新修改	《中华人民共和国专利法》
		《中华人民共和国著作权法》
		《中华人民共和国刑法修正案（十一）》
		《行政执法机关移送涉嫌犯罪案件的规定》
2	修改中	《中华人民共和国专利法实施细则》
		《中华人民共和国植物新品种保护条例》
3	修改研究	《中华人民共和国商标法》

同时，各相关部门拓展工作思路，深化改革创新，持续健全、优化知识产权保护工作机制，提高知识产权保护工作的能力和水平。组建了知识产权检察办公室，统筹加强检察机关知识产权保护制度设计和研究指导，加强知识产权全方位综合性司法保护。通过开展知识产权保护检查考核和评价，督促各项政策措施落地见效，优化完善中国营商环境评价体系知识产权指标，突出知识产权保护。加大快速协同保护机构布局力度，截至 2020 年底，全国共建设知识产权保护中心 40 家，快速维权中心 22 家。例如通威集团为强化知识产权法律保护，积极参加四川省知识产权服务促进中心组织的

"专利信息检索与分析"培训和市知识产权促进中心组织的"知识产权工作培训会"，同时内部积极展开知识产权宣传培训。

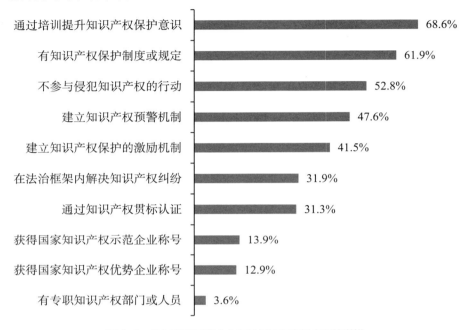

图 9-3 参与调研民营企业在保护知识产权方面的举措

数据来源：2020 年度全国工商联民营企业社会责任调查问卷

企业知识产权保护意识进一步提高。知识产权保护是遵守市场经济秩序的应有之义，是维护行业公平竞争环境的重要内容。在参与调研的企业中，共有 18084 家企业在尊重和保护知识产权方面采取了措施，占所有参与调研企业的 90.5%，较 2019 年度提高 7 个百分点。这些措施多以产权保护方面的制度制定和意识提升为主，其中有 68.6% 的企业通过培训、讲座等措施提升员工知识产权保护意识；另有 61.9% 的企业通过制定知识产权保护的制度或规定，保护自身在知识产权方面的利益；52.8% 的企业表示不参与侵犯知识产权的行动，包括滥用、假冒和盗版（见图 9-3）；除此之外，建立预警机制，在发现自身可能存在侵犯知识产权行为时及时纠正，以及建立知识产权保护的激励机制，这两种措施也是企业进行知识产权保护的主要方式。

【案例】江苏东浦管桩：知识产权护航企业发展

江苏东浦管桩有限公司是国内较大的专门从事预应力混凝土管桩、建筑工业化产品生产及施工、地基基础施工、水利水工市政制品生产及施工的专业公司。东浦管桩采取一系列措施加强知识产权工作。

任命知识产权总监，负责制定公司的知识产权战略规划及知识产权实施计划。编制知识产权四字歌、《企业知识产权 100 问》等宣传作品，把知识产权意识渗透到每一个职工中。加大知识产权工作力度，申报各类专利160 余件（国际专利 3 件），申报商标 4 件（国际商标 1 件）。

东浦管桩拥有江苏省知识产权骨干人才 1 人，专利工程师 7 人，内审员 3 人。获得江苏省知识产权贯标优秀企业、江苏省知识产权战略推进企业、国家知识产权优势和示范企业称号。

三、打造责任价值链，实现共享多赢

自中美贸易争端发酵以来，逆全球化、供应链重构、产业链回流趋势显现，2020 年新冠肺炎疫情进一步加快了世界产业链供应链转变格局的形成。变局面前，部分民营企业加速产业链的调整和重塑，培育全球产业链供应链竞争新优势，维护产业链供应链安全稳定，进一步助力畅通国内大循环，促进国内国际双循环。

供应链管理水平日益提升。在参与调研的企业中，有 18245 家企业已经在供应链管理方面采取了措施，占比达到 91.3%。调研数据显示，有 77.6% 的企业表示会公开采购信息，诚信履约，这表明供应链的透明度依然是民营企业在履行相关社会责任时最重视的问题；62.7% 的企业将道德、环境、用工等相关社会责任要求纳入采购合同，另有 59.2% 的企业通过保持、增加订单或提供长期合同的方式鼓励供应商积极履行社会责任，对合作伙伴进行约束、激励对于强化供应链管理也十分重要；除此之外，民营企业在履行供应链责任时还会充分发挥自身的辐射带动作用，59.0% 的企业会通过审核、培训、辅导等活动提高供应商的社会责任水平，39.6% 的企业会与其他企业分享自己在供应链管理方面的经验，为行业内供应链社会责任水平的提高作出贡献（见图 9-4）。

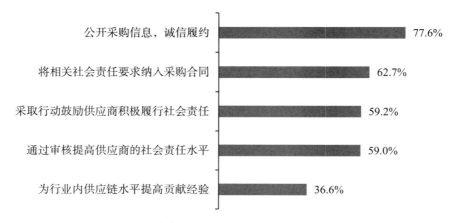

图 9-4　参与调研民营企业在供应链管理方面的举措

数据来源：2020 年度全国工商联民营企业社会责任调查问卷

总体来看，民营企业越来越重视自身在供应链管理方面的责任履行，不仅加强了自身在供应链管理中的作用，也更愿意为带动整个行业供应链水平的提高作出贡献。

供应链数字化转型重塑责任竞争力。在数字经济时代，和其他行业一样，新兴的供应链商业模式正从管道转移到数字平台。如京东集团已经将公司战略定位更新为"以供应链为基础的技术与服务企业"。京东通过与上下游流程的高效协同，在规模化采购基础上，协同上游厂商降低产品成本，将新品上市周期缩短，通过链条的效率优化，降低产品成本。除了商品供应链的数智化，面向消费者的营销、交易、物流、收购等环节，也通过京东数智化提升效率。通过大数据和 AI 技术，京东以数智化进行用户营销与运营，管理用户生命周期，一年新增一亿多用户。此外，AI 技术还打造智能情感客服，在"导购""客服""售后"等身份之间切换，在"双 11"期间高效服务消费者超 8000 万次。

【案例】大运九州集团：全面优化供应链，实现整体共赢

大运九州集团有限公司结合市场、行业特点，从整体上对供应链进行优化，提升供应质量，维护合作伙伴的相关利益，提高生产工作效率，从供应价值链角度出发，提升自身责任竞争力。

建立科学有效的供应管理制度体系。针对该集团车型多元化、市场更新换代快的特点，集团决策层不断从优化供应管理体系、整合集团供应资源角度出发，始终以"选择行业知名、国内一流配套件"为开发目标，坚持"质量、供货、服务、价格"选择顺序，制定了完善的采购管理政策及制度，从供应商的选择与评价、采购交付的管理以及供应商绩效评价等方面对采购业务的各个主要相关环节进行了规范和控制，在持续降低质量成本的同时，提高了整车交付速度，大幅提升了用户整体满意度。

加强供应商体系建设，打造高效、稳定的供应商队伍。第一，继续做好供应商的分类评估，提高供应体系的有效性；第二，规范供应商的投诉、抱怨等诉求管理，体现相互尊重、积极沟通的合作态度；第三，及时对"三包"索赔过高的供应商申请部分费用减免，以维护供应商利益，稳定供应商队伍，逐步发展了一大批守规矩、讲信誉、能与企业患难与共的铁杆供应商，实现了企业与合作伙伴的共赢。

10
民营企业保障消费者权益调研报告

摘　要： 消费者是企业重要的利益相关方之一。有效维护消费者权益，提升消费体验，是民营企业的重要履责内容。本章主要对民营企业在消费者的基本权益保护、隐私保护、绿色消费、新型消费等方面的情况进行探究，以展现民营企业在消费者权益保护方面的情况。

关键词： 基本权益　信息保护　绿色消费　新型经济

消费是拉动我国经济增长的主要动力。近年来，国家先后出台《中共中央国务院关于完善促进消费体制机制进一步激发居民消费潜力的若干意见》《完善促进消费体制机制实施方案（2018—2020年）》《关于开展放心消费创建活动，营造安全放心消费环境的指导意见》等一系列政策举措，着力改善消费环境，持续释放消费潜力。民营企业作为市场的重要主体之一，面对消费市场、消费结构、消费人群和消费方式均发生重大变革的形势，在维护消费者合法权益，提振消费者信心，促进国内外双循环等方面作出了积极的探索和有益的贡献。

一、基础责任良好，过程管理有序推进

2020年，新冠肺炎疫情肆虐。尽管面临消费市场受到冲击、消费群体低迷的困难和挑战，民营企业在保障消费者权益方面依然保持相对稳定的状态，并在产品定制、缺陷产品召回方面取得了显著进展。

稳中有进，权益保护整体状况良好。中国消费者协会发布的《2020年100个城市消费者满意度测评报告》指出，2020年度城市消费者满意度总体水平良好，消费者满意度综合得分为79.32分，相比于上年度提升2.3分。这从侧面证明在民生市场化领域、竞争性领域发挥主导和主体作用的民营经济发挥的作用。调研数据显示，民营企业在产品前期宣传、中期生产、后期销售环节都进行了严格的制度管理。有七成以上企业表示无夸大、虚假、误导性宣传等行为；五成以上企业建立了完善的售后服务体系；还有四成以上企业开展了满意度调查并实施客户关系管理（见图10-1）。完善的管理体系在保护消费者基本权益、满足消费者需求上发挥了稳定消费者信心，满足消费者需求的基础作用。

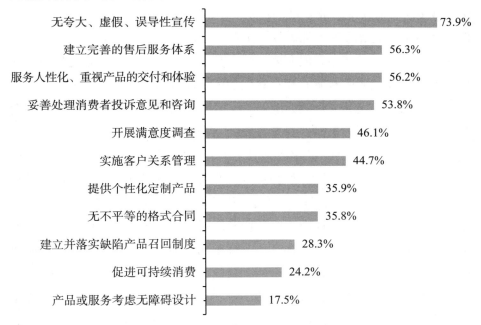

图 10-1　参与调研民营企业在消费者权益保障方面的情况

数据来源：2020年度全国工商联民营企业社会责任调查问卷

【案例】北京曲一线图书：打击盗版市场，维护消费者权益

北京曲一线图书策划有限公司是一家从事中小学助学读物策划与发行、教育研究和教学内容资源开发的企业。面对《五年高考三年模拟》教辅读物盗版猖獗，严重危害消费者利益的情况，曲一线投入大量人力、物力，聘请专业律师，成立专项维权小组，配合相关部门，对多地的盗版窝点、销售盗版图书的书店进行了持续打击，在山东梁山、河南新乡、河北辛集等地破获了"9·19""9·03""9·14"等特大盗版案。其中，山东梁山"9·19"盗版案被全国"扫黄打非"办公室列为当年的出版第一大案。2020年，曲一线联合多家律师事务所，对线上销售盗版图书的网店进行调查取证，通过律师函、诉讼等多种方式，总计处理线上侵权盗版书店200余家。

产品召回，领域与意愿双提升。缺陷产品召回是产品安全监管严守底线的基础性工作。作为后市场监管的重要手段，消费品召回在改善产品质量，减少因产品缺陷而带来的安全事故，维护公共安全、消费者权益，推动经济高质量发展等方面发挥着越来越重要的作用。调研数据显示，有5652家民营企业建立了产品召回制度。从产品召回领域来看，由之前的消费者反映突出的领域转向对所有存在缺陷的消费品领域。从汽车、家电等重点产品扩展到儿童用品、食品、电器、文教体育用品、家用日用品等多个消费品种类，有效维护了消费者权益和公众安全。从召回的意愿来看，民营企业更为积极主动。如广州名涛文具有限公司共实施召回一次，召回了255万余个修正带和文具笔，成为2020年召回数量最多的生产者。因产品没有按照T/TCDZ 0001–2019《电动自行车用蓄电池充电器》标准要求，存在标志标识不符合上述团体标准，对消费者使用存在安全隐患等原因，天长市荣达电子有限公司召回了多款电动自行车充电器，共实施召回五次，涉及产品100余万件，成为2020年召回次数最多、召回数量第二的生产者。

政企合作，探索产品召回模式。高效的产品召回能够有效提高消费品召回的效率，及时挽回企业的声誉。上海市民营企业与政府合作，开通"消费品召回直通车"，探索消费品召回新模式。2020年10月，上海宜家、红星美凯龙、拼多多等11家企业正式成为首批上海市"消费品召回直通车"企业。企业开通"消费品召回直通车"后，监管部门在启动缺陷产品调查之前，将在第一时间告知相关企业，要求相关企业同步自查。同时，监管部门能在第一时间得到相关企业的调查资料，避免拖延时间，推进缺陷产品尽快启动召回。

目前来看，缺陷产品召回制度仍处于初步阶段，尚未形成共识。产品召回上还处于以政府主导、企业参与的阶段，需要民营企业加强对产品召回的认识，建立更为完善的内部召回制度。

【案例】通源汽车集团：打造通源汽车文化广场，提升消费体验

贵州通源汽车集团有限公司是我国西部最大的汽车经销商集团。29 年来，通源汽车集团始终秉承"客户第一"的经营理念，全力打造了"通源汽车文化广场"商业模式。通源汽车文化广场是集世界顶级汽车品牌体验中心、汽车博览中心、五星级酒店、专业赛车场、汽车文化主题公园于一体的汽车文化商圈，致力于为客户提供全新的汽车消费体验。首家通源汽车文化广场于 2008 年在贵阳观山湖区落户开业，在 2018 年被正式授牌为"通源汽车主题公园"，2021 年挂牌"通源•观山湖区汽车乐园"，成为国家 AAA 级旅游景区。通源汽车文化广场相继在遵义、成都、深圳、杭州等地成功运营，已成为国际汽车零售行业的标杆和知名品牌。

为让客户享受便捷、安全、舒适的出行体验，通源汽车集团坚持以客户满意为导向，致力于为客户提供专业化、个性化和国际化的贴心服务，首创"TORO 车主家"通源服务品牌，设立"96060 呼叫中心"，为百万客户提供 7×24 小时星级服务体验。

二、信息保护缺失，收集与运用成难题

随着信息化与经济社会持续深入融合，个人信息保护已成为民众最关心、最直接、最现实的利益问题之一。信息安全成为消费者权益保护的重灾区，类似的个人信息泄露事件频繁发生。

民营企业在消费者信息保护上采取了严格的措施，但在消费者信息的收集和使用上存在较为突出的问题。民营企业在消费者信息保护上呈现出以下特征，一是保护力度有所下降；二是新老问题叠加出现；三是以政府为主导，企业被动履责。

保护力度下降，信息保护两极分化严重。调研数据显示，与 2019 年相比，民营企业在消费者信息保护上各项指标均有下降。信息保护呈现两极

分化，在消费者信息收集和保护上采取了严格的措施，但在消费者信息的收集和使用上存在较为突出的问题。有五成以上企业能做到合法获取消费者的信息，并将消费者信息纳入企业内控体系；但是仅有 24.4% 和 34.3% 的企业能够做到明示信息收集的目的和限制消费者对信息的批量查询（见图10-2）。这一差距反映出一些民营企业过度收集、滥用消费者信息谋取自身利益的现实问题。

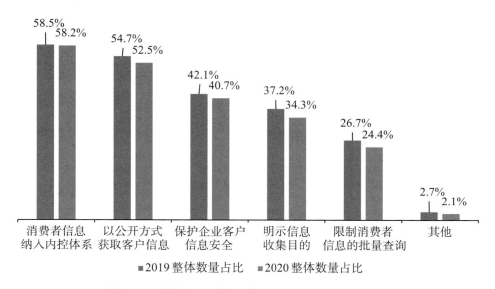

图 10-2　参与调研民营企业在保护消费者信息方面的情况

数据来源：2020 年度全国工商联民营企业社会责任调查问卷

新老问题叠加，信息保护面临新挑战。长期以来，信息保护问题一直是消费者权益保护的痛点之一，伴随着疫情的发展，2020 年信息保护老问题并未减少，新问题却不断涌现。首先是信息泄露、信息过度收集、违规使用个人信息的老问题未得到有效治理。这为网络诈骗、信息骚扰等埋下了巨大隐患。尤其是涉及海量用户信息的医疗、网购、房地产、教育等领域成为个人信息泄露的高发区。其次，伴随智能设备的普及，面部识别技术在各类生活场景中得到应用，"人脸"信息泄露的风险不断增加。一些民营企业呈现出重发展轻安全、重建设轻防护的特点。按照《中华人民共和国网络安全法》的相关规定，数据谁采集谁负责，但现在能做到的企业不多。2020 年 4 月，因存在涉嫌侵犯用户隐私的不合规行为，20 多款生鲜外卖、医疗和在线教育类移动应用被国家计算机病毒应急处理中心点名通报，并进行下架整改。

龙头企业自觉约束，强化行业自律能力。在 2020 年全国移动客户端个人信息保护监管会上，苏宁易购张近东、蚂蚁金服胡晓明、爱奇艺龚宇、360 周鸿祎、小米王翔、新浪王高飞、快手宿华、哔哩哔哩陈睿、百度梁志祥等多家互联网企业代表主要负责人向社会作出公开郑重承诺，将严格落实侵犯用户权益各项整治工作，保障用户合法权益。

从总的履责情况来看，民营企业在消费者信息保护上整体表现较差。企业注重经济效益，忽视对消费者的信息保护。随着数字化的到来，信息与商业利益之间的关系更加紧密，消费者信息将成为企业履行社会责任的重要议题之一。

三、绿色消费凸显，产品与意识双提升

2020 年 3 月，中共中央办公厅、国务院办公厅印发《关于构建现代环境治理体系的指导意见》，引导公民自觉履行环境保护责任，践行绿色生活方式，倡导绿色出行、绿色消费。这就要求民营企业必须结合自身实际情况来发展绿色消费，改变消费者的消费观念，形成绿色、环保消费模式。

主动宣传，提升绿色消费意识。自觉主动地宣传绿色消费理念，既是企业转型升级的需要，也是部分行业发展的共识。一方面，民营企业积极参与行业的公众宣传与教育活动，开展绿色营销与传播，利用线上线下渠道引导消费者建立消费与环境影响的认知和认同感，带动消费者的负责任消费行为转变。另一方面，民营企业积极创新可持续经营实践，这些创新既丰富了消费者教育活动的体验感，也渗透到企业日常的经营活动中，成为民营企业践行社会责任的必选项。比如，国美电器联手海尔、格力、美的等知名优质品牌，引导消费者购买节能环保商品，共同推行一、二级能效产品，从生产到零售树立节能行业标准。顺丰积极与政府部门及高校合作，利用自身优势，举办绿色包装大赛，提升社会绿色环保意识。

加速渗透，多领域参与绿色消费。绿色消费已渗透到企业经营、生产和营销各个环节，从生态有机食品向绿色家电、绿色建材等有利于节约资

源、改善环境的商品和服务拓展，商品包装从奢华过度包装向方便简洁包装转变，民营企业加快探寻绿色消费路径（见表 10-1）。

表 10-1　部分民营企业引导绿色消费案例

参与类型	案例
智慧共享，引导消费者低碳出行	南京领行科技股份有限公司打造的智慧出行生态平台"T3 出行"运营车辆以新能源汽车为主，去年平台总计减少碳排放量近 19 万吨。
绿色包装，解决快递包装难题	为破解快递垃圾回收难题，苏宁物流"青城计划"大力推进绿色包装，通过减宽胶带、普及电子面单、循环使用快递盒与保温箱等方式，进一步减少快递包装的浪费与污染。
循环利用，促进二手产品再利用	万物新生集团建立了一套完备的质检分级标准和科学的估价体系，能有效解决二手信息家电产品标准化的问题。2020 年，集团电子产品处置量超 2700 万台，年支付成交金额超 255 亿元，估值超 27 亿美元。

数据来源：2020 年度全国工商联民营企业社会责任调查问卷

产品开发，助力绿色消费升级。通过产品开发并将其运用到生产生活的实践中，已经成为一些企业的战略发展方向。2020 年 3 月，国家发改委等 23 个部委联合印发的《关于促进消费扩容提质，加快形成强大国内市场的实施意见》中指出，"鼓励使用绿色智能产品，以绿色产品供给、绿色公交设施建设、节能环保建筑以及相关技术创新等为重点推进绿色消费"。2020 年，阿里巴巴发力数字基建，向全社会开放即插即用的数字化能力。阿里云协助开发的攀钢"钢铁大脑"，每年可节省 1700 万元炼钢成本；阿里云协助垃圾焚烧发电企业瀚蓝环境提升了 23% 的燃烧稳定性；钉钉的无纸化办公已累计减少碳排放 1100 万吨。四川德杉浩睿科技有限责任公司专注于再生资源及智慧垃圾分类，公司研发的智能垃圾分类设备已实现二维码、手机号码、人脸识别、IC 卡等多种登录方式，方便各年龄层次人群的使用。

随着越来越多的企业参与到绿色消费中，阻碍消费者消费的因素也不断显现。《2020 中国可持续消费报告》显示，绿色产品有限、购买渠道不畅和缺乏销售人员的指引成为重要的选购阻碍。因此，民营企业需要发展多样的产品，拓展产品发布的渠道，加强销售人员的培训，减少消费者的阻碍，提升消费者的购买能力。

【案例】海太欧林集团：尽善尽美，绿色创新

海太欧林集团有限公司以"同心同德、尽善尽美"作为企业核心理念，以"创造美好办公生活"作为企业使命，把绿色、环保、创新、科技作为企业文化的重要组成部分，把绿色环保、健康安全作为企业生产经营和产品品质管理的基本准则，大力推行绿色制造和绿色产品，为全球客户提供绿色办公家具产品和绿色办公空间，并以此把绿色发展理念传播到"一带一路"国家。

在推动绿色生产、绿色发展的道路上，海太欧林集团不仅严格要求自觉，不断创新绿色智能生产工艺，发挥绿色制造、可持续发展的带头作用，还积极为行业绿色创新经验，践行企业社会责任。

海太欧林集团始终践行低碳环保理念，贯彻绿色发展路线，努力打造成为绿色制造领军企业，先后通过 ISO9001-2000 质量管理体系认证、ISO14001 环境管理体系认证、OHSAS18000 职业健康安全管理体系认证、CQC 职业健康安全管理体系认证、GREENGUARD 绿色卫士认证，还通过了"绿色之星产品认证""中国环境标志（十环）认证""中国环保型家具认证""中国绿色供应链五星评价认证""FSC 森林认证""家具中有害物质限量认证"等认证，并获得了"清洁生产单位""中国绿色选择""2019 环境社会责任企业""中国绿色环保推广产品""中国办公家具十大绿色品牌"等荣誉。

四、新业态经济加速，新型消费渐成趋势

新冠肺炎疫情加速了传统线下消费的在线化进程，凸显了新业态、新模式在保障居民日常生活需要、推动国内消费恢复和促进经济稳步回升中的重要作用。民营企业也加快适应消费者的需求变化，以数字化思维重构生产、销售与服务的逻辑和链条，通过数字化与技术创新变革消费形态、优化供应链、拓展消费领域，不断满足人民日益增长的美好生活需要。

制定行业标准，推动业态经济规范发展。面对新业态经济的发展，部分民营企业积极参与行业标准制定，促进行业健康发展。如云账户技术（天津）有限公司响应国务院关于"加快完善新业态标准体系"的号召，以行业担当为己任，在业内首次提出个体经营者八大基本特征，起草和制定共享经济四项省级地方标准。协助天津市发改委、市场监管委、税务局等八部门联合制定的《天津市共享经济综合服务平台管理暂行办法》出台，作为全国首个省级共享经济服务领域的管理办法，在天津先行先试，引领全国共享经济服务领域的规范健康发展，为高质量共享经济服务进入市场提供保障。

打通一小时消费圈，提升消费者体验感。到家服务凭借线上的大流量和配送时效性成为企业发展的重要方向。民营企业通过布局即时配送站，为到家服务提供推动力，特别是通过设置中心仓、前置仓、Mini 店，线下网点的配合，使得消费者可以享受更快的服务。如盒马的半小时送达、京东的极速达、苏宁易购的一小时生活圈、每日优鲜的一小时内生鲜送货到家等。目前，到家服务已经从单一向多元扩散，由之前的以餐饮外卖为主，转变为涵盖生鲜、水果、鲜花、家政、上门维修等更多品类的到家服务。到家服务的快速发展，打通了一小时消费服务圈，为消费者提供了更为便利的消费体验。

加快线上线下融合，满足消费者需求。2020 年，各大品牌商纷纷入驻拼多多等互联网平台。同时基于微信系统的销售也成为强劲增长的新赛道，也有越来越多的品牌直接通过微信系统构建自己的私域，高效完成品牌对消费者的触达和转化。在巨大流量的加持下，越来越多的企业进入直播带货，注重消费者沉浸式的体验。

为了应对消费者在特殊时期对乳制品便利性、时效性、产品品质等越来越高的需求，皇氏集团创新经营方式，多措并举、多管齐下，在营销渠道、营销方式上不断推陈出新，打造从线上到线下"供应链—物流—服务"全渠道融合的新营销模式。皇氏集团还通过积极拓展电商平台、社群营销、vlog、直播带货等时下最潮最热的营销模式，强化拓客渠道，构建体验式场景，开启消费新模式。臻顺科技致力于链接南康上千家线下实体家居门店，打通线上和线下，让部分产品线下体验和网络平台无缝对接，为商家量身搭建专属的、全品类的家居社交新经济电商平台，提供原材料供应、生产制造、渠道营销、订单管理、安装售后等服务。

【案例】永辉超市：与时俱进，创新超市业态

永辉超市股份有限公司自创办以来，始终关注民生，坚持顾客为上帝，不断创新超市业态。永辉超市有红标店、绿标店和 Mini 店，始终以社区作为首要的立足点，把超市开在广大城乡百姓的家门口，为现代城市上班族、家庭主妇提供门对门的便捷服务。为提升物流效率，永辉超市在福建、重庆、安徽、成都、辽宁多地建设或正在规划建立自有物流配送中心，提升消费者体验感，与时创新多元化的智能购物方式。例如，自助付款、人脸识别、扫码购、电子价签、线上购物。同时为方便特殊群体购物，在营业场所出入口、通道、电梯、卫生间、停车场等位置设置坡道及无障碍设施，在电梯上、下端口安排专人提醒顾客注意安全，并对特殊人群（老、弱、病、残、孕）提供必要的帮助，结合商圈交通条件，在相应的门店开通免费购物巴士，积极为顾客提供贴心服务。

11

民营企业支持社区发展调研报告

摘　要： 社区与企业是相互促进、共生共荣的关系。民营企业在推动社区发展，提升社区治理能力的同时，也获得社区在经营和发展上的有力支持。本章主要从民营企业在公益慈善、社区建设、社会事业和社会创新等方面的履责实践，展示民营企业在促进社区发展的作用与成效。

关键词： 公益慈善　社区参与　社会事业　社会创新

社区是社会治理的基本单元，是社会繁荣稳定、国家长治久安的基础。习近平总书记指出，"社会治理的重心必须落到城乡社区，社区服务和管理能力强了，社会治理的基础就实了"。民营企业作为"多元共治"的重要主体，在履行社区责任上呈现出强大的凝聚力、创新力和辐射力，在解决公共议题、推动社区共建共治、助力社会事业发展、促进区域经济和谐发展等方面发挥着重要作用，有力推进了社区治理创新，促进经济社会和谐发展。

一、公益慈善，能力与意愿双提升

公益慈善事业既是实现第三次分配、缩小贫富差距、实现共同富裕、保持社会和谐稳定的有效途径，也是民营企业社会责任的重点实践领域。2020年，中国民营企业的捐赠规模越来越大，捐赠形式越来越多元，关注的领域越来越广泛，逐步从单一走向多元、从小众走向大众、从国内走向国际、从社会救助走向社会治理。

　　慈善捐赠,意愿与能力持续提升。从捐赠领域来看,抢险救灾和医疗增幅明显。调研数据显示,抢险救灾和医疗成为增长幅度最大的两个领域。与 2019 年相比,2020 年民营企业在抢险救灾领域占比增长了 8.8%,在医疗上的投入提高了 5.8%。同时,扶贫、教育、助老依然是民营企业重点捐赠的领域(见图 11-1)。第十一届"中华慈善奖"表彰名单中,73 家民营企业、民营企业家及慈善项目荣列其中,传化集团有限公司、美的控股有限公司、牧原实业集团有限公司等 11 家民营企业同时获得多个奖项(见表 11-1)。

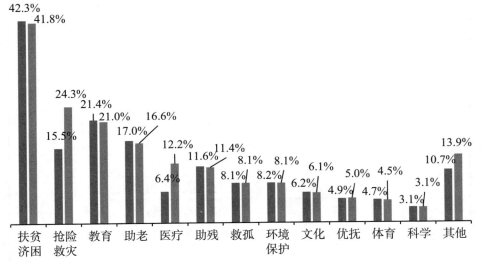

图 11-1　参与调研民营企业捐赠领域

数据来源:2020 年度全国工商联民营企业社会责任调查问卷

表 11-1　第十一届"中华慈善奖"获奖民营企业名单

序号	企业名称
1	西安荣华集团有限公司
2	福建圣农发展股份有限公司
3	新希望集团有限公司
4	香河县城镇房地产综合开发有限公司
5	安徽省南翔贸易(集团)有限公司

续表

序号	企业名称
6	正荣集团有限公司
7	第一投资控股集团有限公司
8	传化集团有限公司
9	美的控股有限公司
10	苏宁控股集团有限公司
11	上海复星高科技（集团）有限公司
12	浙江新湖集团股份有限公司
13	安徽省龙成生态农业有限公司
14	中天金融集团股份有限公司
15	深圳市腾讯计算机系统有限公司
16	爱尔眼科医院集团股份有限公司
17	重庆市迪马实业股份有限公司
18	大连万达集团股份有限公司
19	广东合创城市更新投资发展集团有限公司
20	江苏永钢集团有限公司
21	金科地产集团股份有限公司
22	劲牌有限公司
23	龙湖集团控股有限公司
24	牧原实业集团有限公司
25	融创房地产集团有限公司
26	圣奥集团有限公司
27	万科企业股份有限公司
28	万向三农集团有限公司
29	威高集团有限公司
30	武汉当代科技产业集团股份有限公司
31	新奥集团股份有限公司
32	星河湾集团有限公司
33	雅戈尔集团股份有限公司

序号	企业名称
34	浙江吉利控股集团有限公司
35	中国平安保险（集团）股份有限公司
36	宁夏宝丰集团有限公司
37	临沂三阳置业集团有限公司
38	世纪金源投资集团有限公司
39	湖南鲁商置业有限责任公司
40	上海柘中集团股份有限公司
41	通鼎集团有限公司
42	福建恒安集团有限公司
43	宝龙集团发展有限公司
44	卓尔控股有限公司
45	碧桂园控股有限公司
46	江苏瑞华投资控股集团有限公司
47	玖龙纸业（控股）有限公司
48	厦门永同昌集团有限公司
49	北京煦日康医疗投资有限公司
50	无锡九如城养老产业发展有限公司
51	天风证券股份有限公司
52	泰康人寿保险股份有限公司
53	字节跳动有限公司
54	北京快手科技有限公司
55	波司登羽绒服装有限公司
56	广州和祥贸易有限责任公司
57	广州立白企业集团有限公司
58	黑龙江飞鹤乳业有限公司
59	恒力集团有限公司
60	美的集团股份有限公司
61	内蒙古伊利实业集团股份有限公司

序号	企业名称
62	石家庄君乐宝乳业有限公司
63	天津荣程祥泰投资控股集团有限公司
64	福耀玻璃工业集团股份有限公司
65	泰康保险集团股份有限公司
66	好医生药业集团有限公司
67	小米科技有限责任公司
68	中大控股集团有限公司
69	山东恒信集团有限公司
70	福建省泉州市美岭集团有限公司
71	浙江奥康鞋业股份有限公司
72	修正药业集团股份有限公司
73	深圳海王集团股份有限公司

数据来源：民政部

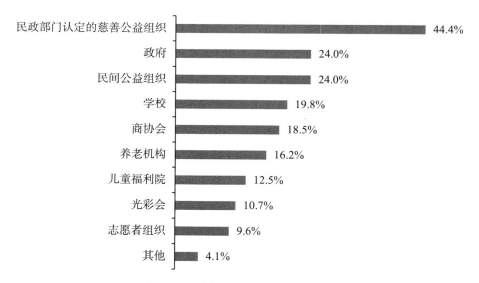

图 11-2　参与调研民营企业捐赠对象

数据来源：2020 年度全国工商联民营企业社会责任调查问卷

从企业捐赠的对象来看，受捐渠道日益多元。调研数据显示，慈善公益组织成为主要的捐赠对象，有 44.4% 的企业捐赠给民政部门认定的慈善公益组织。这与疫情期间，企业响应政府的号召，积极参与疫情捐赠有着极大的关联性。同时，有 24.0% 的企业捐赠给政府和民间公益组织，还有 10% 以上的企业捐赠给学校、商协会、养老机构、儿童福利院、光彩会等部门（见图 11-2）。这说明，民营企业参与捐赠的领域更为多元，关注的议题更多样。

从捐赠的用途来看，民营企业对国家重大战略的响应越来越积极，在深入拓展社会服务事业、巩固长效脱贫机制等方面发挥积极作用。2021 年中国慈善榜上榜民营企业超过 700 家，捐赠资金超过 140 亿元，占比在 60% 以上。大量的捐赠资金被用于疫情防控、脱贫攻坚等项目。

【案例】超群建筑工程公司：用自身专业打造一所可复制的绿色小学

无锡市超群建筑工程有限公司是一家专业针对中大户型、别墅豪宅提供设计及施工、主材选购、材料配送、后期服务于一体的大型装饰企业。公司热衷于教育公益事业，发挥专业特长，援建青海省海东市化隆回族自治县香里胡拉学校。

由于受高寒、高海拔、基础设施薄弱、生态环境脆弱等条件限制，援建香里胡拉学校非常具有挑战性。超群建筑公司总经理施晓峰亲自带队完成从设计定稿到募集资金再到落地完成的全过程，用自身专业优势，打造一所可复制的绿色小学。因地制宜采用太阳能光伏发电，解决了香里胡拉学校能源供应问题，多余电力可以卖给国家电网，所得的经费用于学校的进一步建设。采用深埋于五米非冻土层下的一体化地埋污水处理装置，可直接排放，免于频繁清理。既解决了卫生和安全问题，也保护了三江源头的生态环境。使用空气源空调设备供暖，同时能实现制冷功能，替代了一贯采用的烧煤取暖方式。用专用的防冻抗暴电热带，消除了常年低温下水管遭遇结冰导致断水撑裂的隐患。设置视频交互阅读空间，预留四台电脑供孩子们与外出的父母视频通话，一定程度上缓解留守儿童长期与父母不能见面的情况。

　　员工参与，激励制度激发志愿热情。志愿服务是民营企业参与社会服务的重要方式之一。研究发现，企业志愿者服务带薪休假制已经越来越成为推动企业志愿服务发展的重要方式和力量。一些民营企业通过服务日、志愿服务周、志愿服务月等方式来推动企业志愿服务的发展。调研数据显示，有 23.5% 以上的企业将志愿服务时间算入工作时间，21.6% 的企业建立了带薪公益假制度，16.4% 的企业通过资金配套支持员工参与志愿服务（见图 11-3）。企业内部完善的公益奖惩制度激发了内部员工参与志愿服务的热情，志愿活动的可持续性更强。

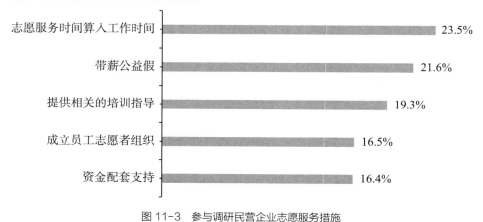

图 11-3　参与调研民营企业志愿服务措施

数据来源：2020 年度全国工商联民营企业社会责任调查问卷

　　志愿精神融入企业文化。民营企业将社会公益理念融入企业文化中，通过志愿服务带领员工走近民众，使企业文化在公益活动中得到升华。如联想集团树立"我们，就是联想"（We Are Lenovo）的企业文化，鼓励员工通过志愿服务回馈社会，希望联想的每个员工都是联想的"品牌大使"。玖龙纸业（天津）有限公司秉承集团"人人公益"的慈善文化理念，号召公司员工广泛参与，公司党员及退伍军人要发挥先锋模范作用，积极加入到爱心帮扶志愿者行列之中。

【案例】灵溪实业：以微笑面对花朵，以公益凝聚力量

　　"为了花朵的微笑"爱心公益团队，是由上海市徐汇区青年商会副会长、上海灵溪实业有限公司董事长林夕爱发起，由上海市优秀青年企业家组成的爱心公益团队。"为了花朵的微笑"爱心公益团队用"只帮助、不打扰"的公益理念和"身体力行"亲赴贫困一线援教、援医、援法，结合当地实际情况和需求组织捐赠物资的公益活动形式，打造出一个与时俱进、有口皆碑的公益品牌。

让扶贫不流于形式，让帮助帮到实处，是这群青年企业家参与扶贫支教的初衷。一年一次的支教活动中，公益团队不仅给山区的孩子们送去新的棉衣和文体用品，还教授他们音乐、美术、体育等课程。2016年，举办了第一届"为了花朵的微笑"公益慈善拍卖活动，并将拍卖所得为甘南州384名孩子购买过冬的衣物。在这次活动中，有500多名企业家参与，部分青年企业家还与当地贫困学生结对帮扶。2019年援助团队向甘南州七所学校资助200多万元，对其中两所学校进行了支教活动。青年企业家们还积极联系上海医疗、教育资源，帮助贫困儿童治疗重大疾病，连续三年邀请甘南州学生来上海学习交流。

这项公益活动从最初13个团队成员变成如今的百余名成员，从援助一所学校增加到五所学校，从援助教育到援助法律、援助医疗并举，共有500余人次参与。在国务院扶贫办和全国工商联主办的第六届中国公益慈善项目交流会上，徐汇区青年企业家"为了花朵的微笑"扶贫支教公益团队，获得"优秀参展机构"称号。

企业基金会，突发事件反应迅捷。公益基金会是民营企业履行公益责任的高度化、专门化机构。2020年，基金会增速放缓，更多的企业将目光转向提升基金会的运作能力。2020年企业基金会凭借更为迅速的反应和专业的能力，在应对国内突发事件上发挥了重要作用。如顺丰公益基金会在2020年对《顺丰公益基金会章程》《顺丰公益基金会志愿者协会管理制度》进行更新修订，增加志愿者协会公益基金激励方案等内容，进一步完善、规范基金会的运作与管理，同时迅速调整工作方向，投身于教育公益、儿童医疗救助与新冠肺炎疫情支援，切实为社会提供最需要的支持。

虽然民营企业基金会发展迅猛，但是仍存在一定不足。一是规模小，真正意义上的大型基金会屈指可数。二是主体意识薄弱，基金会发展依赖企业，缺乏对基金会独立法人的身份认同，参与行业交流、反映行业诉求、凝聚行业共识、争取政策支持的意识和行动普遍不足。

【案例】中南集团：一厘米温暖"文化扶持"公益活动

中南控股集团有限公司是一家综合产值近190亿元的大型集团化企业。中南集团是江苏省首家成立慈善基金会的民营企业，在捐资助学、抗震救灾、扶贫帮困、公益事业等方面已累计捐赠近10亿元，荣获第十届"中华慈善奖""中华慈善突出贡献（单位）奖"等殊荣。

2016年中南集团启动一厘米温暖"文化扶持"公益活动。本项公益活动灵感来源于大部分书籍的厚度约为一厘米，以书籍为载体，关注儿童文化教育，传递文化的温暖，滋润精神世界。项目开展五年来，中南集团陆续在新疆、贵州、云南等地捐助建立了23座"一厘米温暖图书馆"，与40家公益机构合作，足迹遍及334座学校、孤儿院和福利社，举办线下公益活动160余场，公益活动覆盖孩子数量近40万名。2020年10月，江苏中南慈善基金会举办一厘米温暖新疆公益行，给新疆伊犁州伊宁县、喀什地区泽普县13所学校共捐赠了包括"一厘米温暖图书馆"、智能投影仪、打印机等价值45万元的物品。

创新公益项目，解决社会问题。 民营企业在公益慈善领域多年的发展和沉淀，以及移动互联网、大数据、人工智能与慈善工作的深度融合，社会公众对公益慈善的认知、态度和行为变迁，推动民营企业创新公益项目，以新的方式解决社会问题。民营企业在公益项目的设置上，更为关注乡村教育、留守儿童等社会问题和内部员工需求，并将需求和企业资源、业务方向等结合起来，进行了大量实践探索。如海澜之家发起"多一克温暖"公益行动，定制全新羽绒服帮助偏远山区师生温暖过冬；阿里巴巴设立"橙点公益榜"，鼓励员工在日常工作中发现社会需求；绿之韵集团推出"绿跑·她力量"品牌公益活动，将关爱贫困母亲和"两癌"检查等公益主题与健康跑步活动相结合，不断凝聚社会各界爱心力量。

【案例】北京厚普聚益公司：社区赋能，同筑幸福家园

北京厚普聚益科技有限公司"幸福家园"村社互助项目，是一个服务

全国广大社区通过互联网开展慈善活动的平台型慈善项目。"幸福家园"村社互助项目的核心是为社区赋能，主要体现在两个方面。

一是支持社区合法规范募集资金。村社发布项目信息，需要村"两委"成员认领，并投票决策，决定项目是否公开募捐和监督募捐资金的使用，建立议事规则，体现村民自治原则。项目发布后，通过村民转发，发动外出务工者、企业家在线捐赠，定点扶贫企业也可以通过配捐方式支持村社项目建设。所上线的项目既有扶贫项目，也有村社急需服务所辖居民的项目，激发了大家的事共同做的参与热情。

二是协助社区组建志愿服务团队。通过联动社区志愿者资源，组成不同志愿服务组，并将每一个爱心行为进行记录，为以后激励志愿者提供长期服务做好准备。同时，志愿服务是实现个人社会价值，彰显理想信念、爱心善意、责任担当志愿精神的重要途径，对激发社区活力，营造社区公益氛围，增进民生福祉，促进社区文明进步具有积极的推动作用。

项目从机制上协助慈善组织放大引导资金效果，建立上下联动机制，整合社会资源推动发展，建立机构发展生态模式，为慈善组织持续性打造公益生态和传播慈善文化提供重要渠道和平台。同时，通过持续不断地探索"互联网＋慈善"创新性慈善新模式，为社会组织参与"乡村振兴"和"社区治理"建立长效服务机制。

二、社区参与，共建共治初显成效

社区参与既是时代发展的要求，也是民营企业自身经营的战略选择。社区参与已经成为民营企业履行社会责任的重要体现，其重要性和意义日益被企业所认识。

立足差异，社区建设协同推进。城乡社区发展的差异决定了民营企业社区参与的不同方式。在我国城乡二元结构模式下，社区发展分为城市社区和乡村社区两条发展路径，民营企业在社区参与上也存在着明显差异。在城市社区的建设上，企业更多的是完善相应的服务，提供完善的配套设施。在乡村社区的发展上，更为注重基础设施的建设和发展。在乡村社区，云南昆阳磷矿通过适时实施交易性参与战略、桥梁性参与战略和转型性参与战略，有效缓解了与当地汉营村的矛盾关系，降低了企业面影响，实现了可持续发展。新大陆国通星驿公司助力浙江多地实现公交移动支付服务改造升级，完善了"城区—城乡—乡村"三级公交网络，加快了"智慧公交"建设，实现了城乡公交一体化。

在城市社区，百步亭集团十余年践行社区参与，利用企业、居委会和志愿者的互动影响了社区对集团的认知和评价。百步亭集团通过身份合法性、组织嵌入、资源承诺等方式实施深度社区参与，建立适合中国情境的社区治理结构，协助社区组织成长，构建多元参与主体间的多样化合作模式，实现了某种程度的共建共治共享。

【案例】天齐锂业：实施"健康扶贫三大工程"，守护一方百姓健康

天齐锂业股份有限公司是中国和全球领先、以锂为核心的新能源材料企业。四川省遂宁市是天齐锂业的重要根基，也是实施"健康扶贫三大工程"的主战场。2016年，天齐锂业与遂宁市政府联手打造全国首创"联村示范卫生室建设＋村医能力提升＋医疗专家支医"相结合的创新模式，逐步实现贫困群众"平时少生病、看病少花钱、大病有救助、生病不致贫"的目标。

实施"联村示范卫生室建设"工程。天齐锂业选择农村常住人口多、辐射范围广的地方，按照"小乡镇卫生院"的功能定位修建30所"联村示范卫生室"，夯实基层医疗卫生服务网络，配合政府建设医疗卫生公共事业基础设施，缓解基层群众"看病难"问题。全市已有28个"联村示范卫生室"投入使用，覆盖超100多个村落，惠及人口约29.8万人，累计门诊治疗23万余人次，住院治疗0.6万余人次。"联村示范卫生室"开诊后，确保广大村民能就近得到基本医疗和公共卫生服务，让贫困群众"看得起病，看得好病"。

实施"村医能力提升"工程。天齐锂业采取专业理论培训（3天）、实践技能培训（4天）和临床进修学习（7天）等方式对贫困村乡村医生分批开展为期14天的全脱产集中培训，以提高贫困村乡村医生的专业服务能力和管理能力。"村医能力提升"工程组织了约300个贫困村的316名乡村医生开展了为期14天的全脱产集中培训，提升了贫困村乡村医生的医疗技能。

实施"医疗专家支医"工程。天齐锂业从遂宁市的大医院中邀请、聘请、组织医德高尚的医疗专家，每月开展"一对一"（一名专家对一个贫困村）、"人对人"（一名专家对贫困村一名乡村医生）帮扶，让贫困村居民足不出村就能享受到城市大医院、大专家的医疗服务。同时，配合遂宁市政府，参与组织"两高人才"（高职称：副主任医师、主任医师，高学历：硕士、博士研究生）4483人次下乡支医，为基层医疗服务水平提档升质夯实了基础。

精准参与，社区治理更有"温度"。社区参与是企业发展的重要平台。企业在参与社区治理的过程中，更为精准地参与到社区居民的现实生活中，实现互助协作，开启社区治理新局面。民营企业在社区服务上更为关注社区居民的现实需求，尤其是在防范家暴、青少年用眼健康、老年人数字鸿沟、民法典普及等社会热点问题上。宁夏明禛律师事务所，以银川市金凤区反家庭暴力维权中心为平台，免费为妇女儿童提供预防家庭暴力法律政策、心理疏导和家庭法律服务教育等方面的咨询服务。爱尔眼科严格执行《全面加强儿童青少年近视防控工作责任书》，全力协助推进儿童青少年近视防控工作。实地地产联合贝壳公益、vivo共同举办的一场社区公益课堂"我来教您用手机"，让老人们享受移动互联网时代的便利。国信信扬律师事务所组成"社区公益法律服务中心"，安排律师走进30多个社区进行点对点服务，为社区市民、企业提供法律咨询服务，开展法律宣传咨询专场活动，参与调解处理社区矛盾纠纷。

【案例】大牛认知科技：科技赋能法律，助力实现法治中国

重庆大牛认知科技有限公司开发大牛智慧公共法律服务平台，解决律师费贵、维权难和改变老百姓"事前不咨询（法律），事后找政府"的现状，做到矛盾多元化解决，将矛盾解决在萌芽状态，达到法律服务"治未病"、有效降低矛盾的社会效果。

大牛认知科技面对全国法律工作者人数较少、地域分布不均、法律水平参差不齐，无法为广大老百姓提供专业、便捷、普惠、均等法律服务的现状，通过大量顶级人工智能专家和法学专家的深入融合性研究，最终形成了以先进的人工智能类脑算法模型为核心，深入融合知识图谱、语音识别、法律专业域语义识别、大数据智能化分析等技术，搭建出大牛智慧公共法

律服务平台。平台主要包括智能终端（法律服务机器人）、云端处理专业云（大数据中台）和管理端（数字可视化大屏）等。平台通过模拟法官和律师的思维，以多轮语音交互会话的方式，准确查清咨询者所咨询的具体案件的法律事实，并通过大数据、云计算的方式，精准查询、匹配出适用于该案的有关法律依据，同时通过 Newgo-Brian 类脑计算模型，一键生成专业、精准、具有个案指导性的《法律意见书》《民事起诉状》《仲裁申请书》等法律文书。平台可为咨询者提供 7×24 小时的法律服务，可助力司法行政机关对法律咨询、人民调解、法律援助等案件进行精准管理，为政府提供专业化、数字化的决策参考。平台现涵盖法律咨询、法律援助、人民调解、联系律师、法治宣传教育等公共法律服务板块，全链路闭合，可处理千万级以上用户同时在线咨询并精准对接后续业务，满足不同层次的法律服务需求，助力社会治理现代化。

三、社会事业，市场与社会相融合

参与社会事业是企业将自身优势与社会责任相融合的战略选择。习近平总书记在 2020 年 9 月教育文化卫生体育领域专家代表座谈会上强调，党和国家高度重视教育、文化、卫生、体育事业发展，要推动各项社会事业增添新动力、开创新局面。近年来，民营企业参与社会事业的热情不断高涨，意愿不断提升。企业更加自觉主动地利用专业领域的优势，集中参与解决社会问题，在解决社会公共问题中拓展新的市场机会和增长空间。

多点发力，助力社区发展需要。 2020 年，民营企业在教育、医疗、养老、文化等领域中多点发力，其中，教育事业有 3609 家企业参与，成为民营企业参与社会事业的重点领域。此外，民营企业在养老、医疗、居民服务和文化等方面参与比重相对均衡（见图 11-4）。不可忽视的是，旅游和体育成为参与的弱项，仍需要进一步加强。总体来看，调整企业发展布局，投资教育、养老等社会事业，是企业参与社会事业发展的重要方向。

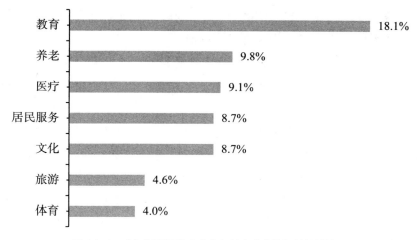

图 11-4　参与调研民营企业参与社会事业的相关领域情况

数据来源：2020 年度全国工商联民营企业社会责任调查问卷

【案例】雅戈尔集团：打造民营非营利性的大型综合医院

雅戈尔集团股份有限公司是全国纺织服装行业龙头企业。雅戈尔集团在宁波海曙区集士港，首期投资近 20 亿元，打造民营非营利性大型综合医院——普济医院，为达人尽心，为大众尽力。

普济医院占地面积 8.16 公顷，总建筑面积 21.9 万平方米，前期床位 1600 张，并设有独立的国际医疗中心，是宁波市迄今投资最大、规模最大的现代化医院。普济医院的建立，健全了当地公共服务配套设施的配置，解决了海曙西片区基层医疗资源不足的问题，为宁波医疗卫生事业注入新的活力。

文化传承，弘扬区域民族文化。文化事业，已成为民营企业参与社会事业的新领域。民营企业通过投资文化产业、开发传统文化资源等方式，将历史转化为现实，推动当地社区文化事业和文化产业的繁荣发展，满足人民的精神文化需求。如玉树市松杰藏族工艺品工贸有限责任公司传承夏勒文化民族绘画及泥塑制作佛像双层工艺，以弘扬民族文化，打造具有康巴特色的艺术品为己任，先后制作完成了西藏著名寺院楚布寺、色拉寺等寺院的泥塑佛像及多康地区觉拉寺等 30 多座寺院的主殿铜塑、泥塑佛像和壁画，公司制作完成的佛像及壁画得到了诸多藏区学者的充分肯定和认可。

【案例】子月苗族文化传播公司：创办民族企业，传承民间技艺

酉阳县子月苗族文化传播有限责任公司是一家集酉阳苗绣、西兰卡普等设计研发、宣传展示、销售于一体的少数民族文化企业，公司旨在挖掘、保护、传承具有酉阳本地特色的苗族、土家族文化，传承、弘扬濒临绝迹的传统民间技艺进行。

自 2007 年起，公司创始人、总经理陈国桃就深入大武陵山的苗寨深处，向苗寨阿婆们学习苗绣及苗画，与她们同吃同住，同时将学到的技艺免费传授给山里的留守妇女。十余年来，公司曾多次代表重庆市民族文化特色企业走进国家民委、文旅部、商务部、中宣部等举办的大型文化交流及展会。2015 年，公司苗绣作品《欢乐图》获得由世界工艺理事会颁发的"国际工艺美术大师作品展"银奖；2016 年，陈国桃作为中国少数民族文化代表参加欧洲巡展，让酉州苗绣走进了意大利米兰国际艺术中心，走进了英国伦敦设计中心，走进了牛津大学艺术学院；2017 年，公司作品《平安扣》《福在眼前》由国家民委选送，被中宣部作为党的十九大"砥砺奋进的五年大型成就展"展出，和来自全国的另外三家企业代表的产品一起作为我国少数民族成果接受国家主席的检阅；2018 年 2 月，陈国桃作为"中德文化大使"参加中德文化交流，作品《万里长城——中德友谊长存》被德国政府永久收藏；在 2020 年 5 月深圳文博会上，公司作为重庆民族文化产业企业代表参展，得到了中宣部部长黄坤明等领导的高度赞扬。

四、社会创新，科技与服务双驱动

将科技运用到社会治理中正在成为企业创新的方向。众多民营企业在传统捐赠模式的基础上，积极探索创新型的公益慈善模式，提升了公益慈善运作质量，实现了慈善事业的提质增效。

公益数字化，解决传统公益痛点。公益数字化是公益组织应时代发展的需要，解决长期以来公益运作的痛点，以科技助力社会问题的解决和社会价值实现的新途径。2020 年，传统公益的痛点正在成为数字化的起点，公益行业数字化发展的浪潮已经到来。近年来，通过民政部指定的 20 家互联网公开募捐信息平台，慈善组织募集的善款每年增长率都在 20% 以上。

2020年募集金额更是达到82亿元，比2019年增长了52%。2019年和2020年，连续两年有超过100亿人次点击、关注和参与了互联网慈善。全年捐赠人次达1.17亿，全年筹款总额达38.49亿元，2020年中国互联网公益进入大年。仅腾讯"99公益日"，2020年互动人次高达18.99亿，募得善款30.44亿元。数字化公益将成为未来发展的重要方向。

跨界融合，科技赋能文化复兴。习近平总书记在党的十九大报告中提出，要"坚定文化自信，推动社会主义文化繁荣兴盛"。近年来，民营企业以大数据为载体，创新文化形式，加强与各地文化的传播和发展。运用新技术、新手段使传统文化获得新的生命与活力。比如，世纪华通旗下子公司盛趣游戏创立文化生态圈品牌"韵文博鉴"，与包括南海博物馆在内的约350家博物馆、千余名非遗大师达成协议，并已完成了三万多件核心文物数字采集。多益网络携手广东省博物馆围绕"海上丝绸之路"主题，开启粤港澳大湾区内首个"博物馆＋游戏"新文创合作，通过文创拟宠化、升级海上丝绸之路玩法、文物形象展示等数字化手段，创新演绎海上丝绸之路元素。腾讯旗下手游与成都武侯祠博物馆达成合作，双方将在学术研究、文化主题活动、新文创合作升级等方面展开深入合作，在新文创战略框架下，通过数字化内容和创新性宣传，共同传承弘扬和创新发展三国文化，打造具有代表性和影响力的专属文化标识。

互联网＋服务，社会服务加速提质。随着人工智能、物联网、云计算、大数据等新一代信息技术的快速发展，"互联网＋"成为持续推动企业参与社会服务的重要因素。民营企业以数字化转型扩大社会服务资源供给，以网络化融合实现社会服务均衡普惠，以智能化创新提高社会服务供给质量。字节跳动推出医疗健康独立品牌"小荷医疗"，打造"幺零贰四"互联网医院与线下诊疗机构品牌"松果门诊"等。江西掌护医疗科技有限公司为解决疫情期间隔离在家的慢性病患者看病问题，发挥"互联网＋"在疫情防控中的科技作用，携手全国范围内近1000名专科医生，为平台逾30万名慢性病患者提供互联网诊疗服务。成都奥北环保科技有限公司采用"互联网＋垃圾分类"模式，帮助用户学习垃圾分类回收知识，进行垃圾分类回收。

总的来看，数字化正在引领慈善事业、文化、社会服务得发展繁荣，是企业未来发展的重要方向。在探索新的发展模式的同时，也需要针对数字化应用产生的新问题进行防范。

【案例】新跃物流：科技赋能平台，强化服务能力

上海新跃物流企业管理有限公司是一家以"中小型物流企业公共服务与管理平台"为基础运营平台，以传统服务与现代服务相结合为发展模型的第四方物流企业。通过对第三方陆运物流企业进行"专业化管理、个性化服务"以提高第三方陆运物流企业绩效的综合性电子商务企业。

"物流汇"是新跃物流打造的物流企业公共服务平台，为企业量身定做出于行业生态链完美结合的物流企业公共服务平台。"物流汇"通过平台把大量小微物流企业的需求打包，而后对接金融、通信、保险、燃油等大型服务供应商的各类产品，从而大幅降低双方的成本，提高双方的便捷度。

新跃物流从 2003 年开始搭建"物流汇"电子商务平台，通过为物流企业提供集成化公共服务和产品，致力于提高物流企业能级，为全国近三万家会员企业提供 70 余项服务和产品，包括工商、税务、社保等政务事务的代办服务，商业保理、银行融资等泛金融服务，以及物流保险、行业征信等各类商务服务。2015 年，新跃公司又先后与常熟、江阴、张家港、南通、昆山等地的企业、政府合作，复制"物流汇"模式。如今，平台已拓展到了新疆喀什、河南濮阳、湖南永州、安徽合肥等地。目前正在喀什营建的呼叫中心，使得新跃集团目光转向"一带一路"，从国内走向国际。新跃物流将"物流汇"的新服务方向定义为，大力帮助企业进行跨国物流服务的培训与流程再造；帮助小微物流企业引进国内外物流人才，承接国外业务，并逐步建立以国际众包为模式的"一带一路"物流业发展智库。

新跃物流先后被工业和信息化部评选为"国家中小企业服务示范平台"，新跃公司被人力资源部评为"物流标准化国家级示范单位"，还连续多次被市经信委评定为上海市电子商务"双推创新服务平台"。

12
民营企业社会责任体系建设调研报告

摘　要： 随着我国社会责任法制化与标准化等约束日趋完善，我国民营企业社会责任实践逐渐步入企业社会责任管理的规范化发展阶段。本文对民营企业责任理念、责任管理、责任能力、责任沟通等方面的进展和特点进行总结，展示民营企业在社会责任治理方面取得的进步。

关键词： 体系构建　责任管理　责任能力　民营企业

社会责任管理是确保企业系统、全面履行社会责任的一系列制度安排与组织建设，是企业实现可持续发展的有效路径。随着企业社会责任实践的深入，民营企业社会责任治理能力得到快速提升。在精神层面上，培育企业责任文化，弘扬新时代企业家精神，打造企业责任竞争力；在制度层面上，将社会责任理念融入企业的发展战略和管理制度，构建企业社会责任管理体系；在行为层面上，明确社会责任管理分工，提供资源支持和保障，逐步提高自身的履责能力。

一、企业社会责任理念深入人心

民营企业以战略目标为导向，以理念引领为前提，以科学管理为支撑，培育以社会责任为导向的企业文化，将责任理念内化于心、外化于行，提升整体社会责任意识，推动企业社会责任实践进一步深入。

"责任文化"是企业文化建设的一个重点。民营企业在责任文化建设方面做了很多有益的探索，从精神、制度、行为等层面入手提升企业社会责任意识。在参与调研民营企业中，有 58.9% 的企业在社会责任管理体系建设方面付诸行动。其中，社会责任理念融入运营管理和活动仍是企业责任体系建设的主要手段，占比 65.1%；企业还通过建立与利益相关方双向沟通的常态机制、培育履行社会责任的文化、跟踪评估社会责任执行效果等方式培育企业社会责任文化，塑造良好的社会责任意识（见图 12-1）。

综合来看，当前民营企业责任文化建设主要从三个方面入手：一是提高认识，加强领导。各级领导及管理者把责任文化建设作为促进发展的重要举措，摆上重要位置，制定工作方案，躬身实践"举力尽责"的价值观，带头履行自身职责，给下属、给员工作出表率。二是强化责任，狠抓落实。企业将责任文化建设纳入党委整体工作，并作为评优评先的重要依据，推进企业文化建设各项工作。三是加强宣传，营造氛围。企业挖掘提炼具有本单位特色的责任理念，加强社会责任方面的学习宣传培训，通过征文、研讨、演讲等形式使责任理念深植员工心中，并逐步转化为自觉行为，形成承担责任光荣的文化氛围。

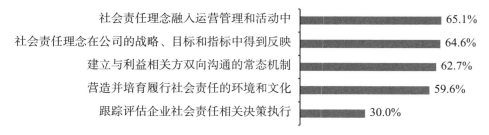

图 12-1　参与调研民营企业社会责任管理体系建设情况

数据来源：2020 年度全国工商联民营企业社会责任调查问卷

【案例】沱牌舍得集团：构建舍得文化四大体系，助推企业高质量发展

四川沱牌舍得集团有限公司是全国十七大"中国名酒"企业之一和川酒"六朵金花"之一。沱牌舍得集团通过构建四大体系，推进社会责任建设，实现健康、可持续发展。

构建环境保护体系，坚持生态优先绿色发展。沱牌舍得集团积极践行

"质量经营和生态化经营相结合"的理念，打造生态酿酒工业园区，开展节能减排清洁生产和再生资源循环利用，着力构建环境友好型、质量效益型和资源节约型企业。

构建食品安全体系，为消费者提供高品质产品。沱牌舍得集团将食品安全贯穿于产前、产中、产后的各个环节，打造了从原粮种植基地建设、自动化生态储粮、生态酿造，到智慧包装全链条的现代生态酿酒产业体系，为消费者提供生态、绿色、健康的高品质产品。

构建社会公益体系，积极回报和反哺社会。沱牌舍得集团长期坚持开展扶贫帮困活动，参与新冠肺炎疫情防控和精准扶贫行动，积极反哺和回报社会。历年来，集团用于助教兴学、修路筑堤、赈灾助残等投入累计超过三亿元。2019年，被四川省人民政府授予第二届四川慈善奖"最具爱心捐赠企业"。

构建员工关爱体系，促进企业和谐健康发展。公司充分尊重和切实维护员工的合法权益，通过开展大龄员工内部退养、同工同酬、全面调薪、成立员工互助基金、购买员工商业保险、股权激励、金秋奖学助学等活动，切实提升员工的幸福感和获得感。

社会责任赋予品牌更多责任内涵。责任品牌将社会责任工作和品牌建设两者合一，有效整合和配置企业资源，实现高效合力，提升品牌价值和责任竞争力。在本次参与调研民营企业中，有1277家企业在社会责任方面有持续开展的品牌项目。这些企业逐步将社会责任融入品牌发展战略中，赋予品牌更多的企业社会责任内涵，并通过媒体报道、广告宣传、产品包装、专题活动等形式植入品牌的营销战略和商业活动中，将企业的社会责任理念、实践与品牌紧密结合起来，有效提升和充实企业的责任品牌形象。

【案例】微创医疗集团：担当社会责任，打造责任品牌

上海微创医疗器械（集团）有限公司是一家创新型高端医疗器械集团，致力于提供能延长和重塑生命的可普惠化真善美方案。微创依托自身优势，开展走出大山看世界、飞燕计划、扶持基层医疗培训项目、中国微创伤医疗健康万里行患者教育活动等一系列社会责任项目。微创从 2014 年起，每年举办"走出大山看世界"微创希望小学夏令营主题活动，邀请贫困地区品学兼优的孩子来到上海，帮助孩子们接触前沿科技，开拓眼界。这些社会责任项目，极大地提升了企业品牌形象和品牌价值，增强了企业品牌知名度、美誉度、满意度、忠诚度。

二、企业社会责任管理规范发展

企业社会责任管理，正在从最初的社会回应，进入规范发展阶段。在此阶段，社会责任战略管理日渐成熟，管理内容更趋广泛和深入，管理实践不断创新。

出台社会责任国家标准，促进企业社会责任管理水平的提高。2020 年12 月 14 日，我国正式发布实施社会责任领域三项国家标准：GB/T 39604—2020《社会责任管理体系要求及使用指南》、GB/T 39626—2020《第三方电子商务交易平台社会责任实施指南》和 GB/T 39653—2020《在管理体系中使用 GB/T 36000》。三项社会责任国家标准的发布，为全面步入社会责任管理阶段的中国企业提供了及时而切实可行的操作方法，也对民营企业在社会责任管理方面提出了更高的要求。

社会责任制度建设受到重视。社会责任发展规划和制度建设为民营企业责任管理体系建设提供了有力保障。在参与调研的民营企业中，有社会责任规划或管理制度的企业有 780 家，社会责任规划或管理制度正在制定中的企业有 6340 家。这预示着，社会责任制度建设将成为民营企业下一步社会责任工作的重点。越来越多的民营企业开始逐步建立社会责任内部推进机制，一些规模较大的民营企业还建立了机构完整、权责明确、运转高效的社会责任组织管理体系，具体包括：依据经营内容确定企业社会责任的核心议题，并据此制定全面的工作规划；以岗位为单元构建员工责任体系和社会责任绩效评价体系，定期对员工、部门、分支机构进行考核，并督促其改进；构建供应链履行社会责任考评制度，监督、引导、鼓励合作伙伴全面履行社会责任；建立危机处理机制和社会责任信息披露机制，接受公众监督，全面提升透明度。通过全面开展社会责任管理，民营企业得以确保各方面的社会责任履行到位，并有效促进了企业的可持续发展。

　　社会责任认证推动责任体系建设。社会责任审核与认证为民营企业责任管理的运用、融入、实践和考核提供了指导。在参与调研的民营企业中，926家企业通过了与企业社会责任相关的审核认证，以认证促提升实现责任体系建设新飞跃（见图12-2）。进行社会责任审核与认证，对企业来说会增加若干优势。一是增强企业综合竞争力，实施社会责任管理体系可提升企业管理能力，改善与员工的关系，有效地吸引人才并使员工发挥出较高的绩效；二是提高企业社会形象，获得产品销售竞争优势；三是优化与客户的关系，建立稳定而持久的交易关系；四是降低责任事故、公共曝光及法律诉讼等情况发生的风险，使潜在的商业风险最小化，比如工伤乃至工亡，法律诉讼或者是失去订单；五是企业通过认证将可以向其客户、竞争对手、供应商、员工和投资方展示其在同行内的领导地位，定期的监督审核将确保企业的信息系统不断地被监督和改善。

单位：家

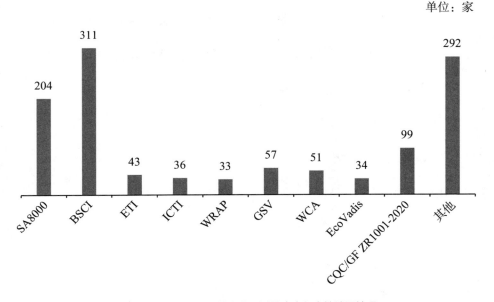

图 12-2　参与调研民营企业通过社会责任审核认证情况

数据来源：2020年度全国工商联民营企业社会责任调查问卷

三、企业社会责任能力持续强化

长期以来，民营企业社会责任能力建设尚处于启蒙跟随阶段，普遍缺少社会责任知识管理、社会责任专项培训和专职人员。可喜的是，这一情况正在得到好转。民营企业已开始尝试通过建立员工社会责任培训体系、定位职责结构，以及对职责范围、工作程序和行为指标进行规定，逐步建立自我学习、持续改进的社会责任能力动态发展机制。

民营企业一把手和主要负责人在社会责任工作中的作用日渐强化。在11772 家填报社会责任工作负责人的调研企业中，40.4% 的企业由董事长直接负责，40.0% 的企业由总经理负责，6.2% 的企业由党组织负责人负责（见图 12-3）。此外，有 56 家民营企业设置了社会责任执行官，这表明民营企业社会责任工作的关键性和影响力正在提升，一部分民营企业开始重视企业的社会责任履行情况，为推动企业更好地履行社会责任做出努力。

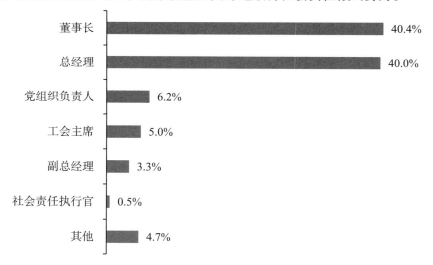

图 12-3　参与调研民营企业社会责任工作负责人分布情况

数据来源：2020 年度全国工商联民营企业社会责任调查问卷

专职部门设置为社会责任工作提供系统保障。本次参与调研民营企业中，有 1836 家企业设立有社会责任专职部门，占比达 9.2%，为社会责任工作提供系统保障（见图 12-4）。此外，有 71.6% 的企业暂无人负责社会责任工作，这表明社会责任工作专业化程度有待提高。民营企业应当将社会责任工作纳入企业战略规划，并设立社会责任专职部门，在专业人员的组织和带动下，开展责任能力培训，组织责任研究，全面提升社会责任能力。

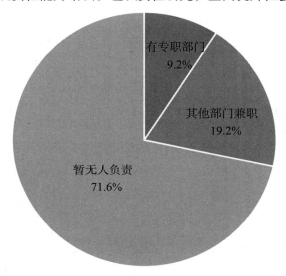

图 12-4　参与调研民营企业社会责任工作负责部门

数据来源：2020 年度全国工商联民营企业社会责任调查问卷

【案例】康弘药业：跟党走、抓治理、履责任

　　成都康弘药业集团股份有限公司是一家致力于生物药、中成药、化学药及医疗器械研发、生产、销售及售后服务的医药集团。长期以来，康弘药业不断完善社会责任管理体系，提升社会贡献率。集团党委书记、董事长、社会责任工作组组长由柯尊洪"一肩挑"，号召全体康弘人"切实履行社会责任，努力做受人尊重的企业"，努力践行员工与企业"共建美好家园、共创辉煌人生、共铸健康人间"的康弘家文化内涵。康弘药业制定了《社会责任管理制度》，为系统推进公司社会责任工作提供有力保障。集团与各部门、各子公司签订《年度社会责任目标责任书》，形成上下联动的社会责任工作体系。集团长期坚持在精准扶贫、捐资助学、抗震救灾、慈善义诊、患者援助以及公益文化传播等方面不断努力，设立了以"朗视界、沐光明"公益基金为核心的系列品牌公益项目，重视利益相关者权益、社会、环境、

资源等方面的保护，用实际行动践行医药企业的社会责任。

四、社会责任信息披露趋于规范

企业社会责任信息披露是指企业向信息使用者披露有关社会责任履行情况信息，如产品安全、员工福利、慈善投入、支持环保等信息。定期发布社会责任报告，已经日益成为民营企业积极与利益相关方沟通的载体和渠道。这对于企业充分阐述社会责任理念、展示社会责任形象、体现社会价值具有重要意义。

民营企业社会责任报告量质齐升。调研数据显示，2020 年参与调研企业中有 838 家企业编制社会责任报告。同时，有 773 家企业表示有意向编制和发布企业社会责任报告。随着我国民营企业越来越重视社会责任信息的披露，越来越多的企业将扩大社会责任报告信息披露范围，提高编制标准，拓展传播平台，我国民营企业社会责任报告量质齐升。

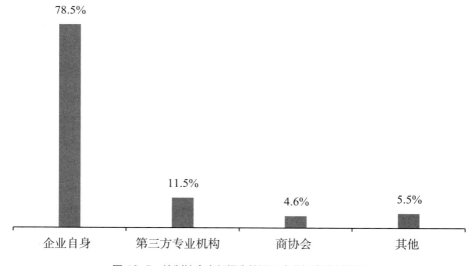

图 12-5　编制社会责任报告的调研企业报告编制单位

数据来源：2020 年度全国工商联民营企业社会责任调查问卷

从报告编制单位来看，企业独立编制社会责任报告占据主流。78.5%的企业选择由自身编制完成社会责任报告，11.5% 的企业寻求第三方专业机构的帮助来编制报告（见图 12-5）。引入第三方专业机构进行指导，也一定程度上表明我国民营企业在社会责任报告编制方面专业化、标准化程度正在加深。

从报告发布平台来看，民营企业社会责任报告传播力持续增强。随着公众对企业社会责任报告关注度的提升，地方政府、研究机构、行业协会、新闻媒体等组织成为企业报告发布的多元平台和渠道，有效扩大了报告传播的影响范围（见图 12-6）。从侧面可以看出，民营企业社会责任沟通更为顺畅，责任信息披露更为透明。

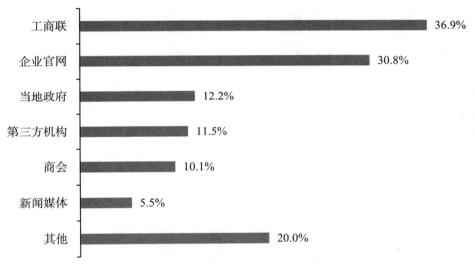

图 12-6　发布社会责任报告的调研企业报告发布平台

数据来源：2020 年度全国工商联民营企业社会责任调查问卷

从报告页数来看，10 页及以下的报告最多，占比达 46.5%；31—50 页、51 页及以上的报告占比分别为 10.8%、11.8%（见图 12-7）。可见，接近半数的民营企业社会责任报告篇幅较短，篇幅较长的企业社会责任报告占比较少，而报告篇幅的长短在一定程度上反映了报告所承载信息的丰富度。从整体来看，我国民营企业社会责任信息披露的全面性有待进一步提升。

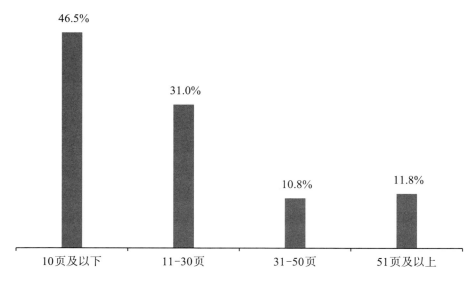

图 12-7　编制社会责任报告的调研企业报告页数

数据来源：2020 年度全国工商联民营企业社会责任调查问卷

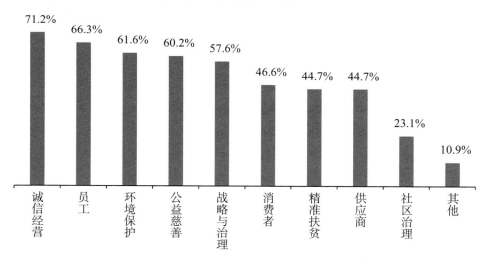

图 12-8　编制社会责任报告的调研企业报告内容

数据来源：2020 年度全国工商联民营企业社会责任调查问卷

民营企业社会责任信息披露有待提高。调研发现，诚信经营、员工、环境保护、公益慈善、战略与治理等基础信息仍是披露重点，达到五成以上；此外，对于消费者、精准扶贫、供应商方面也是民营企业热衷于披露的内容（见图 12-8）。相对而言，民营企业对于社区治理内容的披露较少，究其原因，应是企业对于社区治理方面的社会责任理解不够到位，或者说还没有意识到参与社区建设与发展是履行社会责任的重要途径。因此，企业应注重与周边社区的沟通和交流，积极参与社区治理，并注重在社会责任报告中对社区治理内容的披露。

【案例】金域医学：连续四年发布社会责任报告

广州金域医学检验集团股份有限公司是一家以医学检验及病理诊断业务为核心的高科技服务企业，也是中国第三方医学检验行业的开创者。

金域医学自 2018 年发布首份第三方医检行业社会责任报告《使命》以来，已连续四年定期披露在医疗普惠、医检创新、公司治理、绿色环保、脱贫攻坚等方面的实践和绩效。先后获得"中国上市公司社会责任奖""年度公益创新奖""年度优秀企业公民""最具社会责任上市公司""中国企业公民责任品牌 50 强"等奖项。2020 年，金域首次被纳入 MSCI ESG 评级，获评 BBB 级，为国内第三方医检行业的最高水平。

区　域　篇

Regional Reports

13

上海市民营企业社会责任报告（2021）

摘　要：报告展示了上海市民营企业积极履行社会责任，以企业发展反哺社会进步，主动回应社会关切，助力解决社会问题，推动实现经济、社会、环境综合价值最大化，逐步从"商业向善"迈向"商业竞善"的新阶段。

关键词：民营企业　社会责任　上海市

一、健康发展，绘就责任画卷

（一）实干笃行，夯实责任基础

2020年，上海市全年民营经济实现增加值达11103.31亿元，已连续两年突破一万亿元大关，经济总量较2019年增长1.0%，增速较上半年提高4.1个百分点。民营经济增加值在全市生产总值中的比重为28.7%，较上半年提高0.3个百分点，为全市经济发展做出重要贡献。2020年，上海市民营经济完成税收收入4777.70亿元。其中，非国有控股企业上缴税收同比由增转降，降幅为 10.6%，私营企业、个体经营户上缴税收保持增长，增幅分别为 3.2% 和 10.0%。

在新增市场主体方面，疫情后上海市大众创业、万众创新的势头不减反增，全年新设民营市场主体共 46.03 万户（见图 13-1），月均达到 3.84 万户，同比增长 11.3%，增速较 2019 年提高 3.4 个百分点；新设民营市场主体占全市新设市场主体比重为 96.5%，较 2019 年提高 0.6 个百分点。

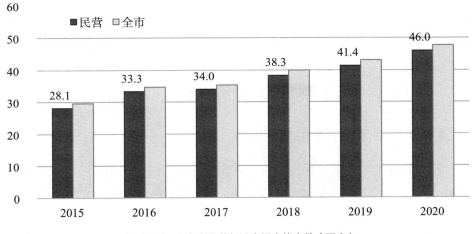

图 13-1 上海市民营新设市场主体户数（万户）

在促进和稳定就业方面，全市参与调研民营企业无恶意裁员、减薪等损害劳动者权益行为占比 66.7%，优先考虑为本地人员创造就业岗位占比 65.1%。在企业品牌发展情况方面，全市参与调研的民营企业注册和使用自主商标占比 50.8%，制定品牌战略与发展规划占比 47.2%。另外，无论是设置品牌管理职能部门，还是开展品牌创建培训和诊断活动等占比都相对较低。

（二）创新驱动，积聚发展动能

调研数据显示，在全市参与调研的民营企业中，研发投入占企业总收入 5% 以上的占比 23.6%，研发投入占企业总收入 3%—5% 的占比 22.1%。其中，在企业研发机构组建形式中，企业自建研发机构占比 85.4%，参与新材料核心技术攻关的占比 40.4%。在创新平台建设方面，企业技术中心占比 71.7%。

（三）对外开放，铸就责任高地

调研数据显示，在参与"一带一路"建设的主要形式中，全市参与调研民营企业产品或服务贸易占比最高为 58.3%；其次是对外投资办厂、工程项目承包、进行海外并购等。在海外履行社会责任实践方面，遵守东道国法律法规、市场规则、劳工政策占比高达 87.4%；了解利益相关方的期望和诉求，加强和利益相关方沟通占比 65.8%；尊重东道国文化和宗教信仰影响占比 61.3.%；实施属地化经营，优先本地化采购和用工占比 45.0%；注重当地生态环境保护与治理占比 44.1.%。

二、以人为本，构建和谐劳动关系

（一）依法尽责，维护员工权益

整体来看，参与调研的民营企业正积极构建和谐劳动关系，但是仍然有部分企业在用工规范管理方面存在不足。调研数据显示，2020 年上海市参与调研的民营企业劳动合同签订率和员工参保率呈现平稳增长态势。其中，劳动合同签订率为 98.2%，较上年增加 1 个百分点；员工参保率为 93.9%，较上年增加 0.5 个百分点（见图 13-2），劳动关系双方合法权益得到有效维护。

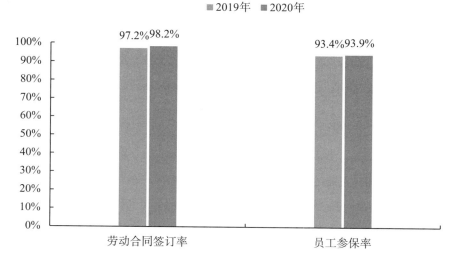

图 13-2　被调研民营企业 2019—2020 年劳动合同签订率及员工参保率

2020 年在新冠肺炎疫情的影响下，企业的生产经营普遍受到了一定的影响，部分企业营收减少，现金流短缺。然而，在工资支付方面，全市参与调研的民营企业 92.3％仍然做到按时发放工资，尽量稳定员工队伍；在支付加班工资方面，参与调研的民营企业 68％可以足额支付；72.3％的企业落实了带薪休假制度，保障职工休息休假权益，其他福利措施涉及面广，体现了对人文关怀的重视。

（二）组织建设，成就员工价值

调研数据显示，在民主管理方面，全市参与调研的民营企业 83.2％的有所行动，其中有 67.2％的企业建立了工会组织或职工代表大会，为员工办实事、解难题，保障员工权益。有 54.1％的企业建立了内部沟通申诉渠道（见图 13-3），实行民主化管理，听取员工意见

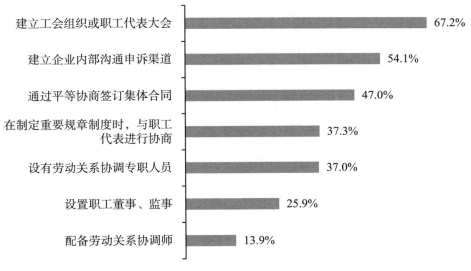

图 13-3　被调研民营企业推进民主管理情况

（三）坚守底线，关注员工健康

伴随着健康上海行动的稳步推进，上海市民营企业在保护员工健康与安全方面采取了多种措施。其中，为帮助员工全面了解自身健康状况，创建和谐、健康的工作环境，有 71.2％的企业定期安排员工进行健康体检，有

65.1%的企业为员工提供了劳动保护设施或劳动保护用品，有44.5%的企业为孕产妇等特殊群体职工采取了相关保护措施。

三、矢志绿色，共绘美丽家园

（一）强化环保理念，加强制度建设

上海市广大民营企业从思想到行动，充分体现了对环境责任的高度重视。调研数据显示，在全市参与调研的民营企业中，71.9%的企业认为企业应该履行环境保护责任。其中，45.1%的企业建立了环保培训制度，以此增强员工的环保意识和环保责任感；43.3%的企业建立了环境事件应急机制，进一步提高企业环保管理水平（见图13-4）。

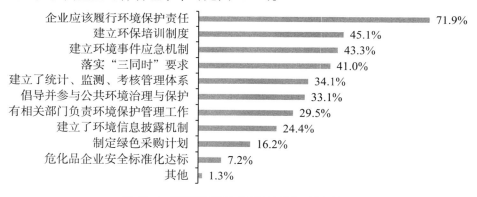

图 13-4　被调研民营企业环境管理体系建设情况

（二）注重污染防治，发展循环经济

第二产业类企业是传统环境污染大户。调研数据显示，全市参与调研的第二产业类民营企业中，在加强生产控制，从源头削减污染排放方面，57.9%的企业积极采用节能、环保原材料，54.4%的企业进行了设施设备的节能减排升级改造；在加强末端治理，杜绝污染排放方面，46.2%的企业依法回收处理废旧产品，加强"三废"处理，做到达标排放（见图13-5）。

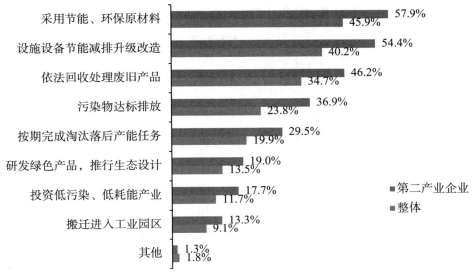

图 13-5　被调研民营企业污染防治情况

调研数据显示，全市参与调研的民营企业中，47.2％的企业开展清洁生产，打造循环经济；43.1％的企业不断想方设法提高原材料综合利用率；33.1的企业对废旧产品进行综合再利用；27.7％的企业简化或使用环保的产品包装

（三）响应"双碳"目标，促进生态共生

调研数据显示，全市参与调研的民营企业中，9.5％的企业积极参与碳排放权的交易，8.2％的企业制定了"碳中和"规划，调研企业数据与全国数据基本持平，且在"碳中和"规划指标、碳交易制度建设等方面表现良好，处于全国领先水平。

促进生态系统保护，建立人与自然和谐共生的生态系统，是企业履行环境保护责任的终极目标。调研数据显示，全市参与调研的民营企业中，24.9％的企业在生态保护方面投入资金，为环保工作的开展与落实提供支持与保障，环保投入变为新形势下企业的核心竞争力，促使企业与时俱进，走进环保新时代；22.1％的企业建立生态保护制度，依靠制度的力量助力建设更加优美、宜居的生态环境。

四、公平运营，实现合作共赢

（一）同心协力，以公平竞争谋共赢

在诚信建设方面，全市参与调研的民营企业真实及时披露信用信息占比80.9%，建立健全企业信用制度占比78.5%，制定员工职业道德和行为规范占比76.1%。可见，诚信建设理念已经内化为上海市民营企业的行动自觉。

以知识产权赢发展。调研数据显示，全市参与调研的民营企业中，有70.0%的企业举办了一系列相关的培训讲座，提升员工的知识产权保护意识，64.2%的企业专门建立了知识产权保护制度或规定（见图13-6）。

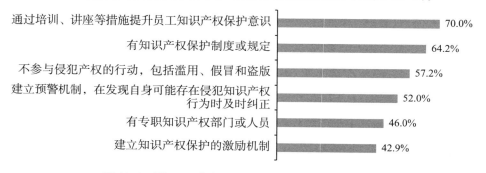

图 13-6　被调研民营企业在知识产权保护方面采取的措施

多措并举，以反腐利剑树清风。调研数据显示，有68.7%的企业建立了腐败风险的识别、监控、预防和惩治制度；有71.7%的企业劳筑反腐防线，开展了反腐倡廉的相关教育和培训工作，来加强员工的反腐理论知识体系建设；有54.5%的企业组织部门负责人及重点部门人员签订反对商业贿赂协议或建立相关责任制，把控关键位置不腐。

（二）上下携手，以责任融入价值链

上海市民营企业通过建立和完善供应商管理制度，积极引导供应商主动履行社会责任。调研数据显示，全市参与调研的民营企业，有78.9%的企业选择公开采购信息；有65.5%的企业将道德、环境等相关社会责任要求纳入采购合同，通过社会责任进一步提高合作商的门槛，降低供应链中可

能存在的风险；有60.7%的企业通过审核、培训、辅导等活动提高供应商的社会责任水平。

（三）创造价值，保障消费者权益

随着经济社会快速发展，特别是网络经济的蓬勃发展，营销活动日益普遍与多元，已成为引领市场竞争的新热点。调研数据显示，在全市参与调研的民营企业中，91.2%的企业遵守有关法律法规，杜绝价格联盟，让消费者买到质美价廉的商品，提升消费者信任；69.8%的企业无夸大、虚假、误导性宣传，做到诚信经营，让消费者买得放心；54.0%的企业建立了严密的质量检测体系，让消费者用得安心（见图13-7）。

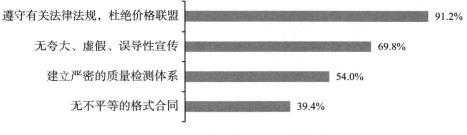

图 13-7　被调研民营企业公平营销情况

五、社会治理，汇聚责任力量

（一）精准扶贫，决胜脱贫攻坚

党的十八大以来，上海市共安排对口帮扶资金实施项目8550个，对口帮扶7个省区市20个地州的98个贫困县5100个贫困村摘帽出列，近200万建档立卡贫困户从援建项目中直接受益脱贫。根据全国工商联"万企帮万村"精准扶贫行动台账数据显示，截至2020年12月底，上海市617家民营企业共帮扶全国1531个村，受帮扶人数42.85万人，产业、消费、就业、公益扶贫金额共计11.5亿元。

（二）公益慈善，助力社会和谐

上海市民营企业捐赠对象多元化的特征明显。调研数据显示，全市参与调研的民营企业中，46.8%的企业首选捐赠对象为民政部门认定的慈善公益组织；其次是捐赠给政府，占比21.1%；13.7%的企业将善款捐赠给学校，支持学校提升教学水平、改善教学环境以及帮助贫困学子完成学业；有8.0%的企业将善款捐赠给志愿者组织，为志愿者组织更好地进行志愿服务工作提供帮助；还有1.7%的企业捐赠给科研机构，支持科技事业的发展。

民营企业通过多种形式参与抗击新冠肺炎疫情工作。调研数据显示，在全市参与调研的民营企业中，绝大多数企业采取捐款的方式参与抗击疫情，占比达44.5%；其次为捐赠物资或服务，占比达35.9%。

（三）志愿服务，共建美丽社区

在全市参与调研的民营企业中，为员工志愿服务提供支持的企业有411家，占被调研民营企业总数的46.5%。其中，27.7%的民营企业支持开展员工志愿服务活动，并将员工志愿服务时间算入工作时间。

民营企业参与社会事业建设的意愿强烈。在全市参与调研的民营企业中，已经参与到社会事业建设中的企业占比达41.6%；尚未参与，但有参与意向的企业占比达45.0%（见图13-8）。

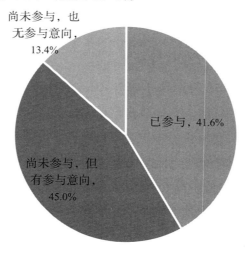

图13-8　被调研民营企业参与社会事业建设情况

六、责任管理，引领责任发展

（一）责任认知提升责任意识

责任识别准确。调研数据显示，全市参与调研的民营企业中，认为履行社会责任应该包括守法经营的占比达 95.1%。另有 91.6% 的企业认为社会责任应该包括诚实守信。此外，70% 以上的企业认为稳定就业、贡献税收、关爱员工、环境保护也同样重要（见图 13-9）。由此可见，上海市民营企业能够清晰地识别出社会责任的边界，能够区分出企业的必尽责任、应尽责任和愿尽责任，为打造健康的企业社会责任文化产生良好的指导作用。

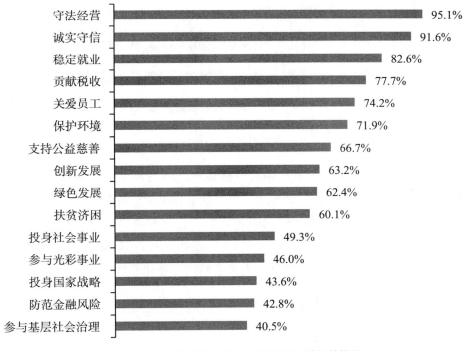

图 13-9　被调研民营企业在社会责任识别方面的情况

履责动力强劲。调研显示，全市参与调研的民营企业中，响应党和国家的号召是企业履行社会责任的主要动因占比达 88.1%；工商联组织的推动、企业发展战略需要是企业履行社会责任的第二大动因，分别占比 57.9% 和 57.6%。响应党的号召占比最高，说明上海市民营企业能够主动将商业利益与社会责任相统一，在履行社会责任上动力更为强劲，方向更为明确。

（二）责任管理推动责任融合

责任管理融入企业内部。调研数据显示，全市参与调研的民营企业中，31.7%的企业将社会责任理念融入到运营管理活动中；29.7%的企业将责任理念与公司的战略、目标相结合；29.6%的企业营造了履行企业社会责任的环境和文化，还有29.3%的企业建立与利益相关方双向沟通的常态机制（见图13-10）。

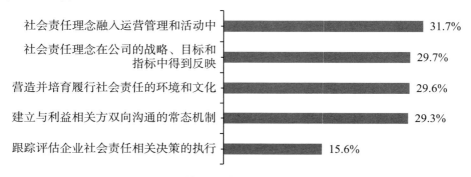

社会责任理念融入运营管理和活动中	31.7%
社会责任理念在公司的战略、目标和指标中得到反映	29.7%
营造并培育履行社会责任的环境和文化	29.6%
建立与利益相关方双向沟通的常态机制	29.3%
跟踪评估企业社会责任相关决策的执行	15.6%

图13-10 被调研民营企业社会责任管理情况

企业高层推动责任落实。调研数据显示，高层领导负责社会责任的执行是主流，22.1%的企业社会责任工作由董事长负责，并有21.9%的社会责任管理工作由总经理负责，这说明多数民营企业的高层较为重视社会责任的管理工作。同时，少数企业也出现了责任执行官，具体执行企业内部的社会责任工作，表明社会责任管理人员有转向专业化趋势。

（三）责任报告强化责任沟通

社会责任报告发布持续性强。调研显示，有85家民营企业编制了社会责任报告，并有54.4%的企业表示愿意编制社会责任报告，社会责任报告内容全面丰富。

从报告的披露内容来看，涵盖了员工责任、公平运营、社区责任等多个方面，尤其是在员工、诚信经营、公益慈善、环境保护方面的信息得到充分的披露，占比达到75%以上（见图13-11）。这反映出民营企业更为积极地回应利益相关方的关切，满足利益相关方的需求。

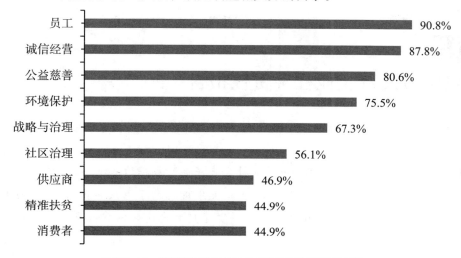

图 13-11　被调研民营企业社会责任报告主要包括内容

14

重庆市民营企业社会责任报告（2021）

摘　要：报告以 2020 年重庆市企业社会责任调研数据为基准，从健康发展、国家责任、员工责任等八个模块分析总结了重庆市民营企业 2020 年社会责任履行情况，集中展现了广大渝商群体重信重义、自强不息的精神风貌。

关键词：民营企业　社会责任　重庆市

一、健康发展

（一）诚信守法，立足党建谋发展

共 442 家设立了党组织以指导系列管理运营工作，占比达到 34.84%。其中，36 家民营企业在其内部成立党委，20 家企业设立党总支，以便对企业进行统筹管理。384 家企业设立党支部，将党的领导渗入员工生产生活的方方面面。14 家企业与合作伙伴、所在街道等共同设立联合党支部，加强与各利益相关方联系。共计 445 家民营企业认为党组织在其生产经营、化解风险、文化建设、内部决策等方面发挥着一系列明确具体的引导作用，占比达到调研样本总量的 35.12%。

此外，调研数据显示，2020 年重庆市民营企业信用管理制度化水平持续提升。共计 1176 家企业参与了诚信建设情况调研，占比达到样本总量的 92.82%。该群体中七成以上企业都能通过披露信用信息、健全信用制度、塑造企业文化、规范员工行为与道德等方法强化自身信用体系建设与完善，系列数据与去年相比均有上升（见图 14-1）。

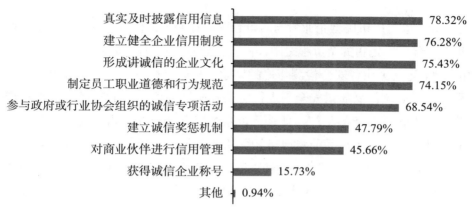

图 14-1　被调研民营企业诚信建设情况

（二）创新为要，技术攻坚赋新能

共 142 家企业参与了创新平台建设方面的调研，占比达到样本总量的 11.21%。在该群体中，96 家民营企业设立技术中心，为创新型人才提供广阔的发展空间，占比达到该项样本容量的 67.61%。约 20% 的民营企业设立博士后工作站、技术创新中心、重点实验室。在充分发挥专家学者创新力的同时，为企业内部技术人员提供专业的科研指导，形成双向良性循环，助力企业创新发展（见图 14-2）。

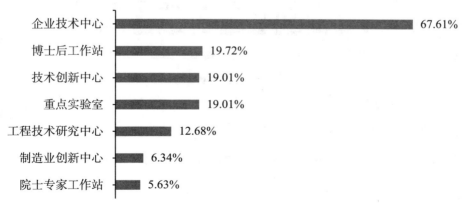

图 14-2　被调研民营企业科技创新平台建设

（三）质量为本，全面提升守关卡

897 家重庆市民营企业参与质量管理服务调研，将质量管理贯穿于企业生产、经营、销售的全过程之中，占比达到样本总量的 70.80%。该群体中，66.78% 建立了质量安全检测与追溯体系，从原材料供应入手，规范生产流程，严密监测产品质量安全，进行链条式质量管理。64.44% 的企业严格规范与标准化进行产品生产。此外，近半数民营企业在其内部建立服务质量监督部门，构建了产品质量改进相关机制。值得一提的是，2020 年参与调研重庆市民营企业中，共 256 家通过了 ISO9000、ISO22000 等质量管理体系认证，获得了社会各界对相关质量管理过程及结果的肯定。

（四）品牌培育，凝心聚力烙徽章

共计 734 家重庆市民营企业参与了自身品牌发展情况方面的调研，占到调研样本总量的 57.93%。该群体中，注册和使用自主商标占比 70.84%，制定品牌战略与发展规划占比 60.90%，培育自有品牌占比 51.91%，拓展品牌推广渠道占比 42.23%。此外，36.24% 的企业将社会责任作为品牌建设的重要途径（见图 14-3）。

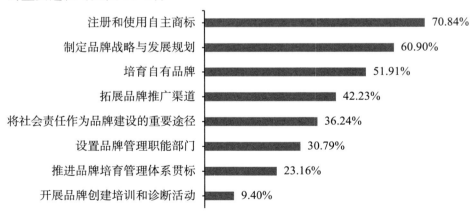

图 14-3　被调研民营企业品牌发展情况

二、国家责任

（一）逆流而上，贡献税收稳大局

2020 年，重庆市民营企业实缴税金 1506.8 亿元，税收比重约占 58.3%。受疫情及相关减税政策影响，民营企业税收金额同比下降 7.9%，低于平均增速 0.3 个百分点，但总体维持平稳状态。

2020 年重庆市民营企业整体纳税信用持续稳定发展。参与该项调研的 932 家民营企业中，55.9% 纳税信用等级为 A 级，较上年增长近 1.2 个百分点（见图 14-4）。除此之外，受疫情影响，其他纳税等级比例与去年相比有小幅下降，但基本保持在定状态。该项数据综合反映出重庆市民营企业依法纳税的责任意识不断提升的良好态势。

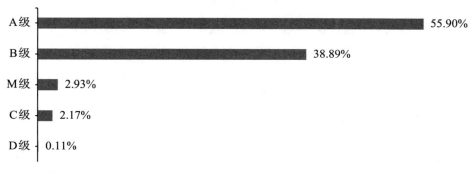

图 14-4　被调研企业纳税信用等级情况

（二）立足根本，促进就业保民生

共计 1048 家重庆市民营企业参与了促进和稳定就业方面调研，占参与调研民营企业总量的 82.72%。该群体中，86.55% 的企业优先考虑为本地就业人员创造就业岗，稳定重庆就业局势；68.13% 的企业依法维护劳动者利益，无恶意损害劳动者权益的行为；64.41% 的企业通过创造灵活就业岗位等形式吸纳劳动者就业。

（三）和衷共济，国际合作话篇章

被调研企业中，共有 90 家参与了"一带一路"建设，比去年增加 14 家。

其中约有 41% 的企业投资金额超过 50 万美元。受疫情影响，该数据与去年相比出现轻微下滑。但是，投资规模 300 万美元以上企业比例较去年提升约五个百分点，总占比达到 22.2%。具体投资规模数据如下图（见图 14-5）。

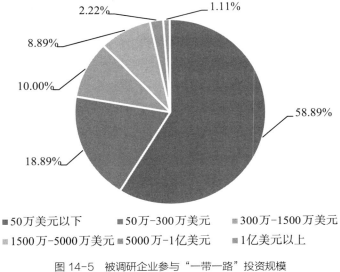

图 14-5　被调研企业参与"一带一路"投资规模

（四）防微杜渐，应急管理化风险

调研数据显示，重庆市有 840 家民营企业积极参与应急管理体系构建，加强自身应急管理能力建设。其中，70% 左右企业在日常生产经营活动中配备了应急物资及装备应急，定期开展了应急演练；68% 以上企业建立了应急保障相关机制体制；六成以上企业开展了应急管理培训；一半以上企业支持鼓励员工参与社会性应急救灾工作，积极承担责任，助力重庆应急管理。

三、员工责任

（一）纵观全局，劳动关系和谐发展

2020 年被调研民营企业员工平均劳动合同签订率达到 95.73%，高于全国 1.5 个百分点。该数据与去年基本持平。此外，疫情发生后，重庆市累计为近 20 万户市场主体减免社保费 223.5 亿元。一系列政策为重庆民营企业

持续优化劳动关系注入了"强心剂"，调研显示，2020 年重庆市民营企业员工社会保险平均参加率达到 86.78%。

共计 1067 家企业参与了劳动争议相关调研，其中约 11.90% 发生过劳动争议，该数据较 2019 年下降了 1.5 个百分点，展示重庆市广大民营企业以人为本的良好发展理念与建设风貌。

（二）委重投艰，员工待遇小幅提升

参与调研的企业中，共计 1130 家为员工提供了形式多样的薪酬福利项目，占比达到总样本量的 89.19%。该项数据与 2019 年相比基本持平。该群体中，96.37% 的企业表示按时发放员工工资，68.58% 的企业承诺足额支付加班工资，61.50% 的企业按规缴纳"五险一金"（见图 14-6）。除上述几项基本员工保障形式外，提供多样化补贴、建设文体设施、缴纳补充保险等功能型员工福利亦展示出重庆市民营企业以人为本，将员工摆在突出位置，坚持可持续发展的良好形象。

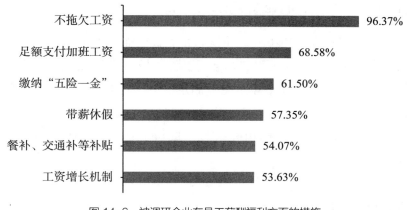

图 14-6　被调研企业在员工薪酬福利方面的措施

（三）保驾护航，劳动安全重于泰山

参与调研的民营企业中，1083 家企业在保障员工健康与安全方面采取了相应措施，占比达到总样本量的 85.48%，该比例与去年基本持平，展现出持续稳定的发展态势。从采取的相应措施来看，该群体中 75% 以上民营企业为入职员工提供定期的健康体检项目，超过六成企业定期开展健康与安全教育活动，并为员工提供劳保设施或用品。近六成企业针对不同岗位展开健康安全风险评估，提前告知员工岗位风险，以最大程度防范化解生产危机（见图14-7）。

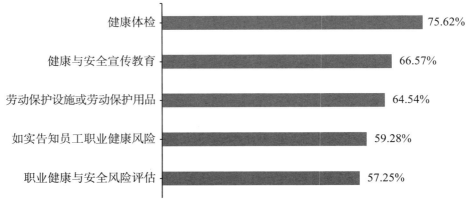

图 14-7　被调研企业在保障员工健康与安全方面采取的措施

（四）双向互促，职业发展前途光明

就统计数据看来，2020年，重庆市广大民营企业继续加强员工入职及转岗前培训教育，持续为员工"充电续航"，相关工作开展比例达到该项调研样本容量的77.23%。半数以上企业制定了员工轮岗、交流、外派学习制度，致力于培育"全能型"员工。此外，部分企业联合高校、科研院所等机构，为其员工成立专业培训中心，以形成与企业高度适配的人才供应链，长期助力企业可持续发展。

四、绿色发展

（一）环境管理，牢筑绿色发展屏障

数据显示，共699家企业参与了环境管理事项调研，占比达到重庆市民营企业样本总量的55.17%。该群体中58.37%的企业建立了环保培训制度，将环保理念贯穿于员工工作与企业发展经营始终。

（二）污染防治，修复秀水青山之地

共计 809 家企业参与了降污减排相关调研，占比达到重庆市民营企业样本总量的 63.85%。该群体中，近七成企业在产品制造中采用节能、环保原材料，从源头预防污染；近六成企业对其生产所用设备进行节能减排改造升级，提高原材料利用效率，降低污染物产出率；半数以上企业严格把控生产环节，致力于打造循环清洁的生产流程（见图 14-8）。

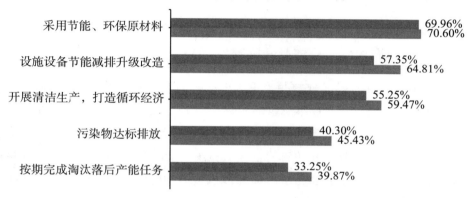

图 14-8　被调研民营企业在降污减排方面采取的措施

（三）系统保护，建设生态文明家园

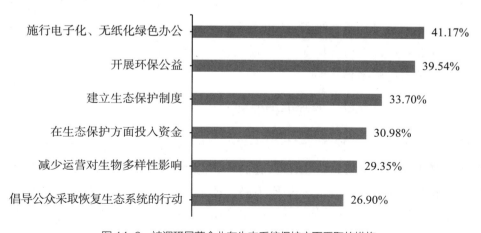

图 14-9　被调研民营企业在生态系统保护方面采取的措施

共计 736 家企业参与了重庆市生态系统保护方面的调研，占比达到重庆市民营企业样本总量的 58.09%。该群体中，41.17% 的企业倡导并实行电子化办公，减少纸张使用，助力生态保护；33.70% 的民营企业在其内部建立了生态保护制度，将生态保护列入企业战略发展内容，使相关工作有章可循（见图 14-9）。

五、公平运营

（一）反腐风暴，广大渝商续发力

共计 1119 家民营企业参与了重庆市反腐倡廉相关工作情况的调研，占比达到重庆市民营企业样本总量的 88.32%。该占比量体现出重庆民企对反腐倡廉工作有较高的重视程度。该群体中，70.69% 的企业拒绝采购涉嫌商业贿赂的产品或服务；70.60% 的企业对员工开展了反腐倡廉相关教育和培训工作；66.93% 的企业建立了内部腐败风险的预防、识别、监控与惩戒机制，尽力做到反腐工作的系统性管理。

（二）公平竞争，氛围营造正当时

共有 1183 家企业参与了公平竞争相关调研，占比达到重庆市民营企业样本总量的 93.61%。该群体中，有九成以上践行遵纪守法承诺，将杜绝价格联盟作为自身经营底线；八成以上企业承诺不恶意损害竞争对手声誉，不恶意抹黑对手以提高自身竞争力；近八成企业严格按照市场规则制定商品价格，维护市场秩序。

（三）知识产权，增强保护促创新

共有 1089 家企业参与了知识产权保护相关调研，占比达到重庆市民营企业样本总量的 85.95%。以该群体为样本总量进行分析，其中，七成以上企业将提升员工产权保护意识作为必然要求，并通过讲座、培训等措施落实相关工作；六成以上企业在企业内部制定了知识产权保护的规章制度，细化指导系列工作（见图 14-10）。

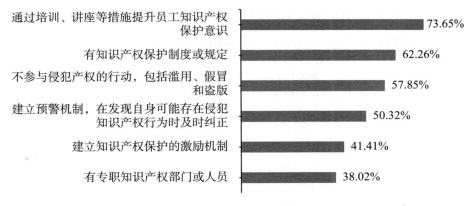

图 14-10　被调研民营企业在保护知识产权方面采取的措施

六、消费者责任

（一）捍卫权益，严守消费安全底线

共计 994 家企业参与了消费者权益保护情况调研，占比达到样本总量的 78.45%。该群体中，89.54% 的企业在进行产品宣传时，坚持从实际出发，无夸大、虚假、误导性宣传；65.19% 的企业重视服务人性化及产品的交付体验；40.34% 的企业会为消费者提供个性化定制产品（见图 14-11）。

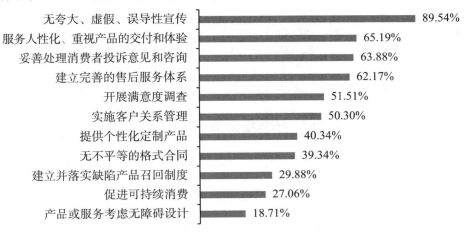

图 14-11　被调研民营企业在消费者权益保护方面的措施

（二）信息保护，增强消费信任度

共计 925 家企业参与了消费者信息保护情况调研，占比达到样本总量的 73.01%。该群体中，68.65% 的企业建立了内控体系，将对消费者信息的保护纳入整个企业的内控体系范围内；67.14% 的企业承诺通过合法且公开的方式获取客户信息；45.41% 的企业明示信息收集的目的、方式和范围。在消费者信息流出方面，47.89% 的企业在与第三方合作的过程中，尊重保护企业客户信息的安全性；28.76% 的企业通过技术手段限制对于消费者信息的批量查询及导出，维护消费者信息安全。

七、社区责任

（一）慈善公益，造福社会

在参与调研的 1267 家民营企业中，共计 428 家企业为员工的志愿服务提供了支持，促进了企业员工履行社会责任的积极性。其中，接近半数企业选择将员工的志愿服务时间算入到工作时间中，41.36% 的企业为参加了志愿服务的员工提供带薪公益假。还有部分企业会采取措施支持员工志愿服务，提高志愿服务的质量，43.22% 的企业会提供相关志愿服务的培训指导，25.93% 的企业为员工志愿服务提供了资金配套支持，25.47% 的企业成立了员工志愿者组织，形成组织会大大提高志愿服务的质量和效率，也会更加方便其余员工参与到志愿服务中来（见图 14-12）。

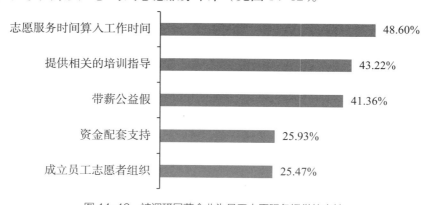

图 14-12　被调研民营企业为员工志愿服务提供的支持

（二）抗击疫情，激流勇进

共 537 家民营企业参与抗击新冠肺炎疫情的调研，占到被调研企业总量的 42.38%。该群体中，40.41% 的企业进行了捐款，31.10% 的企业捐赠了物资或服务；同时，也有不少企业在保障居民生活方面做出了切实的行动，25.14% 的企业为社区民众提供了便民服务，19.55% 的企业保障社区生活物资的供应，13.59% 的企业减免了相应的租金；除此之外，还有部分企业为增强抗击疫情的医疗力量做出了努力，19.37% 的企业为疫情进行了医用物资的供应，另有少部分企业采取了应急救援物资的运输、全球医疗物资采购、援建医疗设施等举措（见图 14-13）。重庆市民营企业在抗击疫情方面的行动，有效地保证了社区及社会的正常生产生活。

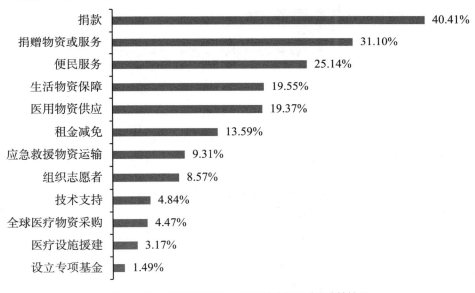

图 14-13　被调研民营企业参与抗击新冠肺炎疫情情况

（三）扶贫开发，助力乡村振兴

在参与乡村振兴的 423 家企业中，大部分企业选择通过带动当地经济来实现乡村发展，有 39.95% 的企业采取推动当地种养殖等特色产业发展的方式来助力乡村发展，35.93% 的企业通过在当地进行农产品加工来帮助村民实现对美好生活的向往，26.48% 的企业发展了乡村旅游和农宿，还有企业致力于改善乡村坏境，建设美丽新农村，27.42%的企业建设了农村的基础设施（见图14-14）。

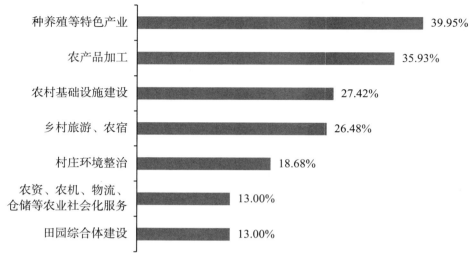

图 14-14　被调研民营企业参与乡村振兴的主要形式

八、社会责任治理

（一）履责动机多元呈现

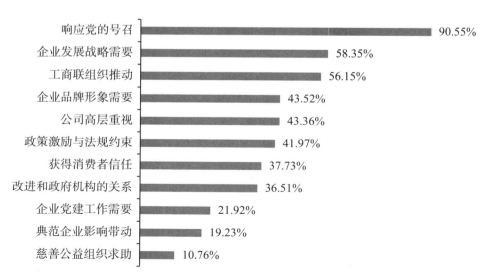

图 14-15　被调研民营企业履行社会责任动因

从动因来看，超九成的企业履行社会责任是因为响应党的号召，超半数的企业则因为工商联的组织推动，41.97% 的企业因为政策激励与法规约束而开始履行社会责任，36.51% 的企业认为履行社会责任可以改进和政府机构的关系，所以党组织及相关部门应加大对民营企业履行社会责任的关注力度，并出台相应的政策法规，对在履行社会责任方面有突出表现的企业进行表彰，从而更好地唤醒民营企业履行社会责任的意识（见图 14-15）。

（三）履责行为更为专业

共有 443 家企业参与了社会责任管理方面的调研。其中，63.43% 的企业已经开始将社会责任理念融入日常运营管理和活动中；超半数的企业通过公司战略经营中的相关指标将其社会责任理念反映出来，同时在企业内部营造并培育出履行社会责任的良好环境和文化氛围，并建立起与利益相关方双向沟通的常态机制；另有 28.89% 的企业会跟踪评估社会责任相关决策的执行情况，以促进社会责任由文化理念向实际行动的顺利转化。

15
四川省民营企业社会责任报告（2021）

摘　要：本报告基于 2020 年度全国工商联民营企业社会责任调查，从促进经济发展、绿色发展、保护消费者权益、公平运营、构建和谐劳动关系、参与社区建设、社会责任管理体系建设等方面对 2020 年度四川省民营企业社会责任实践进行了系统性总结，客观展示四川省民营企业社会责任实践成效和发挥的作用。

关键词：民营企业　社会责任　四川省

一、经济发展

民营经济快速发展。2020 年，四川省民营经济市场主体 681.48 万户，实现增加值 2.65 万亿元，贡献了 46.4% 的投资、54.6% 的地区生产总值、66.64% 的税收、91.31% 的新就业、97.46% 的市场主体，呈现"45699"的基本特征，成为推动四川经济增长的主动力、创业创新的主阵地、增加就业的主渠道。

创新发展局面良好。2020 年，民营高新技术企业 8112 家，占比为99.4%；民营科技型中小企业 12279，占比为 99.88%。2020 年备案 100 家四川省瞪羚企业中，96 家为民营企业，占比为 96%。全省有 10 家企业入选"2020 中国新经济企业 500 强"，4 家企业入选"2020 年全球独角兽企业500 强"。2020 年两批依托民营中小企业认定组建的四川省工程技术研究中心有 28 个，目前企业牵头组建的省级工程技术研究中心 215 个。2020 年新组建的省重点实验室 2 个，民营企业参与建设或运用

稳就业表现突出。民营企业主要通过优先考虑为本地人员创造就业岗位、创造灵活就业岗位、安排实习岗位等方式促进和稳定就业（见图 15-1）。在重点群体方面，参与调研的四川民营企业，超过半数在安置特殊人员就业方面有具体举措，其中安置残疾人就业 3412 人，安置复转军人242 人，安置刑满释放人员 324 人。

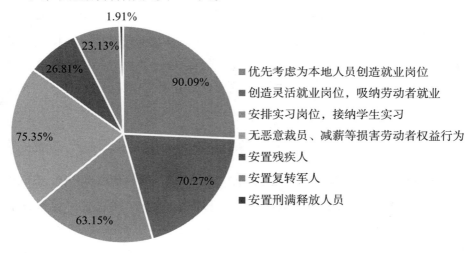

图 15-1　企业促进就业措施

二、绿色发展

环保投入持续增加。调研数据显示，2020 年环保投入 255339.6 万元，比 2019 年增长近四成。随着国家环保治理力度不断加大，持续性的环保升级已形成常态，民营企业环保升级力度也不断加大。

环保管理制度渐成体系。在参与调研的民营企业中，60.76% 的民营企业建立了环保培训制度，增强了员工环保意识，防止和减少了各类环保事故；53.15% 的民营企业倡导并参与公共环境治理与保护；64.07% 的民营企业建立了环境事件应急机制，提高企业应对涉及公共危机的突发环境污染事故的能力；54.64% 的民营企业积极落实"三同时"要求。总体来看，四

川民营企业已将环保管理纳入企业战略规划，从而促进环保行为产生实效。

清洁生产能力增强。调研显示，民营企业通过不断采取改进设计，使用清洁的能源和原料，采用先进的工艺与设备，从源头削减污染，以减轻或消除对社会和环境的危害。调研中，47.94%的民营企业在生产前重视提高原材料、辅助材料综合利用率；45%的民营企业从改造生产工艺入手，重点对高耗能工艺进行改造；51.91%的民营企业从调整优化自身能源结构入手，提高清洁能源占比，推进发展动能转换。

生态保护与修复协调并进。调研数据显示，29.15%的民营企业致力于减少运营对生物多样性影响；40.60%的民营企业在生态保护方面投入大量资金，参与生态修复工程；39.03%的民营企业通过建立生态保护制度，进一步深化企业生态保护理念；47.81%的民营企业开展环保公益。

三、消费者权益

民营企业质量管理能力全面提升。2020年参与调研的企业中，有722家开展了企业产品质量管理服务（见图15-2）。有238家民营企业通过了ISO 9000、ISO 22000等管理体系认证，通过管理体系强化质量水平，提升企业竞争力。有10家获得中国质量奖，14家企业获得省长质量奖，33家企业获得市长质量奖。

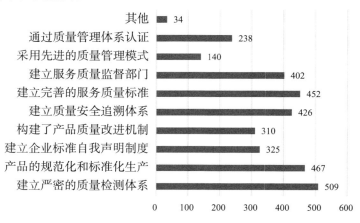

图 15-2　企业质量管理情况

品牌建设提速。2019 年，省工商联召开省民营企业"川字号"品牌论坛，为民营企业品牌发展提供新思路、新方向。本次调研发现，有 641 家企业开展了品牌建设工作（见图 15-3）。2020 年，有七家企业进入全球品牌价值 500 强、七家企业进入《财富》世界 500 强、12 家企业进入中国品牌价值百强榜、30 家企业获得中国驰名商标、五家企业获得中华老字号。

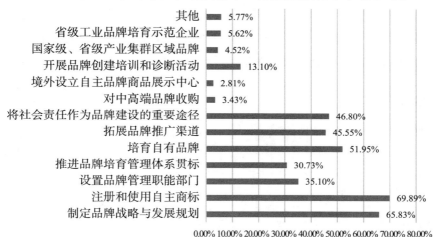

图 15-3　企业品牌建设情况

消费者权益保护手段多样。在参与调研的民营企业中，774 家企业采取多种形式保护消费者权益。有 86.82% 的企业承诺无夸大、虚假、误导性宣传，66.28% 的企业建立了完善的售后服务体系，69.64% 的企业能够妥善处理消费者投诉意见和咨询，67.05% 的企业重视服务人性化和产品的交付和体验。值得注意的是，有 42.51% 的企业提供个性化定制产品。

消费者信息保护重视程度提升。在参与调研的 724 家民营企业中，有76.1% 的企业建立了企业层面的内控体系，将对消费者信息的保护纳入整个企业的内控体系范围；有 66.57% 的企业通过合法且公开的方式获取客户信息；有 52.07% 的企业与第三方的合作中，尊重保护企业客户信息的安全性；但明示信息收集的目的、方式和范围的企业仅达 46.13%；通过技术手段限制对于消费者信息的批量查询，控制消费者信息的导出的企业只有 30.11%。

四、社区发展

扶贫济困和抢险救灾领域企业参与度最高。调研数据显示，2020 年扶贫济困、抢险救灾和其他三个领域企业参与度最高，这是由于 2020 年是打赢脱贫攻坚战的关键之年，慈善捐赠比以往更加集中地涌向扶贫领域。抢险救灾增长幅度最大，体现出民营企业对救灾需求的积极响应（见图 15-4）。值得关注的是，其他领域参与度高，说明民营企业开始关注传统传统捐赠以外的领域，慈善捐赠更加多样化。

单位：万元

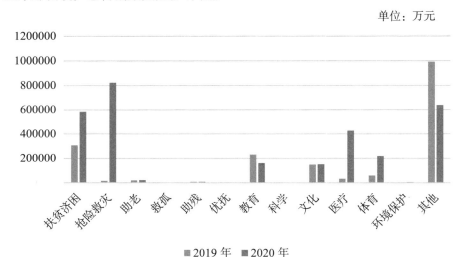

图 15-4　企业慈善捐赠情况

志愿服务成为民营企业有效的公益输出力量。在参与调研的民营企业中，有 442 家企业为员工志愿服务提供了相应支持，其中 52.04% 的企业将志愿服务时间算入工作时间，52.04% 的企业有带薪公益假。企业资源的注入，让志愿活动更具专业性，成为民营企业的资金、技术、人才管理资源通过志愿服务解决社会问题的一种有效方式。

成立基金会成为民营企业专业化开展公益慈善的新选择。调研显示，在设立基金会的民营企业中，79.07% 的企业公益基金会资金来源于企业自身资助，51.16% 的公益基金会由企业家本人捐助（见图 15-5）。整体来看，民营企业基金会社会化运作程度不高。

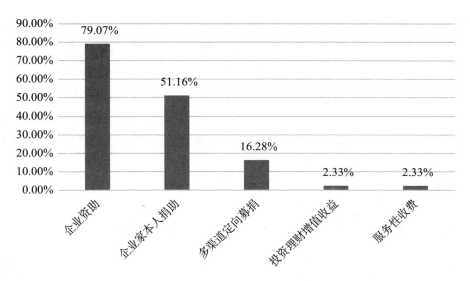

图 15-5　企业基金会资金来源

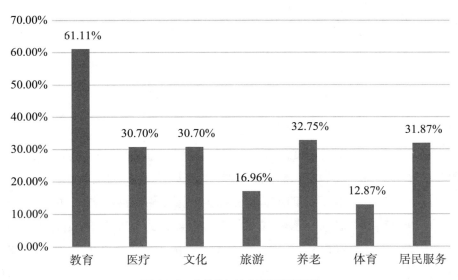

图 15-6　企业参与社会事业建设领域

超过半数企业参与社会事业建设。调研数据显示，51.35% 的民营企业
已参与社会事业建设，41.44% 的民营企业尚未参与，但有参与意向。在已
参与社会事业建设的民营企业中，61.11% 参与了教育事业建设，医疗、养老、
文化、居民服务也是民营企业参与社会事业建设的重点领域（见图 15-6 ）。

民企积极参与精准扶贫。全国工商联"万企帮万村"台账系统显示，截至 2020 年 12 月 31 日，四川省进入"万企帮万村"精准扶贫行动台账管理的民营企业有 6550 家，精准帮扶 8221 个村（其中建档立卡贫困村 5794 个）的 750787 建档立卡贫困人口，参与帮扶企业数和帮扶金额均排在全国前十位。四川各地中，巴中市、达州市、成都市、德阳市、南充市等城市参与帮扶企业数量、企业实施项目数、企业投入总金额等位居前列（见图 15-7）。

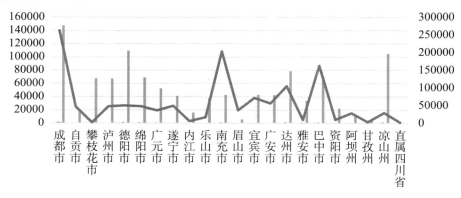

图 15-7 四川各地"万企帮万村"数据情况

积极参与疫情防控与复工复产。2020 年疫情发生后，广大商会和民营企业积极响应省工商联倡议，大义担当社会责任，踊跃捐款捐物。据不完全统计，截至 2 月 20 日，四川省部分商会、企业累计捐款捐物 76747.80 万元，其中捐款 45600.39 万元，捐物价值 31147.41 万元。兴源环境、威鹏电缆、天壹环保等积极参与武汉火神山医院建设；科伦药业、金象化工、科志人防等积极捐赠、供应或运输医疗物资；久大盐业、铁骑力士等大量捐赠、供应生活必需品。31 家四川民营企业获全国工商联"抗击新冠肺炎疫情先进民营企业"表彰。

五、和谐劳动关系

劳动合同签订率保持较高水平。调研数据显示，四川民营企业 2020 年劳动合同签订率持平均达到 93.92%，比 2019 年提高 0.9 个百分点（见图 15-8）。这在一定程度上说明法律规定的"必尽责任"方面民营企业意识强，落地实。

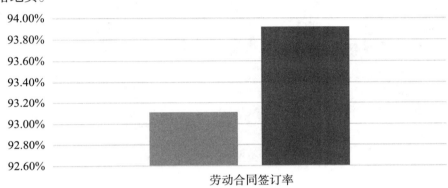

图 15-8　企业劳动合同签订率

社会保险参保率上升趋势明显。调研数据显示，202 年民营企业社会保险参保率平均达到 85.78%，比 2019 年提高 1.64 个百分点，上升趋势明显（见图 15-9）。

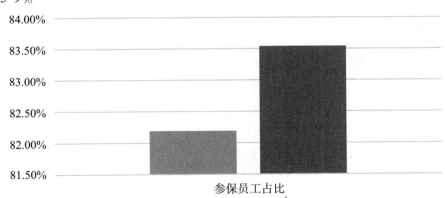

图 15-9　企业社会保险参保率

员工关爱方式多样。帮扶困难员工、开展文化娱乐活动、关注员工及家属身心健康仍是民营企业员工关爱行动重点，达到七成以上（见图15-10）。调研显示，2020年参与调研企业员工福利投入875118.93万元，困难员工帮扶投入220414.33万元。

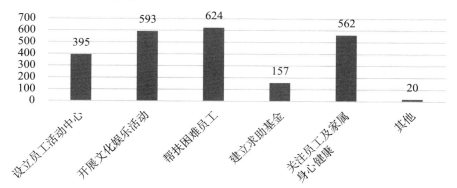

图 15-10　企业关爱员工方面的措施

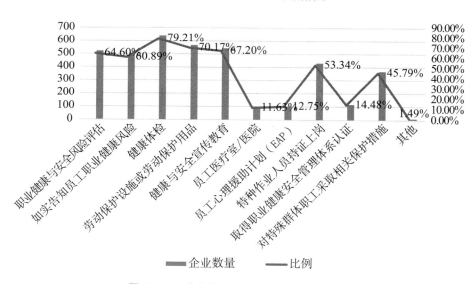

图 15-11　企业在职业健康与安全方面的措施

民营企业在职业健康与安全方面的履责表现有所提升。2020年有808家民营企业在职业健康与安全方面采取了积极举措，占被调研企业的83%。其中，健康体检、劳动保护设施或劳动保护用品配备、健康与安全教育仍然是主要举措，表明民营企业重视在职业健康与安全方面的投入。此外，在员工心理健康方面，民营企业重视度显著提升，进行员工心理援助计划（EAP）的企业占比 12.75%，达到 103 家。调研显示，有 117 家被调研企业通过了 OHSAS 18001 认证，仅占 14.48%（见图 15-11）。

民主沟通与管理形式渐趋完善。调研显示，2020 年有 78.62% 的民营企业通过形式丰富的民主管理与沟通举措，协调推进民主管理各项工作。其中，建立工会组织或职工代表大会、建立企业内部沟通申诉渠道的企业，均达到六成以上；平等协商签订集体合同的企业达到五成以上，保障员工权益更具民意。此外，设有劳动关系协调专职人员的企业达到四成以上，配备劳动关系协调师的企业占比达到 17.39%，民营企业民主管理专业化趋势加强（见图 15-12）。

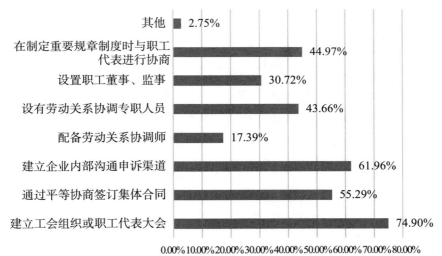

图 15-12 企业民主管理形式

六、公平运营

信用建设日益完善。在参与调研的四川民营企业中，有 392 家企业获得 AAA 级信用评定，139 家企业获得 AA 级信用评定，132 家企业获 A 级信用评定，A 级及以上信用评定企业总体占比达到 90% 以上（见图 15-13）。

比例

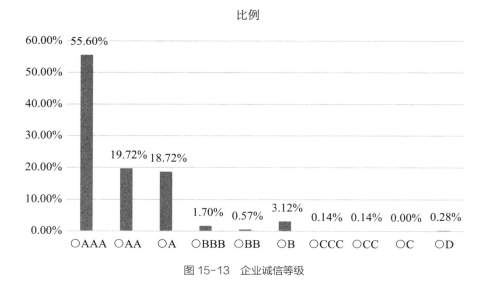

图 15-13　企业诚信等级

四川民营企业整体纳税信用持续向好。调研企业纳税信用等级主要集中在 A 级和 B 级。A 级企业 498 家，占比 70.24%，B 级企业 178 家，占比 25.11%，表明民营企业守信群体内部结构在向好发展（见图 15-14）。

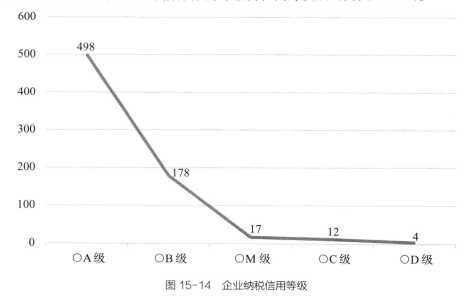

图 15-14　企业纳税信用等级

加大尽职反腐力度。在参与调研的民营企业中，有 832 家企业采取了反腐倡廉的相关行动。调研数据显示，有 73.08% 的企业建立包括商业贿赂在内的腐败风险的识别、监控、预防和惩治制度，65.63% 的企业建立腐败事件的举报和保护机制，78.49 的企业开展反腐倡廉的相关教育和培训，61.54% 的企业组织部门负责人及重点部门人员签订反对商业贿赂协议或建立相关责任制，72.96% 的企业拒绝采购涉嫌商业贿赂的产品或服务。

打造负责任的供应链。调研显示，有 828 家民营企业开展了供应链管理，注重打造上下贯通的责任价值链。其中，供应链透明度最受重视。调研显示，有 83.94% 的企业公开采购信息，通过供应链加强透明化，确保供应链风险可识、可防和可控。

重视知识产权保护。调研发现，超八成民营企业在尊重和保护知识产权方面采取了相应举措。其中，78.41% 的企业通过培训、讲座等措施提升员工知识产权保护意识，68.78% 的企业建立了知识产权保护制度，这两种措施是企业进行知识产权保护的主要方式。此外，56.34% 的企业建立了预警机制，在发现自身可能存在侵犯知识产权行为时及时纠正，反映出多数民营企业具有侵犯知识产权警觉意识；49.51% 的企业建立了知识产权保护的激励机制，表明近半数企业并非仅仅是由于法律的强制作用，而是主动进行知识产权保护。

七、社会责任体系

社会责任管理持续向好。调研显示，民营企业社会责任治理指数得分偏低。其中社会责任方针和社会责任识别表现高于社会责任管理和社会责任报告。探究原因，一方面由于民营企业治理基础薄弱，导致社会责任管理工作未成体系；另一方面是社会责任工具竞争观仍较为普遍，以致民营企业社会责任管理行为难以持续，大部分民营企业仍未能建立起社会责任管理的长效机制。

组织保障日趋成熟。调研发现，民营企业社会责任专职部门数量增加，为社会责任工作提供系统保障，社会责任工作专业化程度正在提高，22.54% 企业建立了专门的社会责任职能部门，39.39% 的企业由其他部门兼职负责。从责任领导层次来看，民营企业一把手和职业人作用强化，为责任工作顶层设计提供保障。调研显示，38.53% 的企业由董事长直接负责，

40.32% 的企业由总经理负责（见图 15-15）。企业或企业负责人在社会责任工作方面获得国际级表彰 3 个、国家级表彰 30 个、省部级表彰 59 个、地市级表彰 87 个。

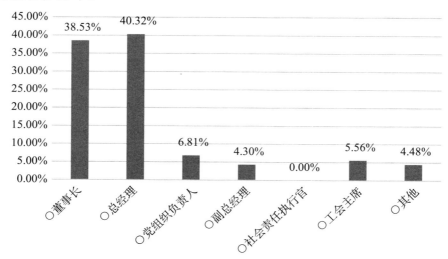

图 15-15 企业社会责任工作负责人情况

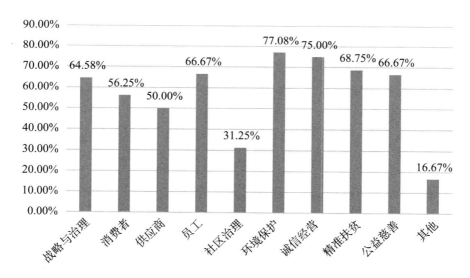

图 15-16 企业社会责任报告披露内容

民营企业信息披露深度和广度提升。调研发现，虽然诚信经营、员工、公益慈善、环境保护、公司治理等基础信息仍是披露重点（见图 15-16），但在社会责任共性议题之外，部分民营企业还注重将社会责任报告与核心业务紧密联系，报告披露注重与国家战略、重大事件、社会热点的有机结合，找准本企业责任沟通的切入点和着力点。

16

福建省民营企业社会责任报告（2021）

摘　要：报告结合 2020 年度福建民营经济发展情况，系统总结福建民营企业承担社会责任的状况，归纳福建民营企业履行社会责任的总体特征，展现民营企业"听党话、跟党走"，为打赢新冠疫情阻击战、打好脱贫攻坚战，实现全面建成小康社会作出的重要贡献。

关键词：民营企业　社会责任　福建省

一、民营经济逆势增长，社会贡献持续加大

截至 2020 年底，福建省拥有 145 万户民营企业，同比增长 12.48%。注册资金 10.53 万亿元，同比增长 14.23%。福建省民营经济增加值 0.185 万亿元，同比增长 11.7%。民营企业占全省外贸进出口总额 53.8%，比上年增长 57.1%，高出全国增速 22.0%。

2020 年福建民营经济贡献了 70% 以上的税收，80% 以上的国内生产总值，70% 以上的技术创新成果，80% 以上的城镇劳动就业，90% 以上的市场主体，呈现"78789"的特征，成为推动福建全方位高质量发展超越的重要力量。

二、立足科技自立自强，紧抓机遇自主创新

2020 年福建民营企业抓紧机遇主动实行技术创新和制度创新，贡献了

福建省 2/3 的企业研发投入、近 50% 的发明专利、70% 以上的科技成果、95% 以上的高新技术企业，国家级和省级技术中心中民营企业占比分别为 80.6%、89.1%。新培育认定 89 家省级"专精特新"中小民营企业，107 家民营企业获评国家专精特新"小巨人"企业。近年来福建实施的 100 个国家级、省级科技重大专项和 300 多个区域项目中，民营企业牵头或参与承担项目占 70% 以上。

在"2021 中国品牌价值评价"榜单中，56 个福建品牌入选，包括 42 个企业品牌、8 个区域品牌、6 个城市品牌，比 2020 年增加 12 个，其中恒安集团、恒申控股等民营企业品牌价值进入"百亿俱乐部"，多个品牌位居所在行业前十。

三、贯彻绿色发展理念，参与社会生态治理

作为全国首个生态文明试验区，福建省生态文明建设和生态文明体制机制创新一直走在全国前列，民营企业在其中作出很大的贡献。

环保管理体系日益健全。民营企业通过建立环保培训制度、环境事件应急机制和环境信息披露机制等加强环保管理，2020 年各项指标都比上年有较大幅度提高（见图 16–1）。有 111 家企业通过了 ISO14001 认证，37 家企业通过清洁生产审核。

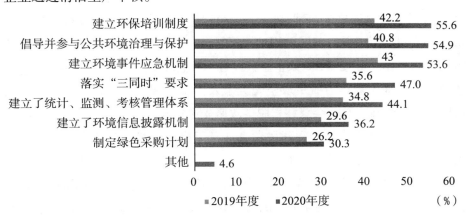

图 16-1　2020 年度福建被调研民营企业建立环保制度概况

绿色转型升级成效显著。企业采取多种措施提高资源节约和利用效率，包括绿色办公、建筑物节能（59.1%）、调整能源使用结构、提高清洁能源占比（48.1%）、加强高能耗工艺更新改造（45.4%）、依法回收处理废旧产品（44.1%）及其再利用（43.8%）等，比 2019 年提高 3.3%—11.9%，还有 26 家企业参与了风能、电能、太阳能等新产品开发。福建民营企业绿色转型升级势头加快。

社会生态治理持续推进。民营企业通过多种渠道参与社会生态治理，主要包括施行绿色办公、投入生态保护资金、建立生态保护制度、开展环保公益等，有 5 家企业参与碳排放权交易，34 家企业制订了碳中和规划。2020 年福建省民营企业参与社会生态治理的力度明显比 2019 年更大。

四、决战决胜脱贫攻坚，接续推进乡村振兴

福建省专门成立"千企帮千村"精准脱贫工作领导小组，形成省工商联、统战部、扶贫办、光彩会、农发行等相关部门之间以及与各级党委政府之间的工作协调协作机制，成为福建民营企业精准扶贫的重要平台。

精准扶贫行动成效显著。全省 1483 家民营企业和商会结对帮扶 1554 个贫困村，投入资金 10.87 亿元，惠及 6.7 万贫困人口。2018 年以来，有三位民营企业家被党中央、国务院表彰为全国脱贫攻坚先进个人，两位民营企业家获全国脱贫攻坚奉献奖，七家企业获评全国"万企帮万村"精准扶贫行动先进民营企业，两个市级工商联获评全国"万企帮万村"精准扶贫行动组织工作先进集体，20 家企业获评省"千企帮千村"助村富民明星企业，八位民营企业家获评省脱贫攻坚先进个人，12 家民营企业以及省工商联经济联络部、晋江市总商会获评省脱贫攻坚先进集体。

帮扶项目范围广泛。福建民营企业基于行业优势，结合帮扶地区具体条件，制定企村帮扶方案，研究对口帮扶举措，实施不同帮扶项目。主要集中在社会公益和文化事业、技术和技能培训、基础设施建设和富余劳动力转移（见表 16-1），总体上，民营企业帮扶面越来越宽，帮扶质量越来越高，帮扶成效越来越好。

表 16-1　2020 年度福建被调研民营企业精准扶贫项目分布情况

精准扶贫项目	2020 年占比（%）	2019 年占比（%）
社会公益和文化事业	55.4	52.9
技术、技能培训	26.3	32.1
基础设施建设	21.1	24.0
富余劳动力转移	17.8	24.7
绿色生态扶贫	14.6	16.0
金融手段帮扶	14.6	16.7
拓宽销售渠道	7.9	13.6
打造特色农业品牌	8.9	12.2
特色旅游发展	5.2	9.1
其他	16.4	9.0

对口帮扶持续深入。自 1996 年启动闽宁对口协作帮扶以来，福建省已经形成东西部扶贫协作和对口支援常态化机制，持续助推宁夏、新疆、西藏等西部贫困地区精准脱贫攻坚。截至目前，在宁夏福建民企达 5600 多家，产业投资 130 多亿元，年上缴税收超过 10 亿元，安置当地劳动力 10 万多人，其中建档立卡贫困人口两万余人。宁夏、新疆、西藏闽籍商会中，有 567 家民营企业参与当地"千企帮千村"结对帮扶行动。福建民营企业和商会在福建宁夏商城消费扶贫 1246 万元。信通集团支持新疆昌吉开展消费扶贫超 5000 万元。福建省工商联向宁夏、新疆昌吉市、西藏昌都市工商联捐资 400 万元用于贫困户精准扶贫。

乡村振兴方兴未艾。福建民营企业在打赢脱贫攻坚战之后，接续推进乡村振兴。2020 年已经参与乡村振兴的企业（162 家，占总数 31.3%）和准备参与乡村振兴的企业（110 家，占总数 21.3%），共有 272 家，占总数的 52.6%。

五、打赢疫情防控阻击战，有序推进复工复产

新冠肺炎疫情防控阻击战中，有 6000 多家国内闽商和商会累计捐款捐

物达 19 亿元以上，树立了新时代民营企业家良好形象。调研数据显示，有 259 家（占总数 50.1%）民营企业参与疫情防控捐赠。捐款、捐物、供应医用物资、提供便民服务是福建民营企业最常见最主要的参与疫情防控的形式。此外，企业结合自身实际，采取灵活多样的方式参与疫情社会治理或各种志愿服务，为打赢疫情防控阻击战贡献力量（见图 16-2）。

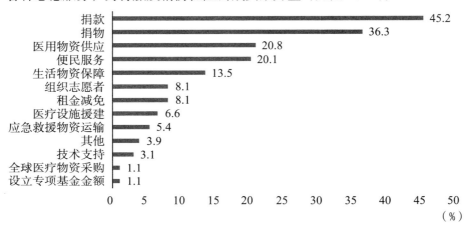

图 16-2　2020 年度福建被调研民营企业参与抗击新冠肺炎疫情概况

六、深入推进"一带一路"，加强国际经贸合作

2020 年福建民营企业加强与东盟、欧盟等"一带一路"沿线国家和地区的经贸合作，进出口呈现逆势增长态势。截至 2020 年底，福建民营企业占全省外贸进出口总额的 53.8%，比上年增长 57.1%，高出全国增速 22%。

国际经贸合作形式多样。有 72 家企业参与"一带一路"建设，占企业总数 13.9%，比上年增长 3.9%。主要通过产品或服务贸易（38 家）、工程项目承包（22 家）等形式拓展海外业务。企业投资规模不等，主要集中在 50 万美元之下（37 家）和 50 万—300 万美元（16 家），5000 万美元以上有 4 家（见表 16-2）。

表 16-2　2020 年度福建被调研民营企业参与"一带一路"建设概况

分类	类别	数量（家）	所占比例（%）
投资规模	50 万美元以下	37	60.7
	50 万 –300 万美元	16	26.2
	300 万 –1500 万美元	1	1.6
	1500 万 –5000 万美元	3	4.9
	5000 万美元以上	4	6.6
主要形式	产品或服务贸易	38	52.3
	工程项目承包	22	30.6
	对外投资办厂	7	9.7
	对外劳务合作	6	8.3
	进行海外并购	3	4.2
	设立境外研发中心	2	2.8
	设立境外工业园区	2	2.8
	其他（对外项目合作）	13	18.1

履行社会责任渠道较多。福建民营企业在东道国自觉履行道德责任、法律责任和生态环境责任，参与社会公益慈善事业，开展文化交流，加强技术合作与技术援助，展现了新时代中国民营企业家风采，助力"一带一路"沿着高质量发展方向不断前进（见图 16-3）。

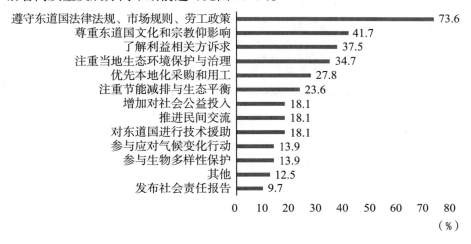

图 16-3　2020 年度福建被调研民营企业履行"一带一路"国家社会责任概况

七、遵纪守法诚信经营，完善诚信体系建设

福建省十分重视民营企业信用体系建设，在全国率先建立反不正当竞争厅际联席会议制度，创新推进民营经济信用分级分类管理制度，建立执法数据分析研判制度等，引导和规范民营企业家做诚信守法的表率。

健全知识产权保护制度。 福建民营企业知识产权保护管理日益完善，知识产权保护制度不断健全。有 154 家企业通过知识产权贯标认证，85 家企业获得国家知识产权优势企业称号，83 家企业获得国家知识产权示范企业称号。

加大反腐倡廉管理力度。 福建民营企业高度重视制度反腐，通过多种方式，形成企业内部廉洁氛围，营造利于民营企业健康发展的"亲清"政商关系和风清气正的社会政治生态（见表 16-3）。

表 16-3　2020 年度福建被调研民营企业在反腐倡廉方面采取措施概况

企业在反腐倡廉方面采取的措施	企业数量（家）	所占百分比（%）
开展反腐倡廉的相关教育和培训	327	71.9
建立包括商业贿赂在内的腐败风险的识别、监控、预防和惩治制度	325	71.4
拒绝采购涉嫌商业贿赂的产品服务	310	68.1
建立腐败事件的举报和保护机制	269	59.1
签订反商业贿赂协议或建立相关责任制	263	57.8
其他	7	1.5

加强对消费者权益保护。 民营企业主要采取真实宣传，提供人性化、个性化、无障碍设计的产品与服务，开展满意度调查，完善售后服务体系等措施逐年加强对消费者和客户权益保护，体现了对消费者负责的精神（见表 16-4）。

表 16-4　2020 年度福建被调研民营企业在保护消费者权益方面采取措施概况

企业在保护消费者权益方面采取的措施	2020 年		2019 年	增长率（%）
	选择该项的企业数（家）	占比（%）	占比（%）	
无夸大、虚假、误导性宣传	369	86.4	79.2	7.2
服务人性化，重视产品的交付和体验	295	69.1	65	4.1
建立完善的售后服务体系	285	66.7	66	0.7
妥善处理消费者投诉意见和咨询	241	56.4	62.2	−5.8
实施客户关系管理	227	53.1	58.8	−5.7
开展满意度调查	217	50.8	50.6	0.2
无不平等的格式合同	190	44.5	−	−
提供个性化定制产品	179	41.9	48.2	−6.3
建立并落实缺陷产品召回制度	145	33.9	38.4	−4.5
促进可持续消费（如引导客户购买环保产品）	140	32.8	32.4	0.4
产品或服务考虑无障碍设计	93	21.8	−	−
其他	8	1.9	2	−0.1

健全诚信管理制度。福建民营企业在经营中高度重视并逐年加强诚信管理的规范化、制度化建设，诚信管理体系已经比较成熟（见表 16-5）。有 72.1% 被调研民营企业获得企业信用 A 级以上评定，57.1% 获得纳税信用 A 级以上评定。福建民营企业社会信用总体趋势向好。

表 16-5　2020 年度福建被调研民营企业诚信管理体系建设概况

民营企业诚信管理体系建设情况	2020 年		2019 年	增长率（%）
	选择该项的企业数（家）	占比（%）	占比（%）	
建立健全企业信用制度	383	80.6	81.6	−1.0
真实及时披露信用信息	381	80.2	73.6	6.6
制定员工职业道德和行为规范	360	75.8	75.4	0.4

民营企业诚信管理体系建设情况	2020 年		2019 年	增长率（%）
	选择该项的企业数（家）	占比（%）	占比（%）	
形成讲诚信的企业文化	355	74.7	72	2.7
参与诚信专项活动	344	72.4	61.4	11.0
对商业伙伴进行信用管理	229	62.9	47	15.9
建立诚信奖惩机制	237	49.9	61.4	−11.5
获得诚信企业称号	88	18.5	21	−2.5
其他	3	0.6	0.4	0.2

八、保就业促民生稳增长，劳动关系持续向好

2020 年，福建省民营企业和谐劳动关系建设快速推进，取得了重要进展。

员工权益保障稳步推进。2020 年被调研民营企业新增就业 3798 人，比上年增长 3.2%；劳动合同签订率、员工社保参保率、体检覆盖率、员工福利投入和帮扶投入分别比上年增长 0.9%、0.6%、0.7%、13.6% 和 21.8%，明显地呈现出逐年上升态势（见表 16-6）。96.5% 企业不拖欠工资，超过六成的企业制定工资增长机制、提供交通补贴等，总体上员工待遇逐年提升。

表 16-6 2020 年度福建被调研民营企业员工就业、权益、福利、帮扶、培训等概况

项目	年份		增长率（%）
	2019 年	2020 年	
员工总数（人）	117547	121345	3.2
劳动合同签订率（%）	99.1	100	0.9
参保员工占比（%）	98.5	99.1	0.6
员工体检覆盖率（%）	91.4	92.1	0.7
福利投入（万元）	21878.17	24851.42	13.6
帮扶投入（万元）	6967.525	8487.885	21.8
培训经费投入（万元）	104234.728	104359.008	0.1
培训覆盖率（%）	94.7	95.1	0.4

员工健康与安全管理制度化。疫情期间，100%民营企业高度关心员工健康，重视员工新冠肺炎筛查与防控，同员工携手渡过难关。福建省民营企业十分重视加强员工健康与安全的常规化机制化管理，包括进行健康与安全宣传教育（81.2%）、职业健康与安全风险评估（62.8%）、告知员工职业健康风险（58.5%）等，采取多种措施切实提升员工健康水平，增强员工工作安全感（见表16-7）。

表16-7 2020年度福建被调研民营企业保障员工健康与安全措施概况

企业采取的健康与安全措施	企业数量（家）	所占百分比（%）
健康与安全宣传教育	362	81.2
健康体检	295	66.1
职业健康与安全风险评估	280	62.8
劳动保护设施或劳动保护用品	276	61.9
如实告知员工职业健康风险	261	58.5
特种作业人员持证上岗	210	47.1
对特殊群体职工采取相关保护措施	186	41.7
取得职业健康安全管理体系认证	72	16.1
员工医疗室 / 医院	68	15.2
员工心理援助计划	57	12.8
其他	10	2.2

员工参与企业民主管理实效性增强。第一，成立了民主管理机构。如工会组织或职工代表大会（78.4%）和职工董事、监事（29.1%）。第二，建立了民主协商机制。企业在制定重要规章制度时与职工代表进行协商（67.7%），通过平等协商签订集体合同（58.1%）、建立内部沟通申诉渠道（60.2%）、配备劳动关系协调师（45.4%）、配备劳动关系协调专职人员（41.4%）等解决实际问题，员工权益进一步得到维护（见图16-4）。

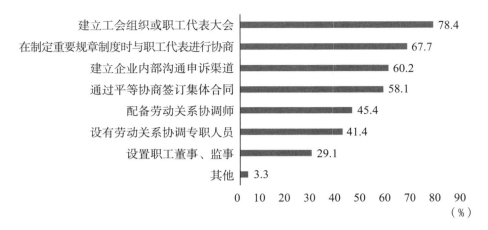

图 16-4　2020 年度福建被调研民营企业推进民主管理措施概况

解决劳动争议更有成效。近两年有 176 家（占企业总数 34.0%）企业主要由于劳动合同解除或终止（44.6%）、工伤认定（27.2%）、劳动合同变更（19.6%）、劳动报酬支付（10.9%）、社会保险缴纳（7.6%）等原因与员工发生过劳动争议，172 家（97.7%）已全部解决，3 家（1.7%）已解决 80% 以上，1 家（0.6%）解决 60% 以下，总体上劳动争议完成率高，员工满意度高。

九、公益慈善持续加大，社会参与广泛开展

2018 年以来，福建民营企业家通过福建省光彩会实施光彩项目 213 个，捐赠资金 2.49 亿元。2021 年福布斯中国慈善榜中，13 家闽籍民营企业家上榜，捐款金额达 28.31 亿元，占总捐赠额超过一成，彰显了闽商的家国情怀。

捐赠能力逐年增强。2020 年度参与慈善捐助的民营企业数量比上年增长 34.9%，2020 年度捐赠金额比上年增长 14.6%（见表 16-8），捐赠领域除体育捐赠金额减少外（受疫情隔离影响），其他领域金额都有不同程度提高，捐赠对象主要包括民政部门认定的慈善公益组织（64.3%）、民间公益组织（39.7%）、政府（35.7%）、学校（31.9%）和商协会（30.2%）等。整体来看福建民营企业捐赠参与度提高，捐赠金额逐年增加，捐赠对象比较广泛。

表 16-8　2020 年度福建被调研民营企业慈善捐赠、员工志愿服务概况

项目	年份		增长率（%）
	2019 年	2020 年	
各类慈善捐赠（万元）	380665.25	436071.74	14.6
参与慈善企业数（家）	295	398	34.9
员工志愿者人数（人）	6248	7133	14.2
员工志愿服务数（小时）	40778	48613	19.2

志愿服务持续增加。从员工志愿者人数看，2020 年比上年增长 14.2%；从员工志愿服务时间来看，2020 年比上年增长 19.2%。民营企业采取把志愿服务时间算入工作时间（121 家）、给志愿者带薪公益假（101 家）、提供资金支持（100 家）、安排相关培训指导（94 家）和成立员工志愿者组织（83 家）等举措，支持员工参与志愿服务与公益行动、社区疫情防控与社会治理，把社会责任与企业文化相融合，弘扬社会正能量，彰显企业担当，树立企业良好形象。

十、社会责任管理日趋规范，社会责任水平不断提升

2021 年福建省委表彰了 50 位优秀民营企业家、50 家优秀民营企业和50 个民营企业党建工作先进单位，民营企业家傅光明获评全国优秀共产党员，林孝发获评全国优秀党务工作者，龙净环保党委、安踏（中国）党委获评全国先进基层党组织。

党建引领民营企业社会责任。调研数据显示，有 139 家企业高度认可党建在参与企业文化建设、推进企业社会责任体系建设方面发挥的重要作用。有 3 家企业获得社会责任国际级表彰，11 家企业获得国家级表彰，21 家企业获得省部级表彰，27 家企业获得地市级表彰。

社会责任管理逐步规范化。有 193 家企业已制定或正在制定社会责任规划或管理制度，占比 28.0%。由董事长、总经理担任企业社会责任负责人的企业有 239 家，占比 46.2%。有 31 家企业编制了 2020 年度社会责任报告。有 5 家企业通过了专业第三方机构评价和审验，22 家企业通过社会责任审核认证。

17

湖北省民营企业社会责任报告（2021）

摘 要： 报告从经济责任、法律责任、公益责任与环境责任四个方面展示了湖北民营企业 2020 年在加强创新科技发展、助推绿色转型的同时，兼顾企业诚信建设、推动市场环境优化，积极投身社会公益事业和精准扶贫，为湖北省统筹推进疫情防控和经济社会发展作出了重大贡献。

关键词： 民营企业　社会责任　湖北省

一、履行经济责任，创造发展基础

（一）加快创新转型，推动经济高质量发展

2020 年第四季度湖北省民营经济景气指数为 50.9%，比上季度上升 0.2 个百分点；民营企业家信心指数为 55.3%，比上季度上升 0.3 个百分点，湖北省民营经济继续保持恢复态势，民营企业对未来发展仍充满信心。

研发投入增加，助推创新发展。参与调查的民营企业，拥有技术创新中心市级 51 个、省级 27 个、国家级 4 个。参与调查的民营企业在 2020 年的创新研发投入金额达 136.4 亿元，相较 2019 年投入金额 54.4 亿元，增长率达到 150.9%；拥有的商标数量达 5916 个，企业已经授权的自主发明专利数达 1101 项。

为自主创新和产学研协同创新作出重要贡献。调研结果显示，民营企业越来越重视创新，在创新过程中投入的研发经费占总收入的比例在 3% 以

上的民营企业占比 38.6%。有 35 家民营企业有行业重点实验室，其中六家企业有国家级重点实验室；82 家民营企业有技术创新中心，其中四家企业有国家级技术创新中心；127 家民营企业有企业技术中心，九家民营企业有国家级企业技术中心；29 家民营企业有制造业创新中心；有 74 家民营企业有博士后工作站或院士专家工作站。

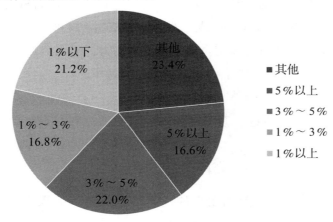

图 17-1　参与调研企业研究经费占总收入的比例

（二）注重标准引领，实施品牌驱动战略

通过多年努力和持之以恒的品牌建设，民营企业已拥有一批较有影响力和知名度的品牌，且逐年增多。品牌投入从 2019 年的 12.3 亿元，增长达到 2020 年的 24.4 亿元，增长率达到 97.5%。其中，一家民营企业入选"2020亚洲品牌 500 强"，位列第 37 位；一家民营企业入选《财富》世界 500 强"，位列第 424 位；一家民营企业入选"中国民营企业百强榜"，位列 473 位；参与调研的企业中获得中国驰名商标的民营企业有 44 家。稻花香、马应龙等品牌获得"中华老字号"荣誉称号。

民营企业积极参与制定国际、国家、行业、地方及团体标准，其中包括国际标准 12 个、国家标准 90 个、行业标准 155 个、地方标准 37 个及团体标准 32 个。

（三）加快构建双循环新发展格局，适应发展阶段新特征

构建以国内大循环为主体、国内国际双循环相互促进的新发展格局，这既是供给侧结构性改革的递进深化，也是我国以往发展战略的整合提升。137家企业在此方面采取了多样化的具体措施，包括积极促进供应链升级，整合优质资源配套，成立创新团队，研发新项目并将新项目进行推广应用，确保国内市场，稳步开拓国际市场，开展双招双引，推进重点项目建设，提升管理，巩固产品质量，深挖全员创新发展潜力，强化培训，加强上下游产业交流联系，打造精品产品，开拓国内新市场等。

二、履行法律责任，加强社会稳定

（一）法律意识提高，完善权益保障

一是民营企业注重产品质量的提高与服务意识的强化。调研显示，60.3%的企业建立了严密的质量检测体系，59.3%的民营企业遵循产品的规范化和标准化生产，53.1%的民营企业建立了完善的服务质量标准。另外通过质量管理体系认证的民营企业达到了37.6%。

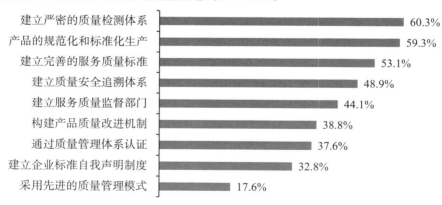

图17-2　参与调研企业产品质量服务管理情况

二是积极完善售后机制，维护消费者合法权益。调研显示，76.8%的企业能做到无夸大、虚假、误导性宣传；63.4%的企业建立了完善的售后服务体系；超过一半的企业能够妥善处理消费者投诉意见和咨询，能够做到服务

人性化，重视产品的交付和体验，实施客户关系管理。

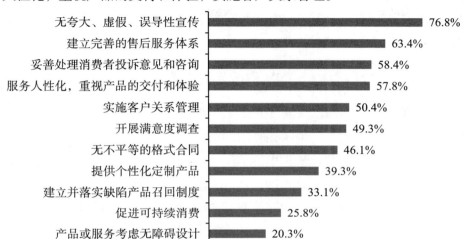

无夸大、虚假、误导性宣传	76.8%
建立完善的售后服务体系	63.4%
妥善处理消费者投诉意见和咨询	58.4%
服务人性化，重视产品的交付和体验	57.8%
实施客户关系管理	50.4%
开展满意度调查	49.3%
无不平等的格式合同	46.1%
提供个性化定制产品	39.3%
建立并落实缺陷产品召回制度	33.1%
促进可持续消费	25.8%
产品或服务考虑无障碍设计	20.3%

图 17-3　参与调研企业保护消费者权益情况

三是知识产权保护意识较高，保护预警机制趋于完善。调研显示，70.3% 的民营企业通过培训、讲座等措施提升员工知识产权保护意识同时，有 33.2% 的民营企业在法制框架内解决知识产权纠纷，32.0% 的民营企业通过了知识产权贯标认证，有 15.5%、14.3% 的民营企业分别获得国家知识产权示范企业称号和优势企业称号。

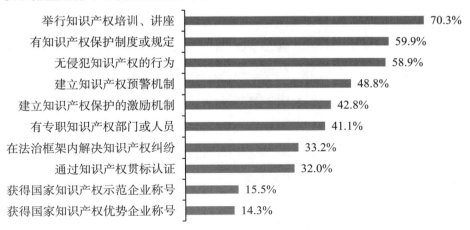

举行知识产权培训、讲座	70.3%
有知识产权保护制度或规定	59.9%
无侵犯知识产权的行为	58.9%
建立知识产权预警机制	48.8%
建立知识产权保护的激励机制	42.8%
有专职知识产权部门或人员	41.1%
在法治框架内解决知识产权纠纷	33.2%
通过知识产权贯标认证	32.0%
获得国家知识产权示范企业称号	15.5%
获得国家知识产权优势企业称号	14.3%

图 17-4　参与调研企业保护知识产权方面采取的措施

四是信用评级状况良好，企业诚信经营机制进一步完善。参与调研的民营企业中有 49.7% 的企业信用等级为 AAA，接近八成企业的信用等级为 A 级及以上，湖北省大多数民营企业都能做到诚信经营，信用等级良好。参与调查的民营企业中有近三成企业获得了"诚信企业"的称号。

（二）坚持以人为本，构建和谐劳动关系

一是完善管理机制以保障员工权益。调研显示，61.9% 的企业建立了工会组织或职工代表大会。部分企业采用畅通沟通渠道、签订集体合同、设立劳动关系协调专员等方式推进民主管理，完善管理机制，提升员工幸福感。

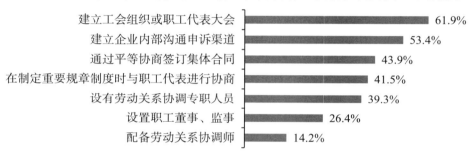

图 17-5　参与调研企业在推进民主管理方面情况

二是切实推进员工个人能力的发展。69.6% 的民营企业设立了入职和转岗教育培训。部分企业为员工制定职业生涯发展计划，建立职工学校、企业培训中心。

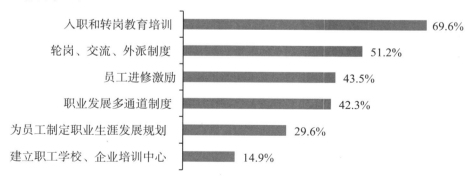

图 17-6　参与调研企业在员工学习与发展方面采取的措施

三是构筑安全体系，保障员工健康与安全。调研发现民营企业普遍注意严格落实员工职业健康安全管理制度，采取多种措施，防范、减少或消

除安全隐患，全方位加强员工职业健康与安全防护，确保职业健康安全管理体系的正常运行。参与调研的 740 民营企业中有 633 家企业在保障员工健康与安全方面采取了措施，主要包括健康体检、劳保用品配备、安全教育等方式。

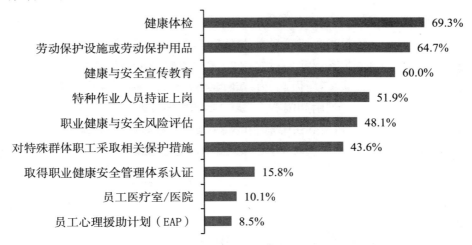

图 17-7　参与调研企业保障员工健康与安全方面采取的措施

（三）加强清廉建设，优化营商环境

民营企业积极倡导反腐倡廉，建立相关保障机制。调研结果显示，有 70.1% 的企业开展了反腐倡廉的相关教育和培训，68.2% 的企业拒绝采购涉嫌商业贿赂的产品或服务，62.4% 的企业建立了包括商业贿赂在内的腐败风险的识别、监控、预防和惩治制度。民营企业积极履行"反腐倡廉"的社会责任，为湖北省落实"反腐倡廉"建设做出了积极贡献，共同营造风清气正的营商环境。

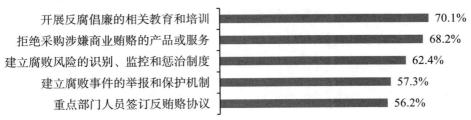

图 17-8　参与调研企业反腐倡廉中采取的措施

民营企业公平竞争意识较强，市场营商环境不断优化。88.1%的企业表示能够做到遵守有关法律，杜绝价格联盟；78.0%的企业不会损害竞争对手声誉；73.4%的企业无严重低于市场价格销售产品行为；70.8%的企业无通过降低产品和服务的安全和质量标准获取竞争优势行为。

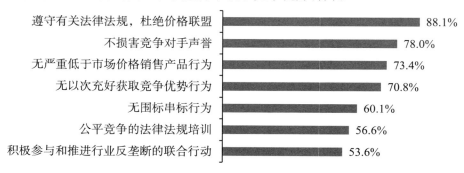

图 17-9　参与调研企业在公平竞争中采取的措施

三、履行公益责任，促进社会和谐

（一）响应党的号召，助力脱贫攻坚

本次调研的企业中，捐赠扶贫是最主要的扶贫方法，占比为 50.1%。帮扶贫困人口数共计 245185 人，其中 68.3% 的民营企业帮扶贫困人口数小于100 人。帮扶金额达 20.7 亿元，其中 71.7% 的民营企业帮扶金额在 50 万元以下。

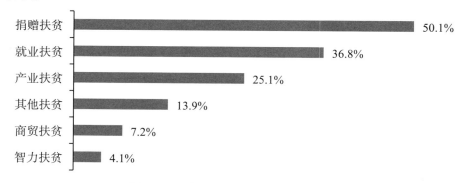

图 17-10　参与精准扶贫调研企业扶贫方式

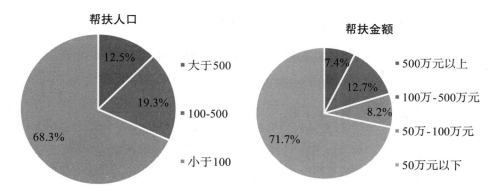

图 17-11 参与精准扶贫调研企业帮扶贫困人口及金额

（二）投身慈善事业，努力回报社会

一是捐款对象广泛，善款"物尽其用"。民营企业慈善捐款主要流向政府或者政府认定的慈善公益组织，其中约 68.3% 的捐款流向民政部门认定的慈善公益组织。

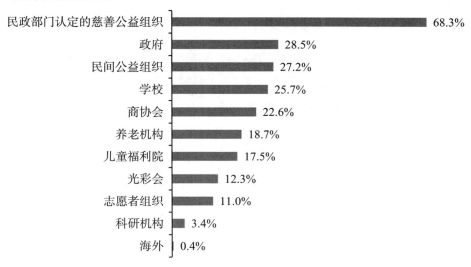

图 17-12 参与慈善捐款的调研企业捐款对象

二是重视慈善事业，基金会资金来源广泛。调研显示，在设置企业慈善基金会的湖北省民营企业中，企业资助和企业家捐助是基金会资金主要来源。

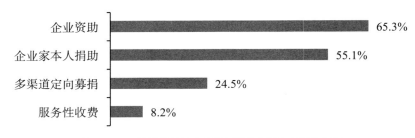

图 17-13　设置慈善基金会的调研企业基金会资金来源

三是参与志愿服务，为员工提供支持。调研显示，有 47.3% 的企业为员工参与志愿活动提供支持。其中，将将志愿服务时间算入工作时间是主要做法。

（三）参与疫情抗击，助推复工复产

一是多方式参与抗击新冠肺炎疫情。35.1% 的企业在疫情期间捐款，24.9% 的企业参与捐赠物资或服务，15.1% 的企业提供生活物资保障。此外，企业还通过便民服务、供应医用物资、运输应急救援物资等方式支援抗疫，切实履行互帮互助的社会责任。

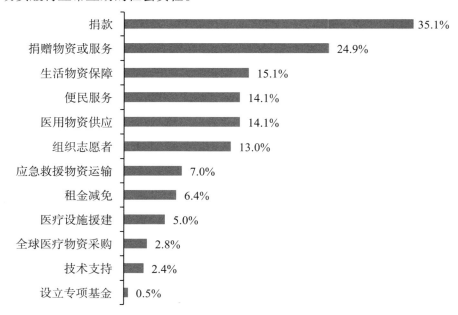

图 17-14　参与调研企业抗击新冠肺炎疫情情况

二是全力保障防疫物资供应。 疫情期间湖北民营企业加班加点生产抗疫物资，同时不计成本采购防疫物资。运鸿集团分别向湖北省医疗机构、武穴市医疗卫生单位捐赠了价值3.024亿元的希递康免疫胶囊。李时珍医药集团有限公司四次组织生产艾条、蕲艾洗手液、75%消毒酒精等防疫物资。名泰机电公司为南漳政府免费提供数台风送机及配套运输车、消毒液，先后对清河管理区、南漳经济开发区和县城区进行免费消毒作业。

三是参与医院改造建设。 卓尔企业全力协助建院增床，与武汉、黄冈、随州、荆州等地合作设立七家应急医院，改建三家方舱医院，改造和新设7600个床位。山河集团临危受命，在一个月内参与完成了六所定点医院的建设改造工程。湖北厚亨建筑工程有限公司奔向防控疫情第一线，在十堰市建设起一座1600平米永久性高标准的负压防控隔离病区。

四是多维度关爱战"疫"医护人员。 湖北都市兰亭酒店管理有限公司在关心医护人员衣食住行之余，还积极协调枣阳市文联，征集"疫情援枣"为主题的征文活动，同时在酒店走廊办一期"肝胆每相照，冰壶映寒月"主题板报。湖北妞妞食品有限公司举办"祝白衣天使们节日快乐"活动，向辽宁援襄队员赠送50个生日蛋糕。3月20日国际医生节，发布"致最爱的你"活动，为全城抗疫医护工作者准备了2000份暖心西点。奥山集团实施"抗疫白衣天使子女招聘关爱计划"，2020年度招聘岗位200余个，所有招聘岗位对全国抗疫医护人员子女优先面试、同等条件下优先录用。

五是积极主动为民众谋福利。 农夫电商、奥山集团克服运输、销售难题，帮销积压农产品。金马凯旋集团积极响应中央关于"六稳""六保"的重大决策，提供纾困申请方案。山河集团顶着巨大的生产经营压力，坚持不裁员、不减薪，切实保障广大员工的切身利益。民营企业用实际行动为社会稳定贡献积极力量。

四、履行环境责任，建设生态文明

（一）推进资源节约利用，实现互利共赢

调研显示，有44.6%的企业采取了绿色办公、建筑物节能的措施，

43.9% 的企业提高了原材料的综合利用率以减少浪费。同时，企业也通过调整自身能源的使用结构，提高清洁能源占比，对废旧产品进行综合再利用，简化或使用环保的产品包装等方式促进资源的节约和利用。

（二）重视节能减排，实现经济转型

在参与调研的民营企业中，共获得国家环境标志认证 24 项，通过绿色食品认证数量 108 个。在降污减排方面，有 56.1% 的企业采用了节能、环保原材料来降低污染，50.5% 的企业进行了设施设备节能减排升级改造。此外，企业还采取了按期完成淘汰落后产能任务、研发绿色产品、推行生态设计、搬迁进入工业园区、转向投资低污染、低耗能产业等措施，以此来实现降污减排及经济转型。

（三）加快绿色转型，推进"碳中和"计划

湖北省民营企业积极配合"碳中和"工作，在参与调研的 740 家企业中，已经有 75 家企业开始为我国的"碳中和"目标采取措施，包括加大节能环保新产品开发力度、开展"碳中和"目标培训、提高全员碳减排意识、淘汰落后的重污染设备、建设污染物自动监测平台、保证污染物达标排放等方面。格林美新材料有限公司积极响应"碳中和"要求，2020 年格林美荆门园区采用生物质锅炉替代外购蒸汽，生产蒸汽 21.4427 万吨，减少了 5.90 万吨二氧化碳的排放。公司植树造林 16800 棵，约 170 亩。此外还进行节能技术改造，多渠道推进碳减排。

（三）参与生态保护，促进企业与自然和谐发展

调研显示，有 40.8% 的企业建立了环保培训制度，建立环境事件应急机制、倡导并参与公共环境治理与保护、落实"三同时"要求的企业分别占 39.1%、36.5%、34.6%。企业还通过建立统计、检测、考核管理系统、设立专属部门负责环境保护管理工作，建立环境信息披露机制，制定绿色采购计划，来为保护生态环境贡献力量。

18
江西省民营企业社会责任报告（2021）

摘　要： 此为江西省发布的第三份民营企业社会责任报告。报告采用数据分析与实证分析相结合的方法，从不同维度、不同层面用翔实的数据和生动的案例，总结梳理 2020 年度江西省民营企业社会责任活动的主要表现和突出亮点，客观呈现了民营企业对社会责任认识提升的新境界。

关键词： 民营企业　社会责任　江西省

一、夯实诚信基石，实现健康发展

2020 年，江西省民营企业在爱国诚信、创新发展、质量管理、品牌建设等方面取得了长足发展，为江西实现高质量跨越式发展奠定了坚实基础。在参与调研的民营企业中，92.4% 的民营企业把守法诚信列为企业应该履行的社会责任之一，71.9% 的企业建立健全了企业的信用制度。

在注重技术研发，提升产品质量方面，江西省创新型省份建设三年行动取得新成效，综合科技创新水平指数升至 56.68%，是全国唯一连续七年进位省份。在参与全省调研的 1353 家民营企业中，976 家企业都积极投入人力、物力、财力进行自主创新，其中研发投入在 3% 以上的企业数量达到 413 家，占比 42.3%；790 家企业建立了研发机构，其中 632 家企业选择自建研发机构，占比达到 80.0%；253 家企业参与和相应核心技术攻关项目，其中 48.2% 的企业参与新材料研究与开发（见图 18–1）。

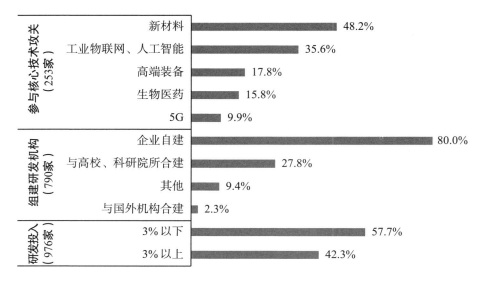

图 18-1　参与调研民营企业创新发展及投入情况

二、心系家国责任，勇于奉献社会

2020 年江西省地区生产总值 25691.5 亿元，逆势中实现突破，比上年增长 3.8%；全省非公有制经济增加值超过 15000 亿元，占 GDP 的 60.7%。全省非公经济税收占总税收的比重由 2013 年的 70.8% 提升至 2019 年的 78.5%，2020 年 1—8 月占比为 76.7%，非公经济税收贡献度稳定提高。

稳定就业，民生发展。调研数据显示，有 88.4% 的企业优先考虑为本地人员创造就业岗位；75.4% 的企业能够积极做好疫情防控，加强员工健康监测；67.5% 的企业积极创造灵活就业岗位，吸纳劳动者就业（见图 18-2）。

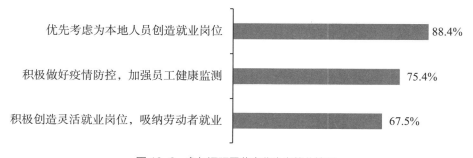

图 18-2　参与调研民营企业稳岗就业情况

响应国家倡议，保持对外开放。2020 年江西民营企业进出口 2968 亿元，占进出口总值的比重由 2015 年的 64.6% 提升至 74.0%。

抗击疫情，同舟共济。2020 年江西省工商联共组织 8553 家民营企业、商会（协会）以及非公经济人士向各级红十字会、慈善总会、民政部门、医疗机构等捐款捐物累计达 6.48 亿元，为打赢疫情防控阻击战作出了民营企业的积极贡献。

三、重视员工成长，创建和谐环境

维护员工权益，保障健康安全。江西省民营企业劳动者权益保护意识较强，且仍在不断提升。调研数据显示，此次参与调研的民营企业平均劳动合同签订率为 94.2%，较 2019 年的 93.6% 上升 0.6 个百分点（见图 18-3）。

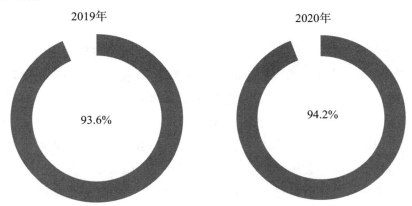

图 18-3　参与调研民营企业 2019-2020 年劳动合同签订率

建立沟通机制，江西省民营企业员工责任意识明显增强。在参与调研的 1353 家民营企业中，共有 1094 家企业采取了相关举措来促进员工的学习和发展，占参与调研企业的 80.9%，较 2019 年的 72.9% 提升八个百分点；共有 996 家企业建立了民主管理和沟通渠道，占参与调研企业的 73.6%。

四、践行"双碳"目标，推进绿色发展

加强制度管理，开展环境管理体系认证。调研数据显示，在环保认证方面，参与调研的民营企业中，66.3%的民营企业通过了 ISO 14001 环境管理体系认证，42.6%的民营企业通过了清洁生产审核，14.1%的民营企业在产品质量、能效、建筑等其他方面获得绿色标识或认证（见图 18-4）。

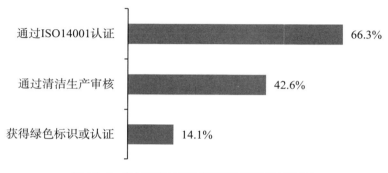

图 18-4　参与调研民营企业环保方面获得认证情况

污染防治攻坚，环境更美更蓝。2020 年，江西全省空气优良天数比例达 94.7%，长江干流江西段所有水质断面达到二类标准，生态环境质量稳居全国前列，民营企业起着举足轻重的作用。调研数据显示，在参与调研的民营企业中，57.0%的企业进行了设施设备的节能减排升级改造；56.9%的企业积极采用节能、环保原材料，减少污染源；48.7%的企业积极采取节能行动，加强高能耗工艺更新改造，增加环保设施，淘汰高耗能、高污染设备；42.7%的企业将环保意识融入企业的管理体制中，建立了环保培训制度。

五、维护公平运营，传承赣商文化

维护市场公平，建立责任供应链。调研数据显示，参与调研的民营企业中，86.5%的企业遵守有关法律法规，杜绝价格联盟，反对商业垄断等各种损害公平竞争的行为；75.2%的企业能够尊重友商，不损害竞争对手声誉；73.8%的企业对供应商公开采购信息，诚信履约；60.0%的企业将道德、环境、用工等相关社会责任要求纳入采购合同（见图 18-5）。

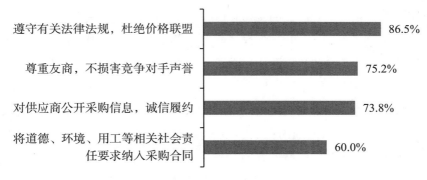

图 18-5　参与调研民营企业维护市场公平、建立责任供应链情况

尊重知识产权，探索知识产权转化新方式。2020 年 1 月，江西赣锋锂业股份有限公司以企业三件商标以及五项专利两类知识产权，在中国农业银行新余市分行进行混合质押，成功质押融资一亿元。这是江西省首次尝试"商标＋专利"知识产权混合质押融资，开启了江西省知识产权质押融资新的里程碑，为银行金融机构进一步加大对知识产权运用支持力度，破解企业融资难题，助推民营经济高质量发展探索了新路。

六、优化消费环境，拉动内需增长

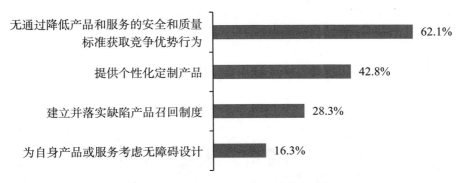

图 18-6　参与调研民营企业产品安全保障情况

提升产品体验，保障健康安全。调研数据显示，参与调研的民营企业中，65.3％的企业建立了完善的售后服务体系，确保及时回应消费者；62.1％的企业无通过降低产品和服务的安全和质量标准获取竞争优势行为；61.1％的企业

注重服务人性化，重视产品的交付和体验；58.5%的企业会妥善处理消费者投诉意见和咨询（见图18-6）。多数江西省民营企业已经意识到维护消费者生命健康的重要性，并在产品设计和质量把控方面尽可能提供更多保障。

抓实信息安全，做好隐私保护。调研数据显示，参与调研的民营企业中，74.6%的企业建立了企业层面的内控体系，把对消费者信息的保护纳入了整个企业的内控体系范围内；67.3%的企业通过合法且公开的方式获取客户信息；48.9%的企业在与第三方的合作中尊重保护企业客户信息的安全性；42.6%的企业明示信息收集的目的、方式和范围；31.9%的企业通过技术手段限制对于消费者信息的批量查询，控制消费者信息的导出（见图18-7）。

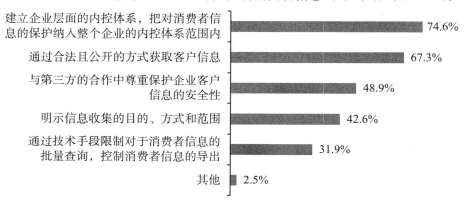

图 18-7　参与调研民营企业在保护消费者信息方面所采取的措施

七、参与社区共建，致力社会事业

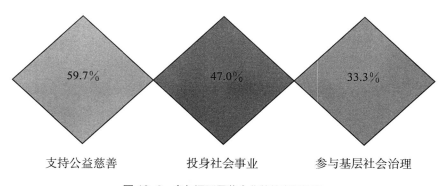

图 18-8　参与调研民营企业慈善责任情况

投身公益慈善，助力社会和谐。慈善认知多元丰富，慈善实践形式多样。调研数据显示，59.7%的企业认为企业社会责任包括支持公益慈善事业，47.0%的企业认为企业社会责任包括投身社会事业，33.3%的企业认为履行社会责任包括参与基层社会治理（见图18-8）。

参与社区基层社会治理，建立应急保障机制。调研数据显示，在参与调研的民营企业中，有853家企业在应急保障方面采取了必要的措施，占参与调研总量的63.0%，如新冠肺炎疫情发生后，立即启动抗疫指南。其中，有超过四成以上的民营企业建立了应急保障和紧急救援机制，定期开展应急演练（抗洪救灾等），事先做好防备和应对策略；有近四成的民营企业配备了应急物资及装备；有三成以上的民营企业组织紧急救援技能的培训，并鼓励、支持员工参与救助和抢险救灾行动（见图18-9）。

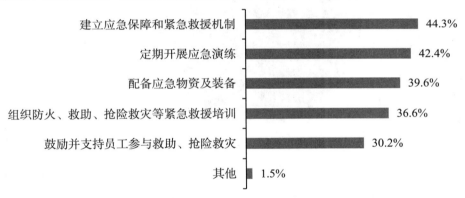

图18-9　参与调研民营企业在应急保障方面采取的措施

提供志愿服务，提升企业温度。调研数据显示，在参与调研的民营企业中，有526家企业支持员工志愿服务，占参与调研民营企业总数的38.9%。

八、建立责任体系，强化责任管理

坚守赣商精神，践行社会责任。从增强履责执行力方面来看，调研数据显示，在参与调研的1353家民营企业中，731家企业由企业负责人负责企业社会责任工作。其中，42.5%的企业由总经理负责，42.0%的企业由董事长直接负责，可以看到，绝大多数企业的社会责任工作负责人为总经理或董事长。

高举党建旗帜，引领发展方向。2020年，江西省民营企业全面深入贯彻党的十九大和习近平总书记系列重要讲话精神，立足江西特有的历史与现实条件，发扬井冈山精神，以"两个健康"为指引，加强党建工作，积极履行社会责任，推动企业健康发展。调研数据显示，在参与调研的1353家民营企业中，共有440家企业设有党组织，占参与调研企业总数的32.5%。其中，以党支部形式的占比达到81.6%（见图18-10）。

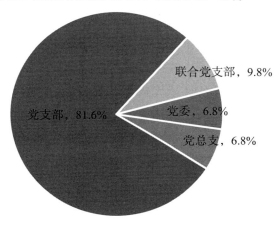

图18-10 参与调研民营企业党组织建设情况

在企业社会责任体系建设方面，有57.4%的企业认为履行社会责任是受工商联组织推动，56.9%的企业认为履行社会责任是企业发展战略的需要。

19

山东省民营企业社会责任报告（2021）

摘　要： 报告披露了 2020 年度山东省民营企业履行社会责任的整体情况和社会责任绩效数据信息，旨在通过总结山东省民营企业在践行社会责任的探索与实践，展现民营企业富而思源、回报社会的正面形象，推动民营经济高质量发展。

关键词： 民营企业　社会责任　山东省

一、调研样本概况

报告的调研范围是山东省内各类型民营企业，包括非公有制经济成分控股的有限责任公司和股份有限公司、港澳投资企业等，重点是有代表性的民营企业、各级工商联执委、光彩会理事所属企业和各直属商会会员企业。调研覆盖全省 13 个市、17 个行业，在各级工商联和直属商会的大力支持下，共回收 516 份有效问卷，涉及三大产业、大中小微型四类企业。所取样本分布相对比较广泛，具有一定的代表性。

调研样本企业中，成立 3 年以内企业 23 家，成立 3—5 年企业 52 家，成立 5—10 年企业 105 家，成立 10—20 年企业 215 家，成立 20—30 年企业 88 家，成立 30 年以上企业 21 家，另有 12 家参与调研企业未填报成立年限数据。同时，参与调研的民营企业中，有 15 家企业已经上市，占比 2.91%。

从行业结构来看，参与调研的民营企业中制造业仍然是主力，共计 250 家，占比 48.45%。其次为建筑业（48 家）、批发和零售业（40 家），以及农、林、牧、渔业（32家）（见图19-1）。各行业企业数量差距较大，制造业企业数量远高于其他行业。

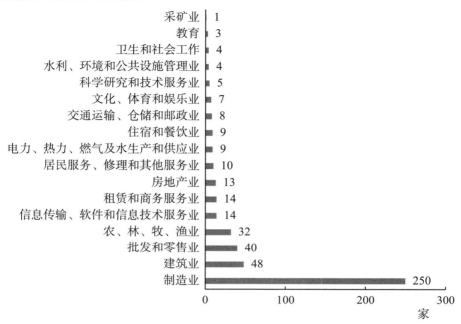

图 19-1　2020 年参与调研民营企业社会责任专项调研样本企业行业分布

二、企业发展成果

2020 年度，参与调研民营企业经营绩效略有下滑，平均资产总额、平均利润增长率均有不同程度下降。吸纳就业人数持续增加，户均创造就业岗位 451.43 个，较 2019 年约增加 4.73 个。采取多种措施积极进行品牌建设，注册和使用商标、制定品牌发展战略与发展规划和培育自有品牌三种方式的使用占比均在 50% 以上。研发能力不断提高，研发成果卓著，有 107 家企业通过国家高新技术企业认定，101 家企业通过科技型中小企业认定。

企业经营绩效略有下滑，资产总额小幅增加。2020 年参与调研民营企业实现户均营业收入 17.02 亿元，较去年（17.27 亿元）减少 0.25 亿元，同比下降 1.45%；平均资产总额为 9.89 亿元，与 2019 年（8.62 亿元）相比增长

14.73%；平均利润增长率为 35.88%，较去年（104.22%）减少 68.34%（见图 19-2）。

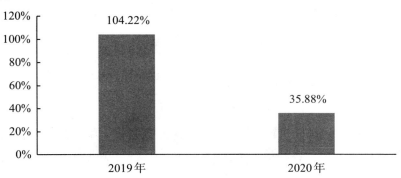

图 19-2　2019-2020 年参与调研民营企业平均利润增长率变动情况

企业缴纳税额有所减少，吸纳就业人数持续增加。2020 年参与调研民营企业缴纳税金共计 219.89 亿元。户均缴纳税金 6125.13 万元，较 2019 年（8248.92 万元）减少 25.75%。第二产业仍是纳税的主力军，纳税总额 211.19 亿元，占比 95.93%。有 344 家企业获得税务部门纳税信用 A 等级，占比 66.67%。户均创造就业机会 451.43 个，较 2019 年（446.70 个）约增加 4.73 个，其中德州恒丰集团和威高集团有限公司吸纳就业人数均在万人以上。

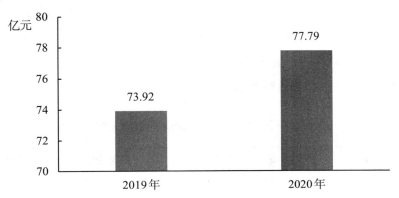

图 19-3　2019-2020 年参与调研民营企业研发投入金额

企业品牌建设初显成效，研发能力稳步提升。2020 年参与调研的民营企业品牌投入 8.19 亿元，较 2019 年（8.49 亿元）减少 0.30 亿元；平均商标拥有量为 12.05 个，较 2019 年（10.90 个）增加约 1.15 个，增幅为 10.55%；创新研发总投入为 77.79 亿元，较 2019 年（73.92 亿元）增加 3.87 亿元，同比增长 5.24%（见图 19-3）。有 107 家企业通过国家高新技术企业认定，101 家企业通过科技型中小企业认定。

三、企业社会绩效

2020 年参与调研民营企业在社会责任方面做出贡献。积极承担员工责任，重视员工关怀，各项员工关怀投入均实现增长；采取多种措施，扎实推进民主管理。对消费者负责，严控产品质量服务管理，全方位保护消费者权益。切实履行伙伴责任，推进诚信建设，信用等级 A 级及以上的企业达 390 家，积极建设良好市场竞争环境，支持行业商会工作。积极投身公益慈善事业，支持员工志愿服务。积极"走出去"，参与"一带一路"建设，履行海外社会责任。

企业切实践行员工关怀，扎实推进民主管理。2020 年参与调研民营企业劳动合同签订率达 94.02%（见表 19-1），参保员工占比 85.69%，员工体检覆盖率为 92.12%，员工培训覆盖率为 92.75%，均较 2019 年有了一定程度的增长。企业支持员工学习与发展，关注员工薪酬福利，保障员工健康与安全，在员工培训、员工福利及困难员工帮扶方面分别投入 16698.54 万元、67673.42 万元和 3761.69 万元，同比增长 14.89%、11.00% 和 20.57%。推进民主管理方面，67.68% 的企业建立了工会组织或职工代表大会，66.04% 的企业建立了企业内部沟通申诉渠道。

表 19-1　2019-2020 年参与调研民营企业劳动合同签订率

大型企业		中型企业		小型企业		微型企业		总体	
2019 年	2020 年	2019 年	2020 年	2019 年	2020 年	2019 年	2020 年	2019 年	2020 年
99.66%	99.87%	95.03%	95.68%	92.32%	93.18%	89.20%	89.31%	93.03%	94.02%

企业提高产品与服务质量，发力保障消费者权益。扎实推进产品服务质量管理，60% 以上企业建立了严密的质量检测体系和完善的服务质量标

准；切实维护消费者权益，保护消费者信息，88.50%的企业无夸大、虚假、误导性宣传现象，75.99%的企业建立了企业层面的内控体系，将对消费者信息的保护纳入整个企业的内控体系范围内，70.58%的企业建立了完善的售后服务体系。

企业推进诚信体系建设，营造良好市场竞争环境。2020年参与调研民营企业中信用等级A级及以上的企业达390家，79.88%的企业已经建立健全企业信用制度（见表19-2）。参与调研企业采取多种措施来保障企业间的公平竞争，95.71%的企业遵守有关法律法规，杜绝价格联盟；86.50%的企业在供应链管理中做到了公开采购信息，诚信履约；78.03%的企业建立了包括商业贿赂在内的腐败风险的识别、监控、预防和惩治制度；72.19%的企业建立了知识产权保护制度或规定。此外，企业还积极参与行业商会举办的有关活动，为行业发展建言献策。

表19-2　2020年参与调研民营企业信用等级

企业信用等级	企业数量（家）
AAA	278
AA	42
A	70
BBB	3
BB	2
B	7
CCC	1
CC	1

企业积极投身公益慈善事业，大力支持员工志愿服务。参与调研民营企业向弱势群体伸出援手，助力复转军人就业，积极承担社会责任。参与多种慈善捐赠，捐赠总额2.16亿元（见表19-3）。新冠肺炎疫情期间，47.23%的企业参与了捐款；精准扶贫项目中，204家企业通过捐赠扶贫方式进行帮扶。支持员工志愿服务，51.27%的企业将志愿服务时间算入工作时间，44.92%的企业提供带薪公益假。2020年参与调研民营企业平均员工志

愿者服务人数 50 人，平均员工志愿者服务小时数为 465.39 小时。

表 19-3　2020 年参与调研民营企业慈善捐赠金额

（单位：万元）

类别	2019 年	2020 年
扶贫济困	3773.32	4669.13
抢险救灾	1597.88	8501.94
助老	568.26	711.05
救孤	237.45	313.26
助残	896.91	1176.17
优抚	169.49	200.85
教育	1727.5	1651.43
科学	155.9	185.9
文化	214.9	329.6
医疗	360.6	755.1
体育	208.5	293.8
环境保护	723.06	1004.35
其他	305.17	1854.21

企业推进"走出去"战略，履行海外社会责任。2020 年参与调研民营企业积极"走出去"，有 19 家企业对"一带一路"建设的国家（地区）进行了投资，10 家对其他国家进行了投资，企业投资的国家和地区数量多，分布广泛，五家企业投资规模高达 5000 万美元以上。通过各种举措履行海外社会责任，43 家企业表示在海外严格遵守东道国法律法规、市场规则、劳工政策，32 家企业了解利益相关方的期望和诉求，加强和利益相关方沟通。

四、企业环境绩效

2020 年参与调研企业环境保护意识持续增强，环保投入增幅显著，超过六成企业建立了环保培训制度以及环境事件应急机制，采取多种有力措施积极开展环境管理工作，多家企业获得相关环保认证。在降污减排、资源节约与利用以及生态系统保护方面，绝大多数企业都施行了多项不同的环保措施，不断加大环境保护力度。综合来看，大企业依然发挥了环保主力军的作用，小微型企业在环保方面的投入比例相对略低。

多措并举推进环境保护，大型企业持续引领环保进程。2020 年参与调研民营企业不断加深环境保护意识，环保投入较去年增长 33.14%（见图 19-4）。多家企业获得 ISO14001 认证、绿色食品认证、国家环境标志认证等各类环保认证，70.08% 的企业建立了环保培训制度，62.11% 的企业建立了环境事件应急机制。在降污减排方面，积极推动绿色产品创新；在资源节约与利用方面，积极节能减排，从企业生产运营的各方面坚持推广资源的回收循环再利用。综合来看，在环境保护的各方面，大型企业作为主力军持续发力，引领中小微企业积极参与环保工作，成效显著。

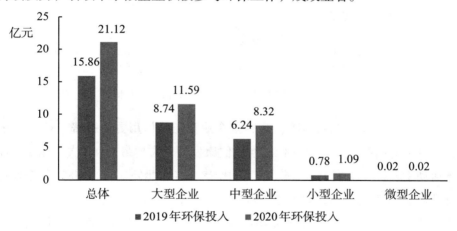

图 19-4　2019-2020 年参与调研民营企业环保投入变动情况

五、企业党建工作

2020 年参与调研民营企业党组织建设总体情况较好，党建工作得到绝大多数企业的支持，组织基础稳固，开展"三会一课"整体情况良好，民营企业党组织在企业生产经营活动的众多方面均发挥着积极影响作用。但存在着企业党员比例整体偏低，少数企业未对党建工作提供支持、未落实

"三会一课"制度，小微企业党组织发挥作用较弱等问题。

　　党建工作稳健有序开展，定期召开"三会一课"。2020 年参与调研的民营企业中，有 201 家企业设置党支部，设置党委、党总支、联合党支部的企业数量分别为 40 家、21 家、19 家，稳步推进党建工作（见图 19-5）；企业高管的党员比例较高，绝大多数企业定期召开"三会一课"，有序开展党建工作，持续加强党员教育。

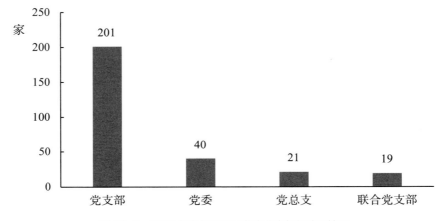

图 19-5　2020 年参与调研民营企业党组织建设情况

　　党组织促发展成效显著，大中型企业党组织作用更为显著。88.84% 的企业认为党组织引导了企业依法经营健康发展，占比最高；其次是在生产经营活动中发挥党员模范带头作用，占比 88.02%。此外，有 80.58% 的企业通过开展思想政治工作，化解矛盾和风险隐患，78.10% 的企业党组织参与企业文化建设，72.31% 的企业党组织推进企业社会责任体系建设。最后，党组织参与企业内部决策占比最低，为 65.70%。大型、中型企业党组织在企业发展中的作用更为显著，其中，大型企业党组织在企业发展的各方面均发挥了重要作用，影响最为显著。小微企业党组织发挥的作用相对较弱。

六、责任体系建设

　　2020 年，企业总体社会责任意识较强，且普遍认为履行社会责任能给企业带来积极影响。在履行社会责任时，企业优先考虑党和政府的政策指引，并设立专门的部门来负责相关工作。大部分企业高层管理者负责社会责任相关工作，体现了企业对社会责任的重视。但企业社会责任管理体系建设仍需改进，大部分企业缺少社会责任体系的规划与管理。

企业社会责任意识较强，守法诚信认可度最高。企业对应履行的各项社会责任的认可度较高，绝大多数占比在 60% 以上。其中，企业普遍认为民营企业履行社会责任应包括守法经营、诚实守信，占比高达 96.02% 和93.44%；其次是稳定就业，占比 80.72%（见表 19-4）。

表 19-4　2020 年参与调研民营企业应履行的社会责任情况

民营企业应履行社会责任	大型企业		中型企业		小型企业		微型企业		企业总数	
	数量	占比	数量	占比	数量	占比	数量	占比	数量	占比
守法经营	32	100.00%	84	96.55%	195	95.12%	55	93.22%	483	96.02%
诚实守信	31	96.88%	82	94.25%	195	95.12%	47	79.66%	470	93.44%
稳定就业	30	93.75%	72	82.76%	173	84.39%	41	69.49%	406	80.72%
贡献税收	29	90.63%	72	82.76%	164	80.00%	39	61.02%	396	78.73%
保护环境	31	96.88%	69	79.31%	163	79.51%	39	61.02%	388	77.14%
关爱员工	30	93.75%	69	79.31%	153	74.63%	39	61.02%	377	74.95%
绿色发展	26	81.25%	56	78.87%	144	70.24%	33	55.93%	355	70.58%
扶贫济困	29	90.63%	65	74.71%	144	70.24%	33	55.93%	351	69.78%
创新发展	29	90.63%	68	78.16%	144	70.24%	25	42.37%	343	68.19%
支持公益慈善	27	84.38%	61	70.11%	138	67.32%	32	54.24%	330	65.61%
投身社会事业	25	78.13%	42	59.15%	107	52.20%	24	45.76%	264	52.49%
投身国家战略	22	68.75%	43	49.43%	96	46.83%	18	30.51%	233	46.32%
防范金融风险	21	65.63%	43	49.43%	92	44.88%	17	28.81%	225	44.73%
参与基层社会治理	24	75.00%	32	45.07%	85	41.46%	24	45.76%	225	44.73%
参与光彩事业	21	65.63%	37	42.53%	89	43.41%	20	33.90%	219	43.54%

管理体系建设仍待完善，多数企业缺少系统规划管理。企业高层重视相关管理工作，有 206 家企业由董事长或总经理直接负责社会责任管理工

作，57 家企业设立了专门部门来负责社会责任的相关工作。但仅有 20.50%的企业编制了社会责任报告，4.75% 的企业在社会责任方面有持续开展的品牌项目，4.65% 的企业已经建立社会责任规划或管理制度，社会责任管理体系建设仍有待进一步完善。

20

河南省民营企业社会责任报告（2021）

摘　要： 报告采用数据分析与实证分析相结合的方法，从不同维度、不同层面用翔实的数据和生动的案例，总结梳理 2020 年度河南省民营企业社会责任活动的主要表现和突出亮点，客观呈现了民营企业对社会责任认识提升的新境界。

关键词： 民营企业　社会责任　河南省

一、聚焦健康发展，奋进中原出彩新征程

（一）诚信守法，夯实责任之基

多年来，河南省民营企业脚踏实地，恪守诚信经营之本，以传承百年的淳朴情操让中原品牌诚信之石永屹。

数据显示，被调研企业中有 76.2% 的民营企业信用评价等级在 B 级及以上（1204 家），其中达到 AAA 级的企业占比为 43.3%（684 家），比去年的 41.4% 高出 1.9 个百分点。这表明河南省民营企业诚信建设实践和管理能力在不断提高。

此外，被调研民营企业中，有 1477 家企业开展诚信建设，其中 80.9% 的企业建立健全了企业信用制度；77.9% 的企业形成了讲诚信的企业文化，真实并及时披露了信用信息，方便同行及社会进行监督，民营企业诚信建设自主性不断加强。

（二）创新发展，擘画未来篇章

民营企业十分注重创新驱动，创新意识持续增强，创新动能日益强劲，对河南高质量发展的支撑引领作用日渐凸显。

一是民营企业创新意识持续增强。数据显示，民营企业研发经费占总收入比例 5% 以上的企业占 14.7%，比上年高出 1.4%（见图 20-1）。可见，科技创新在民营企业中逐渐深入发展战略，占据核心地位。

二是民营企业创新动能日益强劲。调研数据显示，全省参与调研的民营企业中建有重点实验室、技术创新中心、企业技术中心、博士后工作站、院士专家工作站等共计 339 家。此外，河南省民营企业积极推进产学研协同，加快科技成果转化。

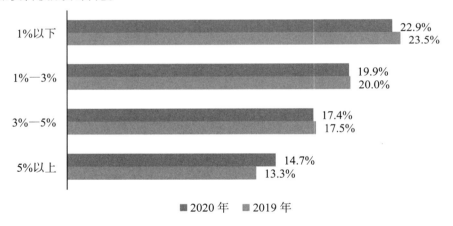

图 20-1　参与调研民营企业研发经费投入情况

二、紧跟国家战略，服务经济社会发展

（一）稳步发展，非公经济贡献力量

2020 年河南省税收收入 2764.66 亿元，下降 2.7%，其中民营企业税收收入占近九成，约 2488 亿元。在积极纳税方面，调研数据显示，在参与调研的民营企业中，取得 B 级以上信用等级的企业达到 1204 家，其中 AAA 级企业 684 家、AA 级企业 201 家、A 级企业 26 家；取得 M 级以上纳税信用等

级的企业达到 1182 家，其中 A 级纳税信用等级企业 872 家（见图 20-2）。

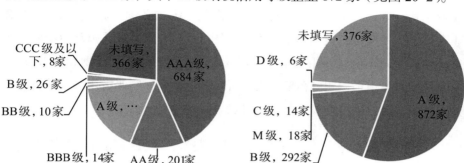

图 20-2　参与调研民营企业信用等级（左图）、纳税信用等级（右图）情况

（二）"一带一路"，打造内陆开放新高地

近年来，民营企业愈发重视海外履责，履责方式逐渐多样化。调研数据显示，民营企业在遵守东道国法律法规方面履责占比最高，达到 66.5%。此外，超过三成的民营企业注重加强和利益相关方沟通（42.0%），尊重东道国文化和宗教信仰影响（36.9%），注重当地生态环境保护与治理（38.1%）（见图 20-3）。

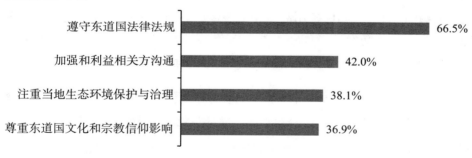

图 20-3　参与调研民营企业"一带一路"履责实践内容

三、重视员工责任，构建和谐关系

（一）维护权益，稳定劳动关系

河南省民营企业提供了大量就业岗位，积极保障员工权益，劳动关系

基本稳定。数据显示，77.3% 的民营企业做到了优先考虑为本地人员创造就业岗位；58.3% 的企业创造灵活就业岗位，吸纳劳动者就业；57.5% 的企业安排了实习岗位，接纳学生实习（见图20-4）。除了开展招聘活动外，全省各地还面向企业开展用工指导，指导企业合理制定招聘计划和招聘条件，及时受理政策申请，跟踪落实情况；面向求职者开展职业指导，帮助劳动者分析失业原因、了解求职方法、提升就业能力。

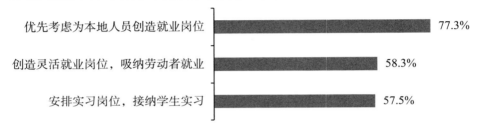

图 20-4　参与调研民营企业在促进和稳定就业方面采取的措施

（二）关爱健康，升温暖心氛围

在参与调研的民营企业中，有 66.8% 的企业更加关注员工健康，开展了员工健康体检；58.2% 的企业不仅注重员工健康意识的提升，还提供劳动保护设施或劳动保护用品，在"硬件"方面保障员工健康安全（见图20-5），进一步激发员工参与经济建设的积极性、主动性和创造性，增强员工对企业的认同感和归属感，促进劳动关系的和谐与稳定。

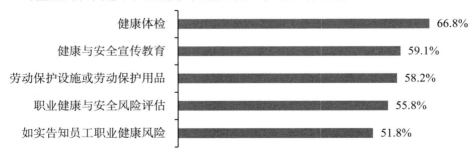

图 20-5　参与调研民营企业在保障员工健康与安全方面采取的措施

（三）提升技能，护航职业成长

数据显示，河南省民营企业对员工培训重视程度逐渐提高，员工职业发展体系日渐成熟。在参与调研的民营企业中，大部分企业对员工有入职和教育培训，轮岗、交流、外派制度、进修激励制度、职业发展多通道制度等制度建设也是民营企业发力的重点。此外，还有 14.7% 的企业通过建立职工学校、企业大学、企业培训中心，促进了员工与企业的协调发展（见图 20-6）。

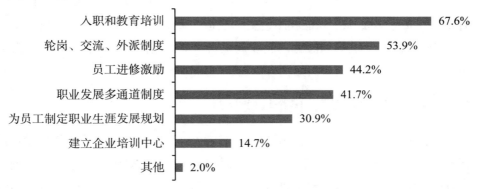

图 20-6　参与调研民营企业在员工学习与发展方面采取的措施

四、助力低碳转型，引领绿色发展

（一）防污治污，促进绿色发展

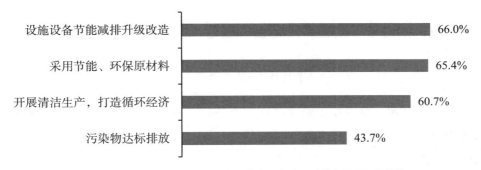

图 20-7　参与调研的第二产业类民营企业在防污减排方面采取的措施

调研数据显示，在降污减排方面，参加调研的 711 家第二产业类民营企业中，有 66.0% 的企业对生产各环节进行了设施设备的节能减排升级改造，以达到降污减排的要求；65.4% 的企业采用节能、环保原材料进行生产活动（见图 20-7），从源头防治污染。

（二）节能循环，绿色常驻中原

数据表明，河南省民营企业规划节能设计，多措并举，全面提升能源利用率。在节约能源方面，全省参与调研的 738 家第二产业类民营企业中，有 56.2% 的企业加强了高能耗工艺更新改造，55.8% 的企业从提高原材料综合利用率来进行节能，50.1% 的企业调整自身能源使用结构，提高清洁能源占比。

（三）对标"双碳"，民企持续发力

河南省民营企业把实现"碳达峰""碳中和"目标作为政治责任自觉扛在肩上，准确把握河南省面临的机遇和挑战。调研数据显示，在努力实现"双碳"目标方面，全省参与调研的 673 家第二产业类民营企业中，12.1% 的企业参与碳排放权的交易，8.9% 的企业制定"碳中和"计划。同时，广大民营企业家还采取植树造林、负碳排放技术和碳补偿等有效措施抵消碳排放，努力降低碳排放水平。

在保护生态系统方面，全省参与调研的 673 家第二产业类民营企业中，40.6% 的企业在生态保护方面进行了投资，37.9% 的企业开展环保公益。

五、促进公平公正，规范合规经营

（一）公平竞争，共同和谐发展

调研发现，尊重竞争对手、规范企业竞争行为、维护公平竞争环境已成为河南省民营企业的共识。调研数据显示，参与调研的民营企业中，有 90.4% 的企业可以做到遵守有关法律法规，杜绝价格联盟；81.5% 的企业承诺不损害竞争对手声誉。此外，参与调研的企业中有 55.8% 的企业积极参与和推进行业反垄断的联合行动，这些企业在市场竞争中做到公平、公正的同时，还积极为行业发展建言献策，共同推进行业向着高质量发展。

（二）规范行为，深化产权保护

调研发现，河南省民营企业知识产权保护意识不断增强。调研数据显示，参与调研的企业中有 68.9% 的企业举办了一系列相关的培训讲座，提升员工的知识产权保护意识，此外还有 61.9% 的企业为了有效保护公司的知识产权，建立了知识产权保护制度或规定。

六、保障消费者权益，助推消费升级

（一）以公平营销为根本，提升消费者获得感

调研数据显示，75.7% 的企业已建立健全企业信用制度，74.9% 的企业无夸大、虚假、误导性宣传，有 36.9% 的企业表示无不平等的格式合同（见图 8）。这表示，河南省民营企业在销售商品时，能够真实准确地反映产品的信息，引导消费者合理消费。同时，河南省广大民营企业积极争创放心消费示范企业，从源头上减少消费纠纷的产生。

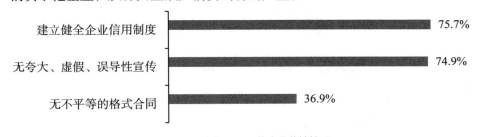

图 20-8　参与调研民营企业营销情况

（二）以售后服务为延伸，增强消费者满足感

近年来，河南省民营企业树立以"顾客至上"，突出"先服务"的经营理念，通过建立售后服务体系、完善投诉机制等手段，提升消费者的消费体验和获得感。数据显示，在全省被调研的民营企业中，有 60.3% 的企业

服务人性化，重视产品的交付和体验；有58.2%的企业建立完善的售后服务体系；有56.7%的企业能妥善处理消费者投诉意见和咨询；有48.9%的企业开展了满意度调查（见图20-9）。

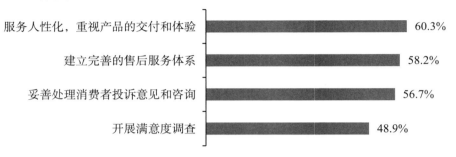

图20-9　参与调研民营企业在消费者权益方面的做法

（三）以信息保护为依托，适应消费者新变化

调研数据显示，民营企业通过开展员工隐私培训、采取技术措施和其他手段严格管理，制定信息丢失或泄露的应急补救措施。调研数据显示，有61.9%的河南省民营企业在内部建立了内控体系，将对消费者信息的保护纳入整个企业的内控体系范围内；有51.4%的企业通过合法且公开的方式获取客户信息；有41.4%的企业在与第三方的合作中，注重尊重保护企业客户信息的安全性。

七、凝聚民企温情，共筑大爱河南

（一）聚志愿心，凝心聚力传递暖阳

数据显示，有23.6%的民营企业十分支持开展员工志愿服务活动，并将员工志愿服务时间算入工作时间；另有22.2%的民营企业为员工提供带薪公益假期，以此鼓励员工积极参与社区志愿服务，更好地帮助社区居民解决生活问题；有21.9%的民营企业为员工提供志愿者服务相关培训指导（见图20-10）。

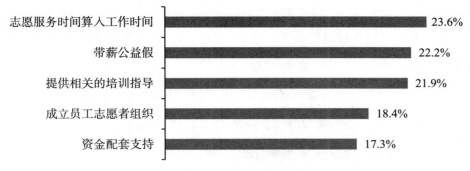

图 20-10　参与调研民营企业为员工志愿服务提供支持情况

（二）共建共享，和谐发展谋求共赢

调研发现，河南省民营企业参与社会事业建设覆盖领域广。数据显示，在参与调研的民营企业中，有 516 家民营企业已经参与到社会事业建设工作中来，占被调研总数的 32.7%。其中，参与到教育事业建设中的民营企业占比最多，达 29.6%；还有较多民营企业在养老、医疗、居民服务、文化建设中作出一定贡献；参与到旅游、体育建设方面的民营企业占比较少（见图 20-11）。

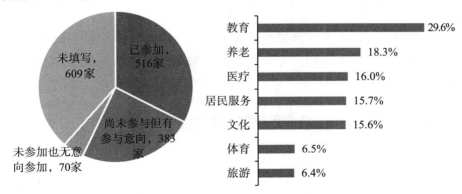

图 20-11　参与调研民营企业参与社会事业建设情况

（三）多措并举，救灾抗疫民企担当

调研数据显示，在民营企业参与抗击新冠肺炎疫情的方式中，四成以上民营企业采取捐款、捐赠物资或服务的方式来支援抗疫，两成以上的民营企业供应医用物资、提供生活物资保障和便民服务，14.0% 的民营企业组织员工志愿者加入到救援队伍，还有一些民营企业采取为租户提供租金减免、提供应急救援物资运输等力所能及的帮助（见图 20-12）。

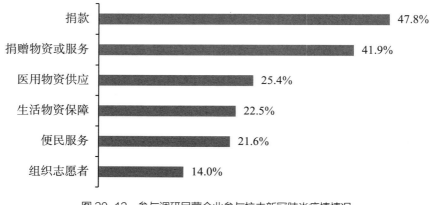

图 20-12 参与调研民营企业参与抗击新冠肺炎疫情情况

八、深化责任管理，铸造责任竞争力

（一）党建引领，助力社会责任建设

调研数据显示，参与调研的民营企业中，有 652 家在其内部设立了党组织。其中，超过八成的企业成立了党支部，另有 13.0% 的企业成立了党委（见图 20-13）。

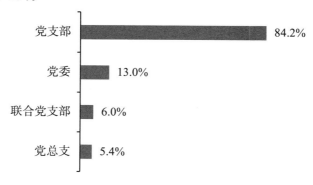

图 20-13 参与调研民营企业党组织建设情况

（二）责任管理，护航企业健康发展

调研发现，河南省有相当一部分民营企业已经从战略、文化、融合、评估等方面初步建立了较为健全的社会责任管理体系。参与调研的民营企业中，67.8% 的企业将社会责任理念融入运营管理和活动中，65.6% 的企业选择将社会责任理念在公司的战略、目标和指标中体现出来，63.1% 的企业已建立与利益相关方双向沟通的常态机制，62.2% 的企业营造并培育履行社会责任的环境和文化。参与调研的民营企业中，有 67 家企业编制了 2020 年度的企业社会责任报告。

21

河北省民营企业社会责任报告（2021）

摘　要：报告采用数据分析与实证分析相结合的方法，从八个维度、不同层面，用翔实的数据，总结梳理 2020 年度河北省民营企业社会责任活动的主要绩效和突出亮点，客观呈现了民营企业社会责任理念认识提升的新境界。

关键词：民营企业　社会责任　河北省

一、健康责任，书写发展答卷

（一）诚信，燕赵大地闪亮名片

"诚者，天之道也；思诚者，人之道也。"人无信不立，企业和企业家更是如此。参与调研的民营企业在诚信建设方面，建立健全企业信用制度占比 82.5%，真实及时披露信用信息占比 73.8%，参与政府或行业协会组织的诚信专项活动占比 73%（见图 21-1）。

（二）创新，蓬勃发展持续赋能

参与调研的民营企业中，研发投入占企业营收 5% 以上的占比 15.3%，研发投入占企业营收 3%—5% 的占比 20.3%。在创新平台建设方面，有相关科技创新平台的企业中，企业技术中心和技术创新中心分别占比 60.3% 和 41.7%。

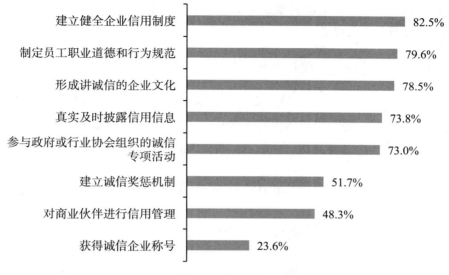

图 21-1　被调研民营企业诚信建设情况

（三）品牌，助力"大质量"格局

随着国际经济一体化、国内竞争国际化的市场变化，品牌已经成为企业生存、发展，参与市场竞争的武器。参与调研的民营企业在企业品牌发展情况方面：注册和使用自主商标占比54.6%，制定品牌战略与发展规划占比49.3%，培育自有品牌占比40.5%，拓展品牌推广渠道占比33.4%。已经有一部分企业认识到品牌对企业的意义，并积极培育和发展品牌，助力企业更好地发展。

二、国家责任，擘画时代画卷

（一）稳定就业，保民生之本

全省参与调研民营企业在促进和稳定就业方面采取的措施主要有：优先考虑为本地人员创造就业岗位占比80.7%；创造灵活就业岗位，吸纳劳动者就业占比61.6%；安排实习岗位，接纳学生实习占比58.2%。有64.7%的民营企业无恶意裁员、减薪等损害劳动者权益行为；23.2%的民营企业安置了残疾人就业，18.7％的民营企业安置了复转军人就业，8.1％的民营企业安置了刑满释放人员就业。

（二）对外开放，促进共同发展

"一带一路"沿线国家是重要的外贸新兴市场，河北省参与调研并且已经参与"一带一路"建设的民营企业中，投资区域为非洲的占比最大，为53.1％；其次是东南亚地区，占比34.4％（见图21-2）。

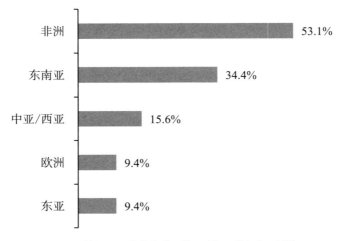

图 21-2　被调研民营企业"一带一路"沿线投资区域情况

在海外履行社会责任实践方面，河北省参与调研并且已经参与"一带一路"建设的民营企业整体表现较好。遵守东道国法律法规、市场规则、劳工政策占比高达90.0％；尊重东道国文化和宗教信仰影响占比70.0％；了解利益相关方的期望和诉求，加强和利益相关方沟通，以及注重当地生态环境保护与治理分别占比65.0％。可见共享发展成果已经成为河北省民营企业参与"一带一路"建设的重要共识。

三、以人为本，促进和谐劳动关系

（一）规范企业用工，维护职工权益

民营企业对劳动关系的认识有新提升，参与调研民营企业劳动合同签订率已经提升至 95.1% 的高位水平，社会保险缴纳率则实现快速增长，比 2019 年提升约 7.9 个百分点（见图 21-3）。

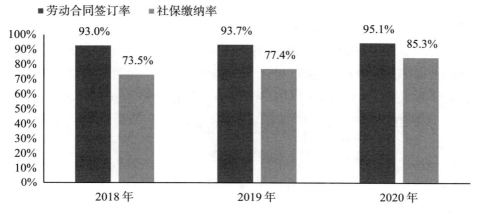

图 21-3　被调研民营企业劳动合同签订和社保缴纳情况

（二）完善薪酬福利制度，发挥激励作用

工资支付水平稳定增长。参与调研的民营企业有 91.1%"不拖欠工资"，有 66.0% 建立"工资增长机制"，有 62.3%"足额支付加班工资"（见图 21-4）。虽然 2020 年河北省民营企业特别是中小企业面临内外部压力陡升，营收资金减少等困难，却依然能足额支付工资，保证工资增长机制，进一步彰显了企业的员工责任。

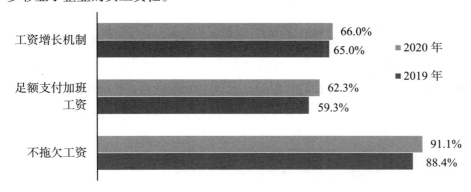

图 21-4　被调研民营企业薪酬支付情况

（三）深化民主管理，增强内生动力

民主沟通与管理形式渐趋完善。调研数据显示，2020年有84.3%的民营企业通过形式丰富的民主管理与沟通举措，协调推进民主管理各项工作，较2019年总体呈小幅增长态势。其中，建立工会组织或职工代表大会、建立企业内部沟通申诉渠道的企业，均达到五成以上。此外，设有劳动关系协调专职人员的企业占比44.5%，比2019年略有增长（见图21-5）。

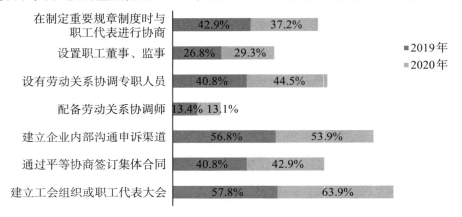

图21-5 被调研民营企业民主沟通渠道建设情况

四、绿色发展，践行生态文明

（一）坚持绿色发展，持续深化污染防治

推进重点行业深度治理。调研数据显示，重点涉污的第二产业企业中78.4%的民营企业进行了设施设备节能减排升级改造；65.7%的民营企业善于采用节能环保原材料，注重开展清洁生产；60.8%的民营企业污染物排放达标（见图21-6）。

（二）坚持绿色发展，着力改善生态环境

河北省民营企业还积极探索生态环境保护新模式，坚持生态保护优先，合理利用自然资源。参与调研的民营企业，有33.5%的企业在生态保护方

面投入资金，由25.1%的企业建立了生态保护制度，17.8%的企业减少运营对生物多样性影响。

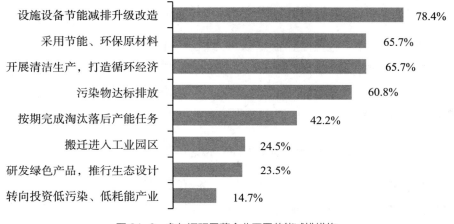

图21-6　参与调研民营企业开展节能减排措施

（三）坚持绿色发展，倡导绿色生活

河北省环保管理制度渐成体系。参与调研的民营企业中，53.4%的企业建立了环保培训制度，增强了员工环保意识，防止和减少了各类环保事故；48.7%的企业建立了环境事件应急机制，提高企业应对涉及公共危机的突发环境污染事故的能力；48.2%的企业积极落实"三同时"要求（见图21-7）。总体来看，河北省民营企业尤其是民营工业企业已将环保管理纳入企业战略规划，从而促进环保行为产生实效。

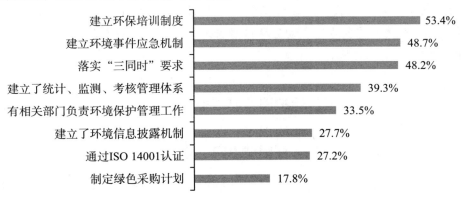

图21-7　被调研民营企业环境管理情况

五、公平运营，打造责任供应链

（一）长鸣反腐警钟，维护清朗氛围

河北省广大民营企业积极采取有力措施，以自身力量响应反腐倡廉号召。参与调研的民营企业，72.3%的企业对员工开展了反腐倡廉相关教育和培训工作，70.7%的企业拒绝采购涉嫌商业贿赂的产品或服务，半数以上的企业建立健全多项机制以从根本上化解腐败风险。

（二）促进公平竞争，优化营商环境

参与调研的民营企业，有九成以上将遵纪守法、杜绝价格联盟作为自身经营底线；超过80%的企业承诺不恶意损害竞争对手声誉并将其落实于企业实际发展进程中。此外，大部分企业都定期进行自我审查与检视，阻绝通过降低产品与服务质量、恶意降低产品价格等不正当手段获取竞争优势的行为。半数以上企业在做好自身管理的基础上积极参与行业反垄断联合行动，实现企业竞争与行业发展的良性循环。

（三）融合企业责任，重塑价值链条

调研数据显示，河北省各民营企业积极强化价值链责任管理工作，80.6%的企业能够做到采购信息的适度公开并诚信履约；超过六成的企业在经营过程中采取多种有效措施对供应商的履责行为进行鼓励与监管；57.1%的企业将一系列社会责任履行要求纳入采购合同，以增强供应方的社会责任意识；42.4%的企业还主动分享自身管理、经营理念及经验，以提升行业内价值链社会责任履行水平。

六、消费者责任，保护消费者权益

（一）促进公平营销，保障健康安全

近年来，河北省民营企业以"诚信守法、公平交易"为经营原则，树立了良好的企业形象。在参与调研的民营企业中，85.3%的企业无夸大、虚

假、误导性宣传等行为，33.0％的企业将获取消费者信任作为履行企业责任的工作重心。

（二）强化责任意识，提升服务水平

参与调研的民营企业中，70.2％的企业都建立了完善的售后服务体系，66.5％的企业能够做到及时妥善处理消费者投诉意见和咨询，值得注意的是，有23.6％的企业为自身产品或服务考虑无障碍设计，满足顾客多样化需求（见图21-8）。

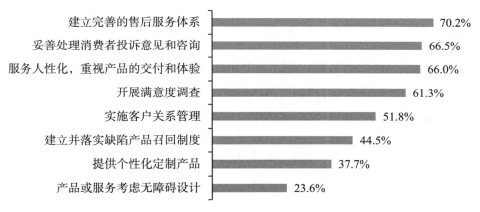

图 21-8 被调研民营企业消费者服务提升情况

（三）注重信息保护，护航顾客隐私

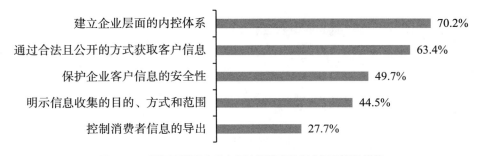

图 21-9 被调研民营企业在保护消费者信息方面采取的措施

参与调研的民营企业中，70.2％的企业建立了企业层面的内控体系，将对消费者信息的保护纳入整个企业的内控体系范围；63.4％的企业通过合法且公开的方式获取客户信息（见图 21-9）。河北省多数民营企业在消费者信息保护与隐私方面已形成较全面的认知和基础性举措。

七、社区责任，夯实基层治理基石

（一）持续慈善捐赠，加强志愿服务

民营企业是慈善捐赠的重要力量。调研数据显示，2020 年河北省民营企业慈善捐赠能力及意愿持续提升。在捐赠对象方面，多元化趋势明显，涉及公益组织、政府、学校等多个主体。

（二）协同共建共享，融入社区治理

河北省民营企业积极参与社区共建共治共享，参与调研的民营企业中 35.1% 的企业积极参与社会事业建设（见图 21-10）。

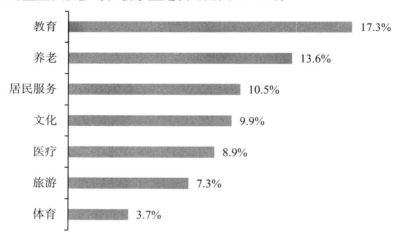

图 21-10 被调研民营企业参与社会事业建设情况

（三）主动协调沟通，满足社区诉求

在参与调研的企业中，有 29.8% 建立了与利益相关方双向沟通的常态机制。不少企业在社区初期的相关建设事项上就将自身定位为主要的参与主体之一，在充分了解社区发展需求的基础上，主动与利益相关方进行各

项问题的沟通，以组织嵌入、资源承诺等方式提供帮助。

八、责任治理，提升责任能力

（一）责任认知理解全面深入

履责对企业的影响方面。调研数据显示，企业认为通过履行社会责任可以赢得党和政府的信任，获得公众好评，提升企业美誉度，获得客户信任，对获得政府支持起到主要影响，占比达到70%以上。有50%以上的企业认为履行社会责任能够达到吸引留住优秀员工、提升经营管理水平、改善营商环境的目的（见图21-11）。这说明企业认识到履行社会责任对扩大企业的经济效益、传播企业的形象具有重要的意义。

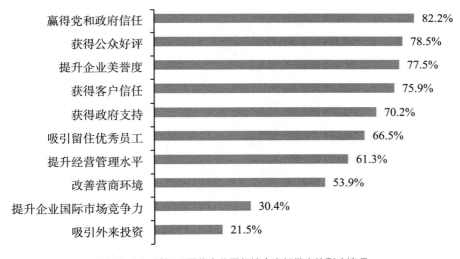

图21-11　被调研民营企业履行社会责任带来的影响情况

（二）企业文化融合责任理念

党建引领企业责任。党建是新时代民营企业健康发展的保障，对民营企业责任体系建设发挥了重要作用。在参与调研的民营企业当中，有49.8%的企业成立了党组织。其中58.1%的企业认为党组织起到引导企业依法经营健康发展的作用；57.6%的企业在生产经营活动中发挥党员的模范带头作用；52.9％的企业通过开展思想政治工作，化解矛盾和风险隐患；46.6％的企业认为党建能够推进社会责任体系建设。

（三）组织治理落实责任管理

责任管理制度常态化。参与调研的民营企业，34.6％的企业将社会责任理念在公司的战略、目标和指标中得到反映，33.0％的企业将社会责任理念融入运营管理和活动中，31.4％的企业营造并培育履行社会责任的环境和文化，并有29.8％的企业建立与利益相关方双向沟通的常态机制，13.6％的企业跟踪评估企业社会责任相关决策执行。

22
吉林省民营企业社会责任报告（2021）

摘　要：报告通过分析民营企业社会责任调研数据，总结了 2020 年度吉林省民营企业社会责任实践的基本特点和主要绩效，展示了吉林省民营企业家努力作为，在创新驱动、关爱员工、绿色发展、诚信经营、公益慈善和促进就业等方面树立了良好形象。

关键词：民营企业　社会责任　吉林省

吉林省参与 2020 年度民营企业社会责任调研有效样本企业共计 600 家，分布于全省九个地级市和两个省管县级市；其中有限责任公司 405 家、独资企业 129 家、股份有限公司 60 家、合伙企业 6 家；以制造业（22%）、批发零售业（18%）和农林牧渔业（12%）为主，三者合计占总样本量的 52%。

一、实施创新驱动，助力高质量发展

（一）创新研发投入稳步提升

调查显示，有创新研发投入的企业占 61%，其中，48% 的企业研发经费占总营业收入不足 1%（见图 22-1）。吉林省民营企业在研发上投入的经费较以往有所增加，但总额仍相对较少。

（二）研发机构以企业自建方式为主

从研发机构的组建形式上看，吉林省民营企业多数还是通过企业自建的方式组建研发机构，占比 70%。有 15% 的民营企业建立了各种创新平台，为企业创新发展提供坚实基础（见表 22-1）。

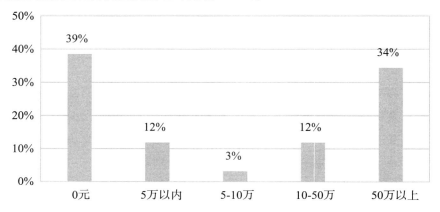

图 22-1　参与调研企业研发投入情况

表 22-1　参与调研企业科技创新平台建设情况

类别	数量	占比	国家	省级	市级
重点实验室	21	4%	3	3	10
技术创新中心	21	4%	2	7	2
企业技术中心	54	9%	2	24	18
工程技术研究中心	10	2%	1		1
制造业创新中心	6	1%	2		2
博士后工作站	2	0%			
院士专家工作站	5	1%			
总计	91	15%			

（三）参与关键核心技术攻关

有 78 家企业（占比 13%）参与关键核心技术攻关，集中于新材料、高端装备、人工智能和生物医药领域，分别为 36 家、25 家、19 家。

（四）品牌建设初见成效

调查显示，吉林省参与调研的企业中，拥有商标的企业占比 71%，共有 15 个中国驰名商标和三个中华老字号。

（五）产品质量服务管理受到重视

调研显示，选取的 600 家样本企业都有较高的质量意识，并能在企业经营过程中采取各种措施来提升产品和服务质量。其中，有 73% 的企业建立了严密的质量检测体系，59% 的企业进行了产品的规范化和标准化生产，50% 的企业建立了完善的服务质量标准，43% 的企业建立了质量安全追溯体系、企业标准自我声明制度及服务质量监督部门，34% 的企业构建了产品质量改进机制，21% 的企业通过了质量管理体系认证（如 ISO9000、ISO22000 等），12% 的企业采用先进的质量管理模式（精益生产、6S 现场管理等）。有 14 家企业获得中国质量奖，有 6 家企业获得省长质量奖，有 18 家企业获得市长质量奖（见图 22-2）。

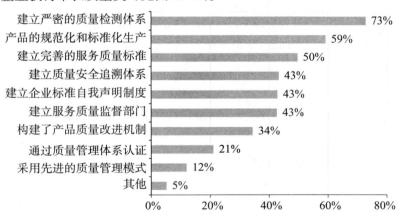

图 22-2　被调研民营企业产品质量服务管理情况

二、加强企业诚信建设，构建和谐共赢关系

（一）企业信用等级评定整体良好

调研企业中，有 96% 的企业信用等级评定在 A 级以上，其中，获得

AAA 级评定的企业有 257 家，占比 60%。有 70% 的企业纳税信用等级为 A 级，25% 的企业纳税信用等级为 B 级，M 级以下的企业仅占比 5%。

（二）知识产权护航原始创新

调查显示，我省民营企业中，六成企业会通过培训、讲座等措施提升员工知识产权保护意识（61%），有知识产权保护制度或规定的占比 59%，通过知识产权贯标认证的占比 28%，获得国家知识产权示范企业称号的占比 18%，获得国家知识产权优势企业称号的占比 13%（见图 22-3）。

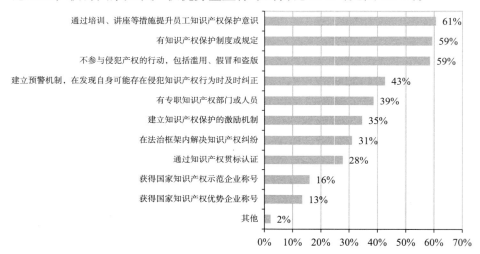

图 22-3　被调研民营企业在保护知识产权方面采取的措施

（三）反腐倡廉优化营商环境

调查显示，吉林省民营企业在反腐倡廉方面，62% 的企业拒绝采购涉嫌商业贿赂的产品或服务，61% 的企业建立了包括商业贿赂在内的腐败风险的识别、监控、预防和惩治制度，61% 的企业开展了反腐倡廉的相关教育和培训，55% 的企业建立腐败事件的举报和保护机制，46% 的企业组织部门负责人及重点部门人员签订反对商业贿赂协议或建立相关责任制。

（四）上下携手打造共生共赢供应链

调查显示，吉林省民营企业在供应链管理方面能做到：公开采购信息，诚信履约（占比81%），将道德、环境、用工等相关社会责任要求纳入采购合同（占比65%），通过审核、培训、辅导等活动提高供应商的社会责任水平（占比55%），通过保持、增加订单或提供长期合同的方式鼓励供应商积极履行社会责任（占比52%），为行业内供应链社会责任水平提高贡献经验（占比37%）。

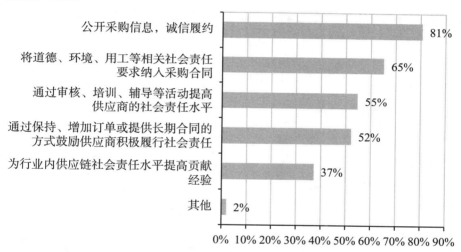

图22-4　被调研民营企业在供应链管理方面采取的措施

（五）多措并举保护消费者信息

调查显示，企业在保护消费者信息方面，75%的企业建立了企业层面的内控体系，将对消费者信息的保护纳入整个企业的内控体系范围内；61%的企业通过合法且公开的方式获取客户信息；47%的企业与第三方的合作中，尊重保护企业客户信息的安全性；42%的企业明示信息收集的目的、方式和范围；有35%的企业通过技术手段限制对于消费者信息的批量查询，控制消费者信息的导出。

三、坚持以人为本，保障员工权益

（一）薪酬福利多样，提升员工幸福感

调查显示，吉林省民营企业在员工薪酬福利方面能尽力作为，九成以上的企业做到不拖欠工资，五成企业通过缴纳"五险一金"、带薪休假、工资增长机制、足额支付加班工资等形式保障员工福利，四成以上的企业有宿舍、餐厅及餐补、交通补等补贴，三成的企业有困难员工帮扶措施，二成的企业有企业年金、补充保险、文化体育设施，一成的企业有股权期权。

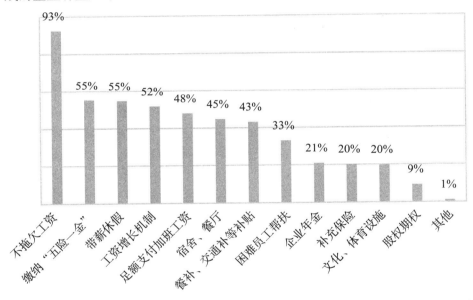

图 22-5　被调研民营企业在员工薪酬福利方面的措施

（二）注重劳动保护，护航员工健康

调查显示，在保障员工健康与安全方面，吉林省民营企业中，68% 的企业会通过健康体检的方式关爱员工健康与安全，52% 的企业有劳动保护设施或劳动保护用品，50% 的企业会进行职业健康与安全风险评估，49% 的企业会做健康与安全方面的宣传教育，43% 的企业会如实告知员工职业健康风险，25% 的企业对特殊群体职工（如孕产妇、哺乳期妇女、残疾人等）

采取相关保护措施。

（三）加大培训力度，关注员工成长

调查显示，有关企业员工在学习与发展方面，我省600家民营企业中，有56%的企业有入职和转岗教育培训，有44%的企业制定了轮岗、交流、外派的制度，37%的企业建立了职业发通道制度，34%的企业有员工进修激励，20%的企业为员工制定职业生涯发展规划，11%的企业建立职工学校、企业大学、企业培训中心。

（四）深化民主管理，畅通沟通渠道

调查显示，有关企业推进民主管理方面，吉林省600家民营企业中，仅有50%的企业建立了工会组织或职工代表大会，38%的企业建立了企业内部沟通申诉渠道，34%的企业通过平等协商的方式签订了集体合同，25%的企业设有劳动关系协调专职人员，21%的企业在制定重要规章制度时与职工代表进行协商，17%的企业设置职工董事、监事，只有10%的企业配备劳动关系协调师。

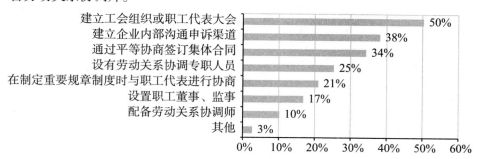

图 22-6　被调研民营企业推进民主管理方面情况

（五）党建稳步推进，凝聚员工力量

在600家参与调研企业中，建立党组织的企业有194家。其中上级党组织为政府职能部门占比最高，达到39%，其次为企业所在地街道办，占比32%，上级党组织为工商联占比16%。77%的企业会定期开展"三会一课"，17%的企业偶尔开展，另有6%的企业暂未开展"三会一课"。94%的企业

对党建工作提供经费和场地支持。

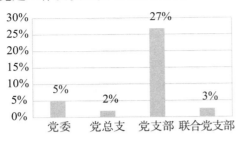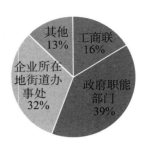

图 22-7　被调研民营企业党组织建设情况

（六）员工关系维持较好，劳动争议较少

调研显示，吉林省民营企业中，仅有 3% 的企业（14 家）在近两年与员工发生过劳动争议，其中 11 家企业已全部解决，另外三家企业已解决 80% 以上，引发劳动争议的原因主要体现在劳动合同解除、终止（占比 29%）与社会保险缴纳（占比 29%）。

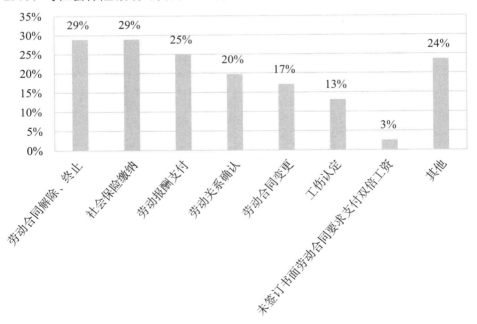

图 22-8　被调研民营企业引发劳动争议的原因

四、注重生态保护，践行绿色发展

（一）参与环保认证，加强环境综合治理

调查显示，有 108 家企业曾获得过环保方面的审核认证。其中，通过 ISO14001 认证的 51 家，通过绿色食品认证 14 家，获得国家环境标志认证 9 家，其他产品质量、能效、建筑等方面的绿色标识或认证的 19 家。

（二）落实节能减排降耗，发展低碳循环经济

在降污减排方面，39% 的企业已采用节能、环保的原材料；33% 的企业开展清洁生产，打造循环经济；30% 的企业进行了设施设备节能减排的升级改造；17% 的企业污染物达标排放；15% 的企业按期完成淘汰落后产能任务；13% 的企业研发绿色产品，推行生态设计；12% 的企业转向投资低污染、低耗能产业。调查数据显示，吉林省民营企业在资源节约与利用方面还有很大开拓空间。29% 的企业采取了绿色办公、建筑物节能的措施；25% 的企业调整了自身能源使用结构，提高了清洁能源占比（见图 22-10）。

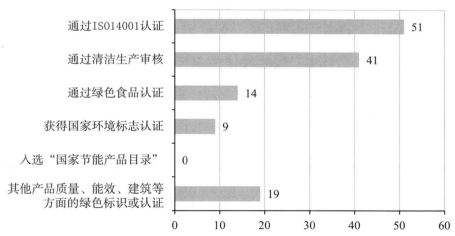

图 22-9 被调研民营企业环保方面获得审核认证情况

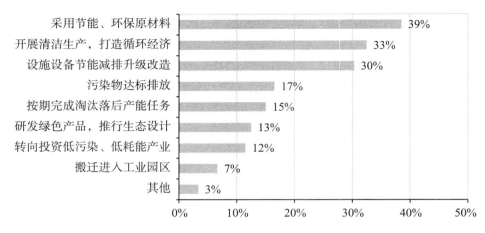

图 22-10　被调研民营企业在降污减排方面采取的措施

（三）增强生态系统保护，参与社会生态治理

调查显示，在生态系统保护方面，24% 的企业开展了环保公益活动；18% 的企业分别施行了电子化、无纸化绿色办公，并建立生态保护制度；16% 的企业减少了运营对生物多样性的影响；14% 的企业倡导公众采取恢复生态系统的行动。

五、投身公益慈善，决胜扶贫攻坚

（一）倾力公益慈善，积极回报社会

调查显示，在吉林省 600 家民营企业中，半数企业在 2020 年进行过慈善捐赠，慈善捐赠总额 11478 万元，相较 2019 年增长 40%。其中增加比较明显的领域有扶贫济困、抢险救灾、医疗、环境保护和文化，而在助老、教育和优抚方面有所减少。

（二）参与社会事业，发展与责任并重

调查显示，吉林省民营企业中，有 27% 的企业已参与社会事业建设，在参与社会事业建设的企业中，主要以教育、居民服务和医疗事业为主，分别占比 35%、35% 和 3%。

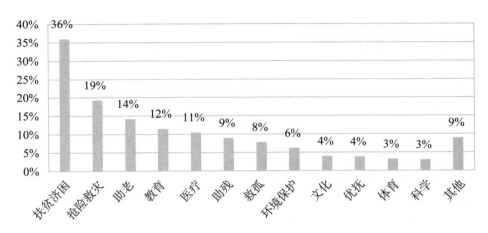

图 22-11　被调研民营企业慈善捐赠情况

（三）助力精准脱贫攻坚战，决胜建成全面小康

截至 2020 年 12 月 10 日，全省参与脱贫攻坚的民营企业达到 1765 家，累计投入资金 11.13 亿元，精准帮扶 1827 个村（建档立卡贫困村 908 个），带动和惠及建档立卡贫困人口 133343 人。

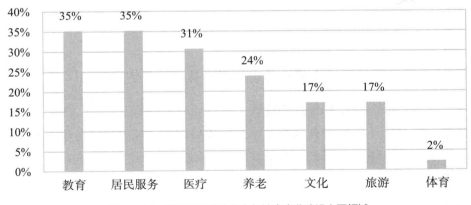

图 22-12　被调研民营企业参与社会事业建设主要领域

（四）打赢疫情防控阻击战，稳定经济社会发展

面对突如其来的疫情，吉林省民营企业积极参与抗击新冠疫情。调查显示，吉林省民营企业除了积极复工复产外，还为疫区及社会积极捐款

捐物，为社区提供生活物资和便民服务，组织医用物资供应和志愿者服务等。据省工商联不完全统计，广大吉商为抗击疫情累计捐款捐物 50484.64 万元。

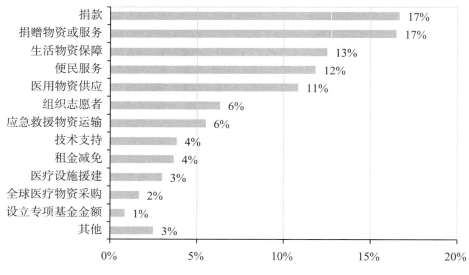

图 22-13　被调研民营企业参与抗击新冠肺炎疫情情况

六、提高责任意识，提升责任管理水平

（一）外部环境因素是推动企业履行社会责任的主要动因

调研显示，超过 30% 的企业认为履行社会责任的主要原因包括：响应党的号召、工商联组织推动、企业发展战略需要、政策激励与法规约束、获得消费者信任、公司高层重视、企业品牌形象需要。其中选择响应党的号召的企业有 541 家，占比 90%；选择工商联组织推动的企业有 389 家，占比 65%。

（二）企业社会责任管理体系尚未健全

调查显示，仅有 5% 的企业已有社会责任规划或管理制度，44% 的企业正在制定中，而半数以上的企业没有相关规划或管理制度。

企业社会责任工作方面的负责人为企业高层管理者的居多，八成以上企业由总经理或董事长直接负责。但设有专职部门负责社会责任管理的占比不高，仅有两成。

（三）上市公司是编制社会责任报告的主力

吉林省单个民营企业编制社会责任报告并向社会公众发布的主要集中在上市公司，其他企业涉及不多。吉林省今年也是第一次编制民营企业社会责任报告。

商 会 篇

Chamber of Commerce

23
全联环境服务业商会社会责任报告（2021）

摘　要：报告展示了全联环境服务业商会会员企业用实际行动反哺社会，在扶贫攻坚、创造就业、加强公司治理、传播绿色理念等方面积极行动，为增进民生福祉和社会和谐贡献力量。尤其是他们充分发挥自身优势，助力美丽中国建设和"双碳"目标实现。

关键词：商会　社会责任　全联环境服务业商会

一、坚持党的领导，弘扬党的精神

环境商会党建工委在全国工商联的统一部署下，不断创新方式方法，扎实开展党建工作。商会与会员企业党支部联建，带动会员企业党支部开展活动；开展会员企业党支部摸查工作，督促未建立党支部的企业尽快建立；组织会员企业党支部开展多次政治理论集体学习，围绕《习近平谈治国理政（第三卷）》、十九届五中全会精神等理论学习，开展多次线上线下交流研讨活动。

二、激扬产业升级，促进行业发展

在双循环、"双碳"等新的政策背景下，商会一直在为企业寻找开辟产业新格局之路，帮助企业构建与新发展格局相适应的产业体系。商会于2018年创新推出"中国环境企业50强"，希望通过凸显领军企业的示范和引导作用，促进产业发展和企业成长，带动企业创新发展。

【案例】金科环境：通过不断创新研发，提高我国水资源治理水平

金科环境作为一家专业从事水深度处理及污废水资源化的国家高新技术企业，通过技术的不断创新，解决我国的水污染、水短缺和水安全问题。

筑牢饮水安全防线。金科环境采用自主创新的组合纳滤工艺技术，降低水中的有机微污染物，有效稳定截留水中天然有机物（NOM）和人工有机微污染物（SOCs），高效去除水中DOC和AOC，满足不同水源条件下的优质供水需求。

坚持污水资源化的理念。金科一直致力于加速推进污水资源化利用，通过在现有污水出水标准基础上增加一级标准，就能以低于南水北调的成本达到新加坡新生水的品质，回灌水库或含水层，从而缓解我国水资源短缺的矛盾，提高水资源利用的经济性。

【案例】科达制造：创新无止境，以科技进步推动企业发展

科达制造股份有限公司为上交所上市的陶瓷机械行业龙头企业。公司秉承"创新永无止境"的核心经营理念，高度重视具有前瞻性及可持续性的技术、产品研发。

公司拥有"国家认定企业技术中心""国家工程技术中心""博士后科研工作站""院士工作室"等多层次研发与合作平台。截至2020年底，公司获中国授权专利2125项，其中发明专利344项；授权国外专利26项，其中发明25项。公司共有84项科研成果通过了国家级、省级科技成果鉴定，成果获各级科学技术奖励近百项次。公司相继研发出KD33000超大板成型系统、HT36000超大规格陶瓷板智能压机等前沿产品，并掌握透水砖与发泡陶瓷技术、智能仓储与柔性储坯技术等先进技术，引领下游行业的迭代发展。

【案例】飞南资源：不断精进核心技术，推动企业发展

飞南公司以技术创新为核心驱动力，先后与相关大学、机构建立了密切的科研合作关系，成功组建"广东省企业技术中心""广东省工业固废含铜污泥资源综合利用工程技术研究中心""博士工作站"，在工业废弃物熔融处置、资源循环利用等领域拥有多项技术和专利。

公司着力推行企业规范化、绿色化生产，争做绿色生产的领跑者，并通过自身力量积极带动产业链上下游企业共同发展绿色经济。公司先后获得"广东省清洁生产企业"和"国家绿色工厂"等荣誉称号。

三、助力疫情防控，积极回报社会

环境商会紧跟国家政策导向，积极响应党和国家的号召，带领会员企业投身乡村振兴、抗疫攻坚、"一带一路"建设等国家鼓励、支持的项目上，通过专题研讨会议、项目对接会议、专家讲座等方式开展相关工作。在抗击新冠肺炎疫情阻击战中，商会号召会员企业发挥企业自身专业优势，积极投身定点医院建设、医疗废物处置、环卫、垃圾处理等环境服务运营中。高能环境、盈峰环境、景津环保、先河环保等会员企业因在抗击疫情工作的突出表现，被全国工商联授予"抗击新冠肺炎疫情先进民营企业"荣誉称号。据不完全统计，商会有一半以上的会员企业参与到此次抗疫行动中，为疫情期间的生态环境改善提供有力保障。

【案例】高能环境：紧急驰援武汉，决战火神山雷神山

高能环境承接火神山医院与雷神山医院的防渗工程材料供应及施工任务。高能环境用四天时间，完成了火神山医院3.5万平方米防渗工程施工，五天时间完成了雷神山医院4.5万平方米防渗工程施工。与此同时，高能环境响应国家号召，转战安徽、广东、海南三地，承接蚌埠、惠州、深圳、三亚等地的防疫应急医院防渗工程材料供应及施工任务，施工面积近四万平方米，防渗系统满足最高抗疫防渗环保标准，持续为抗疫攻坚战贡献力量。

在火神山医院建成之后，高能环境承接了院区医疗废水运营以及垃圾处理任务。高能环境采用"预消毒＋二级处理＋深度处理＋消毒"的废水处理工艺，并为医院配备了两组污水处理系统，做到一用一备，真正实现了排污"滴水不漏"。医疗垃圾清理方面，高能环境通过加强全过程监控、配备自动处置工艺、制定安全生产标准等措施，实现了医疗废物的"日收日消"及"就地处置"。

【案例】盈峰环境：疫情面前，临危不乱，保障有力

作为环卫装备和环卫服务龙头企业，盈峰环境积极利用环卫装备优势驰援各地疫情阻击战，荣获了"全国住房和城乡建设系统抗击新冠肺炎疫情先进集体""全国工商联抗击新冠肺炎疫情先进民营企业"等荣誉称号。

盈峰环境研发团队第一时间研发出 SHZX18BEV 全新环卫清扫消毒一体化智能机器人，可有力攻克城市消毒防疫盲点。此外，盈峰环境紧急发布"公共区域消毒、高速及国省道防疫站定点消毒、垃圾收运车辆定点消毒、大型垃圾填埋场消毒"等八个场景的全城消毒方案，根据"空中、路面、地下管网"三个维度成立消毒防疫车作战编队进行联合出战，全方位无死角开展城市卫生清洁。消毒雾炮车、消毒喷洒车、生活垃圾及污染垃圾密闭收集运输车等专业设备已广泛运用于城乡消毒杀菌、生活垃圾及污染垃圾处理。

【案例】先河环保：践行国家"一带一路"发展倡议

先河环保紧跟国家"一带一路"倡议，多次围绕全球生态环境与可持续发展建言献策，数次受邀参加联合国可持续发展研究与创新大会等国际重要会议，先河环保的产品技术和理念在"一带一路"的舞台上得到了国际认可。

2019 年 3 月 11 日，先河受联合国环境规划署（UNEP）邀请，作为国内唯一一家企业代表，参加第四届联合国环境大会，并成为联合国相关机构指定供应商。2019 年 6 月 11 日，先河再次受邀参加美国 EPA2019 年空气质量峰会，与美国气象局、能源局、海洋局等国家机构，及谷歌、微软、IBM 共六家企业同桌献计。2020 年 11 月 8 日，联合国环境规划署官员对先

河进行回访，并达成合作意向。2020 年 2 月 14 日，先河与马来西亚蓝水集团签署《生命之河项目合作协议》，为参建"一带一路"生态环境基础设施积累国际经验。2020 年 2 月 19 日，先河中标联合国空气监测项目，先河品牌进一步获得国际社会、政府、市场的认可和肯定。2021 年 6 月 15 日，先河再次受到联合国环境规划署邀请，参加国际"可持续性研究与创新"大会，分享先河在空气质量监测及数据分析应用方面的先进经验。

【案例】雅居乐：参与政府应急工作

雅居乐环保积极参与政府应急行动。雅居乐环保集团旗下秦皇岛市徐山口危险废物处理有限公司多次协助海关、工商局、食药监局、疾控中心等单位完成违规、违禁物品处置，包括销毁走私物品、假酒、假药及过期药品、涉疫冷链食品等。仅 2021 年 2 月的一次销毁活动，就销毁各类毒品16.854 公斤，涉案价值 3000 多万元。秦皇岛市徐山口危险废物处理有限公司的专业处置能力收到秦皇岛市公安局领导的高度认可。

四、维护市场秩序，强化行业自律

环境商会通过联合签署"环境商会自律公约"、成立人民调委会及法律服务团、与中国标准化院合作协议合作推动国家标准等方式，监督环境企业切实做到遵守市场秩序、守法诚信经营。目前《村镇污水处理设施运行效果评价技术要求》已成功立项。

【案例】雪浪环境：在党的领导下，走高质量发展之路

无锡雪浪环境科技股份有限公司是一家环境治理整体方案供应商。雪浪环境始终坚持中国共产党的领导，坚定不移走高质量发展之路，充分展现一个企业的价值观和生命力。

目前，公司拥有国家授权的软件著作权八项，专利 145 项，其中发明43 项，实用新型 94 项，公司取得国家重点高新技术产品一项，江苏省鉴定新技术新产品一项，无锡市"专精特新"产品一项；江苏省著名商标一项，无锡市知名商标一项；江苏省名牌产品一项，无锡市名牌产品一项。公司是

ISO9001:2015 质量管理体系认证企业，通过 ISO14001:2004 环境管理体系认证、出口产品质量许可认证。公司还是 AAA 级资信等级企业、AAA 级重合同守信用企业、江苏省安全生产二级标准企业等。公司先后被认定为国家高新技术企业、江苏省重大科技成果转化承担企业、江苏省首台（套）重大装备认定企业、江苏省专精特新产品企业、江苏省创新型企业等。

【案例】久吾高科：企业信用是第一生产力

为保障客户服务质量，久吾高科每年公开发表企业年度质量信用报告，多角度公开企业产品质量标准。一是公开对员工行为规范的准则，要求员工对产品负责、对公司负责、对客户负责。二是公开内部质量管理体系。详列各项产品质量标准供客户监督，此外公司推行的 ISO9001 质量体系、ISO14001 环境管理体系以及 OHSAS18001 职业健康安全管理体系等均公开各项体系标准供市场监管。三是公开质量风险管理，开展质量投诉以及质量风险监测。公司在研发阶段，进行设计质量测试验证，保证设计出符合设计输入要求的产品；在原材料入厂时，进行部品检验，严格控制不合格品进入原材料库；在产成品入库时，进行交收检验，杜绝不合格品的流出。

五、绿色文明生产，保护生态环境

作为覆盖生态环境全产业链的全国性社会团体，除了生态治理企业为我国环境治理做出杰出贡献，环保设备生产企业也以绿色生产为基准，用行动践行绿水青山就是金山银山的发展理念。

【案例】国茂股份：促绿色经营，创绿色先锋

国茂股份大力推动以节能、降耗、减污、增效为目的的清洁生产工作，在通往"环境友好企业"的道路上迈出坚实的脚步。

公司以 ISO14001 环境管理体系为重要抓手，从原料采购、储运、管理，从生产设备的运行、维护，从节水、节能，从固废处置、利用和防治废水、废气、噪声污染及防止有害物质泄漏等角度，全方位制定了详细的清洁生产工作计划，确定了清洁生产审核的重点和清洁生产目标。

公司从环境保护、资源水消耗、安全生产、公共卫生、法律法规五个方面，确定相关影响指标、风险识别，根据国家行业标准，确立内控指标、测量方法、控制过程和方法。强化"环保设备等同于主线设备"观念，持续改善环境绩效，同时加大落实安全生产责任制，强化隐患排查治理，深入推进安全生产标准。2020 年 6 月，公司通过重点企业清洁生产审核验收。

【案例】景津环保：践行绿色可持续发展道路

景津环保股份有限公司是一家集过滤成套装备制造、过滤技术整体方案解决、环保工程总承包及运营于一体的综合环保服务商，曾获得李克强总理的充分肯定和高度赞赏。

景津环保大力推动绿色生产，走可持续发展道路。一是充分发挥行业龙头引领作用，治污设施实现三级跳。2017 年以来，公司先后投资 2.7 亿元对现有环保设施进行全面升级改造。二是努力实现绿色生产、低碳发展，主动淘汰高能耗老旧设备。2018 年以来，综合投资 6.3 亿元淘汰高能耗老旧设备，引进和购置节能高效的国内国际一线品牌先进设备，提升装备水平，大大减少了生产中的烟尘等污染物排放量。三是积极响应国家号召，主动淘汰燃油车。用新能源车辆代替燃油车辆，现已将七辆燃油班车更换为新能源班车, 68 辆燃油叉车更换为电动叉车，大大减少了厂区汽车尾气的排放。

六、践行员工责任，共享精彩生活

环境商会高度重视会员企业用工问题，不定期开展劳动用工相关调研。在疫情期间，商会向有关部门发出《关于将环卫、供水污水、垃圾处理单位纳入疫区防疫物资统筹调配体系的紧急建议》的呼吁，得到了国家重视，为一线员工解决了防疫物资短缺的问题。

【案例】深能环境：关爱员工，深能发展在行动

深能环境用心关爱员工，保障员工权益，为有困难的职工和家庭及时给予更多的支持与帮助，努力践行企业社会责任。

公司积极开展帮扶机制，不断完善职工救助、维权、服务三位一体的

帮扶体系，实现对困难职工开展节日慰问、大病救助、开展募捐活动等一系列帮扶，使帮扶工作常态化，实现帮扶工作的动态跟踪。深能环境帮助21名困难职工子女解决上学难问题，申请助学金共计84000元。帮助14名员工提升到高等教育学历，并取得大专文凭。2020年，深能环境优先吸纳和安排17户重点贫困家庭的劳动力、6名残疾人、22名退伍军人就业，为东方市解决就业问题。公司对重点贫困家庭实行帮扶，逐一对每户进行入户走访调查，每年每人可支取的补助费用大约在一万元左右。

七、开展公益活动，引领企业向善

新冠疫情期间，据不完全统计，商会会员企业累计捐赠善款约5700万元，筹措口罩、防护服、清洁消毒车、净水器、消毒液等防疫物资数百万件。此外，通过商会联合发起的"守护平凡"公益捐助活动，筹集资金130万元，为环境产业一线工作人员购买保险以及发放物资。环境商会发起的会员企业践行社会责任调研统计显示，提交的企业社会责任申报材料中，大部分会员企业都在公益慈善方面开展了相应工作，包括捐款捐物、在社区中开展公益帮扶、在教育文化方面提供自助等。

【案例】海天集团：以教育扶贫为抓手，开展精准扶贫工作

海天集团多年来热心公益，先后在四川资阳、雅安、乐山、凉山及云南昭通等地捐建多所海天希望学校，提升民族地区基础教育建设。海天水务集团股份公司被授予四川省"万企帮万村"精准扶贫行动先进集体称号。

"智志双扶"，海天集团精准扶贫甘孜州炉霍县。2020年2月18日，海天定向帮扶对象炉霍县正式退出了贫困县序列，并取得了全省、全州脱贫攻坚考核评估第一名的成绩。在此基础上，2020年6月4日，海天集团向甘孜州炉霍县捐赠教育专项资金50万元，定向用于炉霍县教育系统建设，助力炉霍县实现稳定脱贫。

"万企帮万村"中，海天集团精准扶贫凉山州西昌大洋学校。海天集团以"万企帮万村"精准扶贫行动为载体，投身到脱贫攻坚主战场。2020年5月海天集团向凉山州西昌大洋学校捐赠100万元，帮助学校发展。

【案例】维尔利：关爱公益，与爱同行

维尔利集团创立 17 年来，不遗余力推动我国年轻环保人才队伍建设，关爱贫困儿童，用大爱书写责任担当。

维利尔关注贫困儿童教育。2011 年以来，维尔利每年向贫困儿童捐赠奖学金以及各种生活学习材料，让近百名家庭困难的孩子获得受教育的机会。累计投入公益慈善金额近 1000 万元，并曾获得中国上市公司口碑榜最具社会责任上市公司荣誉称号。

维利尔注重我国青年环保人才培养。集团董事长李月中作为同济大学校董、高廷耀基金会副理事长，带领维尔利集团积极投身公益事业，集团三次作为上海同济高廷耀环保科技发展基金会捐助单位之一，资助了 100 余位优秀的全日制在读博士生，为我国环保产业培育杰出人才贡献自己的力量。

24

全国工商联金银珠宝业商会社会责任报告（2021）

摘　要： 报告在调研、问卷和资料整理的基础上，梳理了珠宝企业社会责任发展的现状与趋势，阐述了全国工商联金银珠宝业商会在推动会员企业履行社会责任方面的做法和经验，是近十年来珠宝行业诚信经营、履行社会责任、回报社会关爱的一些实践成果和企业发展的见证。

关键词： 金银珠宝业商会　　社会责任

一、工作亮点

2020 年，全国工商联金银珠宝业商会在前所未有的困难与挑战面前，积极开展珠宝行业诚信承诺和担当社会责任的公益活动，打造了"有信者荣、失信者耻、无信者忧"的商会信用体系，构建了我国金银珠宝行业的新格局。

（一）突出政治引领，发挥党组织战斗堡垒作用

商会班子能够旗帜鲜明讲政治，主动用习近平新时代中国特色社会主义思想武装头脑，始终在思想上行动上同党中央保持高度一致。商会党支部注重发挥战斗堡垒作用，会同商会秘书处利用各种机会和平台宣传党的路线、方针、政策，向会员积极传播正能量，反映会员心声和诉求，发挥桥梁纽带作用。围绕服务"两个健康"主题，稳步推进商会统战职能落地见效。把世情国情党情教育、社会主义核心价值观教育、优良革命传统教

育、形势政策教育、守法诚信教育作为每次大型活动的必备环节，引导会员自我学习、自我教育、自我提升，进一步增强非公有制经济人士对中国特色社会主义的信念、对党和政府的信任、对企业发展的信心、对社会的信誉。

（二）积极参政议政

全国工商联金银珠宝业商会作为全国工商联的直属行业商会，提案工作是商会每年进行的重点工作之一。商会积连续 15 年撰写提案上两会，为广大会员表达了诉求和心声，有效反应了行业企业发展中急需解决的问题，发挥了桥梁和纽带作用。其中关于《降低翡翠原石税率》《加大对珠宝行业非物质文化遗产传承的扶持力度和推动珠宝行业专业人才资质认证工作》《建立珠宝民营企业品牌保护》等提案，受到了税务总局、海关总署、市场监督管理总局、国家标准化管理委员会的专项回复，并邀请商会参与珠宝行业相关政策和标准的修订。

（三）发布行业报告

全国工商联金银珠宝业商会经过对珠宝上规模民营企业和行业进行了广泛地调研，于 2013 年完成近 12 万字《中国珠宝行业和上规模民营企业调研报告》。这份报告为推动行业规范化建设，引领行业诚信发展，倡导珠宝企业发展诚信品牌等发挥了积极作用，沿着"政府信得过、行业离不开、企业靠得住"的行业组织建设轨道健康发展起到引领作用。

（四）倡导行业自律

全国工商联金银珠宝业商会连续 16 年倡导行业诚信经营，规范自律，连续九年开展会员企业信用评价，并制定了《全国珠宝行业诚信经营自律公约》，在行业企业中推行诚信承诺服务体系。进一步提升诚信经营的理念，营造公平、有序竞争的珠宝市场氛围，推动金银珠宝业健康有序发展。

（五）建立信用评价体系

全国工商联金银珠宝业商会在倡导行业企业诚信自律的基础上，成立信用评价办公室，逐步为会员企业建立了诚信自律会员档案并实施信用评价管理制度；推行中国金银珠宝行业职业道德准则、行业禁入机制，推广"守信产品信用标识"的使用。建立了信用评价体系，力求引领会员企业在社会诚信体系建设中发挥表率、示范作用，更好地为消费者、为社会服务，推进行业自律做出贡献。

（六）开展科技创新，推动行业的科技进步

从 2018 年开始，全国工商联金银珠宝业商会按照全国工商联关于创新项目和人才推荐工作的要求，开展了行业创新项目和人才推荐论坛，选拔出七项创新项目和 11 名创新人才上报全联参与民营科技创新项目和人才的评选。同时商会在官网和微信公众平台搭建了行业科技创新项目市场转化平台，具体介绍每一项目的优势，供行业加盟单位和投资机构选择合作。2021 年商会第二届行业"双创"推荐论坛征集工作已开始。通过开展科技创新、文化创意活动，挖掘行业科技创新项目，发现科技创新人才，推荐上报参与全国工商联科技创新人才和项目的申报，做好引导珠宝民营企业创新驱动发展科技综合服务工作，调动企业研发创造积极性，推动了行业的科技进步。

（七）开展国际交流合作

为促进我国金银珠宝产业的健康发展，加强金银珠宝企业的国内外交流与合作，全国工商联金银珠宝业商会先后组织会员企业赴美国、意大利、英国、日本等地区进行行业交流。与美国珠宝商协会、巴黎工业总会、坦桑尼亚矿产协会、米兰珠宝工业协会和香港珠宝制造厂商会等座谈交流，为我国优秀企业走向国际寻找合作机遇，探索开辟更加宽广的渠道。

（八）引导企业投身公益事业

近年以来，全国工商联金银珠宝业商会充分发挥桥梁纽带作用，按照全国工商联的指示精神，找准商会工作的切入点、着力点和结合点，增强做好商会工作的责任感、使命感和紧迫感，始终把做好公益事业作为做好非公有制经济人士思想政治工作的有效载体，引导广大会员致富思源、富

而思进，积极投身社会公益事业。

（九）推进行业文化建设

全国工商联金银珠宝业商会先后与北京 CBD 国际论坛、青海省人民政府、甘肃张掖市民政府、东盟（广西）艺术品交流交易博览会等共同开展中华珠宝玉石文化艺术节北京节、甘肃节，广西节等主题活动，举办了中华玉雕传承与创新发展论坛、中华玉石雕刻大师作品展、中国昆仑玉产业发展论坛等。

二、商会推进行业社会责任建设进程

（一）倡导行业自律，诚信经营

全国工商联金银珠宝业商会作为民营企业自发组建、自我管理、自我约束的全国性行业组织，积极发挥行业自律作用，为行业健康发展做出了很大的成绩。自 2006 年开始，连续 16 年在 3 月 15 日举办诚信建设主题活动，连续九年进行会员信用评价，并向社会发布评价结果，受到了社会各界的好评，对推动和促进行业企业规范发展、树立行业良好社会形象、扩大商会影响力发挥了积极作用。

（二）推行行业自律公约，诚信经营承诺

全国工商联金银珠宝业商会于 2014 年 3 月 15 日发起了《珠宝行业企业诚信经营自律公约》倡议，百余家会员积极响应。同时，珠宝商会倡导企业签署《诚信经营承诺书》，为促进公平竞争，规范市场秩序，更好地保护消费者的合法权益起到了示范性作用。

（三）建立健全会员企业信用档案

全国工商联金银珠宝业商会 2013 年开始建立健全会员单位信用档案制度，拟定本会会员单位，凡签署《全国金银珠宝行业诚信自律公约》和《诚信经营承诺书》12 个月以上且无不良经营记录及投诉者，会员档案将自动

转入商会信用评价办公室，成为 A 级诚信会员档案。

（四）开展会员企业信用评价，构建信用评价体系

会员诚信档案分为企业会员档案和个人会员档案，信用评价办公室将以档案为依据优化评价指标体系，分级评定。信用评价办公室将记录和整理会员企业和个人在生产、经营和从业过程中产生的信用信息，帮助会员企业减少生产和经营的风险；会员诚信档案将成为记载会员诚信状况、行业职业道德以及相关信息的数据库。

（五）加强会员企业信用档案评价的应用

在"企业诚信经营践行评选"中获得 A 级别的企业和个人，将荣登"行业社会责任光荣榜"，并将在每年商会的年会和行业内公示，以提高诚信会员在政府、市场和社会中的接受度和知名度。而对违法情节特别严重、社会反响强烈的本行业企业，通过新闻媒体进行曝光，并将该企业予以公示。合法地应用信用档案系统，避免质量信用档案被滥用。

三、诚信经营践行责任，实现社会价值

2020 年 9 月全国"质量月"活动期间，中国珠宝继 2019 年获"全国珠宝首饰行业质量领先品牌""全国质量诚信标杆企业"两项殊荣以来，再次荣获"全国百佳质量检验诚信标杆企业""全国质量诚信标杆企业"两项殊荣。全国工商联金银珠宝业商会从 2013 年开始坚持对会员进行信用评价，每年发布信用评价结果，上榜诚信会员单位、守信品牌和 AAA 信用企业。从 2013 年开始逐年增加，2017—2020 年诚信会员单位持续 100%（不包含当年新入会的企业），珠宝企业诚信度呈现逐年递增，信用评价等级中各项占比逐年上升（见图 24-1）。

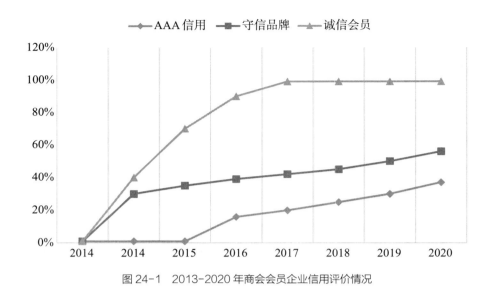

图 24-1　2013-2020 年商会会员企业信用评价情况

四、加强社会责任管理，构建企业文化

整体来看，整个金银珠宝行业均能认真遵守国家法律、法规及相关政策，恪守诚实守信的职业道德准则。但由于部分金银珠宝企业仍采用处于较低层次的价格竞争方式，使得消费维权、纠纷事件近年来呈现出略有上升趋势。

金银珠宝企业要将社会责任融入长期发展战略，推进职业道德体系建设管理，建立企业中的社会责任、职业道德管理机构，建立内部社会责任沟通机制。金银珠宝企业要促进合作与共赢，确保在生产和交易中公平、公正、无欺诈；坚决反对恶意攻击、诽谤等不正当竞争现象发生。金银珠宝企业应自觉履行企业的社会责任，进一步加强行业自律建设。金银珠宝企业应通过履行企业社会责任来提升本行业品牌的影响力。社会责任已经和经济战略、品牌等联系在一起，强调企业社会责任建设就是塑造企业品牌，提高企业市场竞争力的需要。企业承担社会责任有益于促使金银珠宝企业品牌影响力的提升，坚持诚信服务、精益求精，使自觉履行社会责任成为金银珠宝企业品牌的一张名片。

五、构建和谐劳动关系，关爱员工发展

伴随一系列保障企业改善经营管理、促进提质增效重大举措的实施，我国珠宝企业内部治理结构也发生了新的变化，也带动了企业劳资关系新变化。一方面，企业为了留住人才、提高效率、增加效益，用扩大持股范围的方式，将企业的急需人才变为了"股东"，使企业的原有劳资关系发生变化；另一方面，新业态（网购、直播）、营销新模式的异军突起，为企业的劳资关系注入了新的元素。

据全国工商联金银珠宝业商会《全国珠宝企业社会责任调查》结果显示，三年以上的员工接近五成（见图 24-2）。

"关爱员工、实现双赢"活动已经成为构建和谐劳动关系的有效载体，发展民营企业和谐劳动关系的重要途径，要不断总结成绩和经验，认真研究新情况、新问题，加强联系沟通，发挥各自优势，创新活动方式，丰富活动内容，抓好典型宣传，扩大社会影响，引导带动更多的民营企业参与到关爱员工、构建和谐劳动关系中来，为构建社会主义和谐社会实现"中国梦"作出更大的贡献。

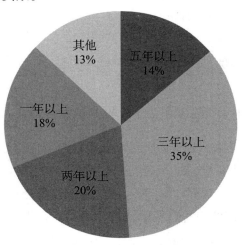

图 24-2　2020 年珠宝企业员工稳定性情况

六、投身光彩慈善事业，自觉回报社会

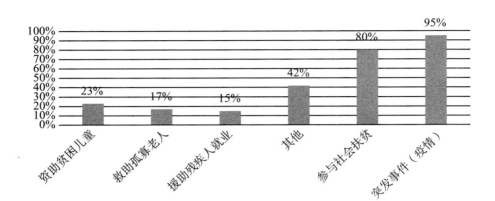

图 24-3　2020 年珠宝企业所做的慈善事业

据全国工商联金银珠宝业商会《全国珠宝企业社会责任调查》结果，95% 的企业参与了疫情捐赠（见图 24-3）。2020 年抗疫期间，第一时间向全体会员和行业发出倡议，号召广大会员广泛参与，600 余家企业应声而动，积极参与地方社区排查登记、公益捐助、减免商户租金等活动，捐款1041.11 万元，捐赠抗疫物资折合人民币 836.58 万元。

七、创新信用体系建设，提升责任竞争力

（一）制定《中国金银珠宝行业职业道德准则》

全国工商联金银珠宝业商会根据国家有关法律、法规和规定，制定《中国金银珠宝行业职业道德准则》。商会将会把在执行行业职业道德规范过程中做出突出贡献的企业或个人，纳入"行业优秀社会责任践行者表彰办法及守信产品信用标识使用规范"的范畴，并对其行为予以公示和奖励。对违反行业职业道德准则的企业或个人，予以提醒，将情节严重者划入行业禁入机制中，并在"金银珠宝行业职业道德黑名单"中予以公示。

（二）建立行业优秀社会责任践行者表彰办法

在"企业诚信经营践行评选"中获得 A 级别的企业和个人，将荣登"行业社会责任践行光荣榜"。全国工商联金银珠宝业商会将坚持"企业诚信经营践行者"评选的权威性，并有相应的监督机制，接受会员单位和媒体的舆论监督。对入选"企业诚信经营践行者"评选名录的企业，实行公示惯例制度，每年将入选名单进行公示。提高企业会员和个人会员的社会公信力。此外，还将对入选"企业诚信经营践行者"评选名录的企业，实行公益宣传惯例制度，定期在商会的官方网站和《中华珠宝》会刊及商会年度大型活动中进行义务宣传，提高企业会员和个人会员的社会认知度。

（三）推行"守信产品信用标识"使用规范

"守信产品信用标识"为全国工商联金银珠宝业商会专属标志，标识具有统一防伪图标样式和每件产品的专一单属编号、条形码。"守信产品信用标识"的推行旨在支持会员企业树立信用品牌意识，帮助守信会员企业提高公信力。同时加大宣传力度，引导行业舆论导向，加强中国金银珠宝品牌美誉度和行业信誉度。

25
全国工商联石油业商会社会责任报告（2021）

摘　要：报告展示了全国工商联石油业商会会员企业在深耕主业，为促进当地经济社会发展贡献力量的同时，积极履行企业社会责任，参与慈善捐赠与公益活动，积极扶贫济困，努力回馈社会大众，为构建和谐社会、推动社会文明进步做出了自己的贡献。

关键词：全国工商联石油业商会　社会责任

一、齐心战疫：凝心聚力参与疫情防控

2020 年 1 月以来，新冠疫情的爆发与蔓延和由此引起的国际油价暴跌，对我国石油行业造成了重大而深刻的影响。面对疫情及后续疫情在国际的蔓延以及油价暴跌给行业和企业带来的诸多影响和不确定性，商会发挥全国性行业商会的凝聚力和影响力，增强会员企业战胜困难的决心，坚定发展信心。疫情期间，商会通过线上会议系统组织召开会长办公会议、各分会理事会及行业研讨会等共六次，宣传国家的扶持和惠企政策，帮助企业了解政策、用好政策；组织开展线上公益课堂，指导和帮助会员企业在疫情期间强化"内功"，拓宽思路，提升业务技能和整体运营管理水平。

同时，商会企业在生产经营遭受严重损失的情况下依然踊跃捐款捐物，助力抗疫，彰显了民营石油企业的责任担当。据不完全统计，全国工商联石油业商会会员企业和个人为疫情防控捐款 5500 多万元，捐助物资价值近 1000 万元，七家会员企业获得全国工商联抗击新冠肺炎疫情先进民营企业

通报表扬。

二、扶贫攻坚：积极参与精准扶贫行动

2019 年，商会与全联对口帮扶地区——"三区三州"对接，定制"甘南有礼"特产礼盒，发动企业以消费扶贫方式带动贫困群众脱贫增收，商会会长、副会长带头响应，商会企业申购扶贫产品总金额达 52.38 万元。

2021 年 6 月，商会联合北京万和公益基金会，向革命老区陕西省汉中市医疗机构捐赠 15 台四维彩超设备，价值 2250 万元。汉中地处秦巴山区，医疗设备落后，信息相对闭塞，四维彩超机的使用提高了当地的医疗检查水平和效率，为人民群众就医提供便利。8 月，向甘肃省白银市会宁县医院和会宁县中医院各捐赠一台飞利浦四维彩超机，价值 460 万元。

三、扶危救困：倾力支持社会公益事业

2021 年 7 月 21 日，河南多地遭遇罕见暴雨洪灾，商会及时与河南当地会员企业联系，了解受灾情况及需求，并向会员企业发出倡议，号召广大会员企业积极投身防汛救灾，凭借企业技术、物力、人员等优势，积极助力灾区企业复工复产；踊跃奉献爱心，为灾区人民捐款捐物；弘扬传播正能量，维护社会稳定。

江苏龙蟠科技、广东庚申电子科技、浙江嘉松科技、河北联合石化、河南大桥石化等会员企业通过捐款、捐物、技术服务等多种形式，支持河南抢险救灾。商会理事单位河南大桥石化集团旗下加油站超百座，其中郑州市区个别加油站因地势较低，受到较大影响。汛情发生后，企业迅速启动应急预案，成立防汛救灾领导小组，集团高管分区域深入一线，带班值守，及时了解气象变化，加强分析预判，组织全面排查，及时切断电源、密封油罐、撤离人员，保障员工生命安全和公司财产安全，防止环境污染事件发生。在开展生产自救的同时，大桥石化集团积极履行社会责任，在油品保供、应急抢险、救灾物资供应等方面提供保障，250 多名党员成立防汛突击队，主动加入地方、社区等防汛救灾团队，为河南省环保厅、郑州市纪委、

市场监督管理局、长兴路街道办事处等单位提供柴油供应支援，在郑州市设置 12 座抢险保供加油站，洛阳、开封、许昌等全省范围内的大桥石化加油站开通绿色通道，优先为应急抢险车辆加油。

【案例】商会会长单位——四川巨能天然气股份有限公司

四川巨能热心社会公益事业，通过救灾捐款、助学捐款、捐建学校、贫困地区基础设施援建等形式，主动承担社会责任和义务。自 2000 年以来，对于公司覆盖范围内的当地有关部门认定的"城镇最低生活保障家庭和贫困家庭"减免天然气初装费和气费总额高达 1500 多万元。2015 年至 2017 年，在国家精准扶贫政策引领下，积极参与国家统战部和四川省主导的"广元行""凉山行"光彩事业，累计向贫困地区无偿捐赠资金和物资 200 余万元。2018 年响应四川省"万企帮万村"消费扶贫倡议购买 20 万元扶贫产品，同年参加"沿着总书记足迹重走凉山扶贫路"活动投入 30 万元。2019 年 6 月份向"珙县地震灾区"捐赠 20 万元救灾物资；9 月份响应全国工商联深入推进"万企帮万村"消费扶贫活动，购买 25 万元青海扶贫产品。2020 年初新冠疫情防控期间，四川巨能通过政府政务公开捐赠平台，向湖北蕲春、辽宁凌源和四川达州、兴文、珙县、古蔺等贫困地区的医疗机构和教育机构定向捐赠物资经费 100 万余元；对疫情期间用户产生的滞纳金实行全额减免，对贫困家庭用户产生的燃气费用实行部分减免，累计减免各项经费近 100 万余元，全部由企业承担。2020 年，企业荣获全国工商联"万企帮万村"精准扶贫行动先进民营企业、全国"抗击新冠疫情"先进民营企业等称号。

帮困助学。2016 年，四川巨能董事长曾国勇深入革命老区巴中市通江县松溪乡蔡田坝村小学实地考察调研，现场捐赠 25 万元用于改建校舍、操场及购买教学电脑、办公用品。2020 年春节期间，四川巨能积极响应川商总会号召，向四川省教育基金会捐赠 20 万元，用于四川贫困地区抗击新冠肺炎疫情。

就业扶贫。四川巨能坚持以实际行动为社会培养实用型人才、努力扩大就业岗位等方式参与精准扶贫。四川巨能涵盖的 48 家（独资、控股、参股）分公司大部分处在四川较为贫困的川东、川南边远地区，公司针对燃气行业的从业特殊性，在四川石油大学定向招收应届毕业生入职的同时，每年投入近 10 万元用于就地就近入职员工的职业技能培训。自 2016 年以来，先后投入 30.8 万元培训经费组织 41 名生产一线员工，参加燃气从业资格考核、燃气安装维修、管线工程建设等专业技能培训。吸纳贫困人口就业及解决贫困地区临时性用工近 1000 余人次。

产业扶贫。四川巨能天然气股份有限公司早在 2017 年就定向四川凉山州越西县河东乡，投入 7.5 万元支持 34 户贫困家庭发展生态鸡养殖产业，惠及贫困人口 173 人。

以绿色能源产业助农兴农。四川巨能作为绿色发展企业，大力推进农村乡镇燃气改革，积极践行绿色行动。2019 年在四川兴文、珙县、叙永、古蔺等贫困山区发展天然气用户近三万余户，实现了能源产业高质量绿色发展。四川巨能还在山东、黑龙江、辽宁等地投资建设新能源产业项目，先后投资 2.5 亿元在山东东营开发年产 3000 万立方米生物燃气生态能源项目，投资 2.2 亿元在黑龙江望奎兴建一座年产 3000 万立方米生物燃气生态能源项目。以上项目的实施不仅能够帮助北方贫困地区农村剩余劳力就地就业和增收，还可改善农村人居环境（对农村的秸秆、畜禽粪便可以做无害化科学处理），促进新型农业产业化发展。

【案例】商会副会长单位——江苏龙蟠科技股份有限公司

龙蟠科技作为国内民营润滑油龙头上市企业，在取得骄人业绩的同时，坚持企业担当，积极参与扶贫开发等公益事业，以实际行动践行企业社会责任。龙蟠科技加入联合国全球契约组织超过十年。2020 年底，龙蟠科技发布了履行全球契约 2020 年度进展报告，报告显示，龙蟠科技将社会责任作为企业的重要发展目标，在履行"全球契约"人权、劳工标准、环境及反贪污方面的十项基本原则方面做出了诸多努力，成绩斐然。

抗击疫情。龙蟠科技抓紧研制新型消毒杀菌产品、捐赠抗疫物资等行动。龙蟠全体员工向江苏省人民医院捐赠 10 万元；龙蟠润滑油向为湖北灾区运送救灾物资的车辆免费提供"四季通"系列润滑油产品，捐赠总额达 100 万元；龙蟠科技旗下子公司可兰素为支援湖北抗疫的物资运输车辆免费提供可兰素车用尿素；龙蟠向湖北、江苏、上海等 11 个省市自治区的多家医院和急救中心捐赠二氧化氯消毒凝胶产品；龙蟠润滑新材料天津有限公司紧急调拨 200 桶含氯消毒用品，赠送给园区的所有企业使用。龙蟠科技还为泰兴中学、泰兴第一高级中学、黄桥中学三所学校捐赠了总价值 35 万元的龙蟠酒精消毒水溶液、酒精消毒喷雾剂、病毒克星、免洗洗手液等多种卫生防护物资。

捐资助学。2020 年 11 月，龙蟠科技在与南京市扶贫开发协会、南京市革命老区经济开发促进会、南京市扶贫基金会合作的扶贫助困签字仪式上，宣布将捐赠一笔专项扶贫资金，资助南京市农村地区贫困子女完成学业。

助农销售。2020 年 12 月，龙蟠科技积极响应政府号召，主动参与扶贫活动，出资 20 余万元采购贫困山区大米，助力农副产品销售，帮助农民致富。

抗洪救灾。2021 年 7 月，河南多地遭遇罕见强降雨。龙蟠科技下属江苏可兰素环保科技有限公司向河南捐赠可兰素车用尿素等救灾物资。8 月 21 日至 22 日，陕西省汉中市勉县遭受特大暴雨袭击。龙蟠润滑油汉中地区经销商联合勉县各大保险公司和汽车修理厂，为全城涉水车辆提供发动机免费清洗服务。

【案例】商会副会长单位——河南省豫东石油有限公司

河南省豫东石油有限公司积极履行企业社会责任，助力防疫抗疫，响应全国工商联"万企帮万村"的号召，帮助定点帮扶贫困村脱贫致富，支持社会文化公益事业，以实际行动彰显了新时代民营企业的大爱情怀和责任担当。

抗疫防疫。豫东石油下属公司商丘市昆仑燃气有限公司向商丘市慈善总会捐赠 100 万元现金及 10 万元防疫物资，豫东石油向商丘市慈善总会捐赠 170 万元现金和医用防疫物资。与此同时，公司为虞城县城郊乡贫困户村民捐赠 3000 只医用口罩和消毒液等物资。

扶贫扶志。公司为帮扶村修路、购买 5000 个垃圾箱，价值达 3000 万元。公司安排虞城县贫困村郑庄村下岗职工就业达 200 多人，在石油燃气公司和油库招收工人时优先安排建档立卡贫困户，惠及合同工人及临时工人数达 1000 多人次。从 2010 年至今，每年的三夏、三秋和抗旱救灾工作中，公司都会积极服务"三农"，支持商丘农业生产，让利农民和贫困群众达 100 万元。

济困敬老。2017 年开始，豫东石油给在公司上班的帮扶村贫困户员工每人每月发 500 元"孝敬父母"专项工资。从 2005 年至 2020 年的 16 年间，每年春节、中秋节等节日，黄启凤董事长和公司高管都会带着慰问金和慰问品，分头到企业帮扶点虞城县郑集乡敬老院、示范区敬老院看望慰问老人们。

捐资助学。2010 年以来，公司积极参与爱心助考，为接送高考学生车辆免费加油，每年加油价值三万元。2010 年以来每年为贫困大学生赞助捐款 10 万元，截至目前，捐助资金达 100 多万元，多次受到市县宣传部、统战部、工商联、妇联、团委表彰表扬。

热心文化公益。2015 年至 2020 年的六年间，豫东石油共支持赞助国家级贫困县虞城文化活动 30 万元，出资 30 余万元赞助商丘和睢阳区文艺工作者出版各类书籍。2017 年，公司为助推虞城文化建设，赞助商丘品牌和圆梦专题春节晚会五万多元。2018 年 10 月 26 日，捐助 30 万元支持全国百名画家莅临商丘睢阳区采风，宣传睢阳形象，受到市、区领导的高度赞扬。

附　录

Appendix

26

附录一　2021 中国民营企业社会责任 100 强榜单

序号	企业名称	所属省份	规模
1	正泰集团股份有限公司	浙江省	大型
2	新希望控股集团有限公司	四川省	大型
3	亨通集团有限公司	江苏省	大型
4	重庆智飞生物制品股份有限公司	重庆市	大型
5	上海复星高科技（集团）有限公司	上海市	大型
6	恒力集团有限公司	江苏省	大型
7	吉利汽车控股有限公司	浙江省	大型
8	海亮集团有限公司	浙江省	大型
9	金发科技股份有限公司	广东省	大型
10	荣盛控股股份有限公司	河北省	大型
11	杭州娃哈哈集团有限公司	浙江省	大型
12	正邦集团有限公司	江西省	大型
13	重庆市金科投资控股（集团）有限责任公司	重庆市	大型
14	宁波方太厨具有限公司	浙江省	大型
15	通威集团有限公司	四川省	大型

续表

序号	企业名称	所属省份	规模
16	波司登股份有限公司	江苏省	大型
17	泰康保险集团股份有限公司	北京市	大型
18	山东东明石化集团有限公司	山东省	大型
19	新奥集团股份有限公司	河北省	大型
20	卧龙控股集团有限公司	浙江省	大型
21	中南控股集团有限公司	江苏省	大型
22	上海凯泉泵业（集团）有限公司	上海市	大型
23	龙湖集团控股有限公司	重庆市	大型
24	TCL 科技集团股份有限公司	广东省	大型
25	好医生药业集团有限公司	四川省	大型
26	天能控股集团有限公司	浙江省	大型
27	中大控股集团有限公司	江西省	大型
28	浙江恒逸集团有限公司	浙江省	大型
29	奥盛集团有限公司	上海市	大型
30	中天钢铁集团有限公司	江苏省	大型
31	重庆华宇集团有限公司	重庆市	大型
32	河北普阳钢铁有限公司	河北省	大型
33	蓝润集团有限公司	四川省	大型
34	传化集团有限公司	浙江省	大型
35	浙江新安化工集团股份有限公司	浙江省	大型
36	远东控股集团有限公司	江苏省	大型
37	牧原实业集团有限公司	河南省	大型
38	法尔胜泓昇集团有限公司	江苏省	大型
39	浙江新湖集团股份有限公司	浙江省	大型
40	宁夏宝丰集团有限公司	宁夏回族自治区	大型
41	福建大东海实业集团有限公司	福建省	大型
42	山西安泰控股集团有限公司	山西省	大型
43	红豆集团有限公司	江苏省	大型
44	浙江中南建设集团有限公司	浙江省	大型

序号	企业名称	所属省份	规模
45	广东唯美控股有限公司	广东省	大型
46	内蒙古亿利化学工业有限公司	内蒙古自治区	大型
47	山西鹏飞集团有限公司	山西省	大型
48	建业控股有限公司	河南省	大型
49	湖南安邦制药股份有限公司	湖南省	中型
50	湖北平安电工科技股份公司	湖北省	大型
51	玖龙纸业（控股）有限公司	广东省	大型
52	隆基绿能科技股份有限公司	陕西省	大型
53	天津荣程祥泰投资控股集团有限公司	天津市	大型
54	上海均瑶（集团）有限公司	上海市	大型
55	东方集团有限公司	黑龙江省	大型
56	泰豪集团有限公司	江西省	大型
57	安东石油技术（集团）有限公司	北京市	大型
58	重庆陶然居饮食文化（集团）股份有限公司	重庆市	大型
59	合肥荣事达电子电器集团有限公司	安徽省	大型
60	奥克斯集团有限公司	浙江省	大型
61	山西晋城钢铁控股集团有限公司	山西省	大型
62	弘胜集团有限公司	广东省	小型
63	天明健康科技产业集团有限公司	河南省	大型
64	无锡江南电缆有限公司	江苏省	大型
65	上海微创医疗器械（集团）有限公司	上海市	大型
66	烟台杰瑞石油服务集团股份有限公司	山东省	大型
67	河北永洋特钢集团有限公司	河北省	大型
68	成都康弘药业集团股份有限公司	四川省	大型
69	广西湘桂糖业集团有限公司	广西壮族自治区	大型
70	北京大北农科技集团股份有限公司	北京市	大型
71	河南省大地水泥有限公司	河南省	中型
72	民生能源（集团）股份有限公司	重庆市	大型

序号	企业名称	所属省份	规模
73	江西绿滋肴控股有限公司	江西省	大型
74	兰州华能生态能源科技股份有限公司	甘肃省	小型
75	安徽中环控股集团有限公司	安徽省	大型
76	四川铁骑力士实业有限公司	四川省	大型
77	兴华财富集团有限公司	河北省	大型
78	西子联合控股有限公司	浙江省	大型
79	华峰集团有限公司	浙江省	大型
80	劲牌有限公司	湖北省	大型
81	江苏鱼跃科技发展有限公司	江苏省	大型
82	河南亿星实业集团股份有限公司	河南省	大型
83	西藏奇正藏药股份有限公司	西藏自治区	大型
84	安徽天康（集团）股份有限公司	安徽省	大型
85	大杨集团有限责任公司	辽宁省	大型
86	今麦郎投资有限公司	河北省	大型
87	三全食品股份有限公司	河南省	大型
88	上海连成（集团）有限公司	上海市	大型
89	江苏康乃馨织造有限公司	江苏省	中型
90	云南理世实业（集团）有限责任公司	云南省	中型
91	诺力智能装备股份有限公司	浙江省	大型
92	新疆艾力努尔农业科技开发有限公司	新疆维吾尔自治区	中型
93	利民控股集团股份有限公司	江苏省	大型
94	威胜电气有限公司	湖南省	中型
95	江西兵哥送菜实业有限公司	江西省	大型
96	上海清美绿色食品（集团）有限公司	上海市	大型
97	河南省天伦投资控股集团有限公司	河南省	大型
98	人福医药集团股份公司	湖北省	大型
99	江西新和源投资控股集团有限公司	江西省	大型
100	顾家集团有限公司	浙江省	大型

27

附录二　中国民营企业社会责任发展指数及榜单编制说明

自 2018 年全国工商联开展民营企业社会责任调研工作以来，全国工商联民营企业社会责任课题组对中国民营企业社会责任发展状况进行了持续观测，建立了全国民营企业社会责任大数据平台。在此基础上，对标社会责任相关标准，构建中国民营企业社会责任发展指数体系。

中国民营企业社会责任发展指数从利益相关方角度量化了中国民营企业社会责任发展水平，揭示了中国民营企业社会责任发展的变化特征，有利于引导民营企业积极响应国家战略和社会总体需求履行社会责任，同时也为科学评价民营企业社会责任发展水平提供了一个系统的评价体系。

一、体系构建

中国民营企业社会责任发展指数以"五大发展理念"为引领，在高质量发展中，做共同富裕的促进者为目标，以企业自身健康发展、国家责任、员工责任、生态环境责任、公平运营责任、消费者责任、社区责任和社会责任治理八个方面为核心主题，以履责行为和绩效指标为支撑，构建了一个完整的评价体系（见表 1），涵盖 8 个一级指标，35 个二级指标。

1.指标选取

指标的选取主要从方针政策、实施执行、绩效反馈三个方面进行系统性考量，既注重企业履行社会责任的客观绩效，也注重目标追求和实现方式。同时，由于评价细项对接量化评分，指标满足了数据可获取、指标可通用、评价可执行三项操作条件。

2. 权重分配

权重根据各个指标的作用或影响程度的大小而定，并在专家打分法的基础上运用层次分析法得出。其中，根据企业所属行业特征，涉污类的工业企业与非涉污的服务业企业在环境责任所属各级指标权重方面有所不同。

表 27-1　民营企业社会责任评价体系

序号	核心主题	序号	二级指标
1	健康发展	1.1	爱国诚信
		1.2	创新发展
		1.3	质量管理
		1.4	品牌建设
2	国家责任	2.1	税收贡献
		2.2	促进就业
		2.3	社会投资
		2.4	国际合作
		2.5	应急保障
3	员工责任	3.1	劳动关系
		3.2	薪酬福利
		3.3	健康安全
		3.4	职业发展
		3.5	民主管理
4	生态环境责任	4.1	环境管理
		4.2	污染防治
		4.3	资源节约
		4.4	生态保护
5	公平运营责任	5.1	反腐败
		5.2	公平竞争
		5.3	产权保护
		5.4	价值链共赢

序号	核心主题	序号	二级指标
6	消费者责任	6.1	营销宣传
		6.2	消费者健康
		6.3	售后服务
		6.4	信息保护
		6.5	可持续消费
7	社区责任	7.1	公益慈善
		7.2	教育文化
		7.3	社区开发
		7.4	沟通补偿
8	社会责任治理	8.1	社会责任方针
		8.2	社会责任识别
		8.3	社会责任管理
		8.4	社会责任报告

二、指数计算

指数计算分为数据处理、指标评分、指数计算及抽样复核四个步骤。

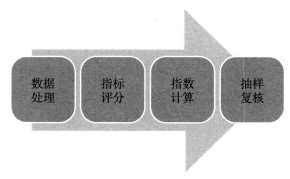

图 27-1 指数计算步骤

1. 数据处理

由于受规模体量、行业等因素影响，部分指标上差距较大，通过极值标准化方法进行数据无量纲化处理，让数据具有可比性。计算公式为：

$$f(x_i) = \frac{x_i - x_{min}}{x_{max-min}} \times 100$$

公式中 xi 表示指标的实际值，f（xi）为 xi 的标准化得分，取值范围为［0，100］，Xmax 代表指标最大值，Xmin 代表指标最小值。

2. 指标评分

对于定量指标，采用等比例映射、等距分类、等差排序等方法进行测评，以最大程度消除极值等因素影响；对于定性指标，采用等级赋分法，确立不同值域，以提升中间层的区分度。

3. 指数计算

指数采用千分制，指数得分为各项指标加权平均总分。计算公式为：

$$G = \sum_{i=1}^{m} W_i P_i$$

公式中 G 代表指数得分，Wi 代表第 i 个指标的权重，Pi 代表第 i 个指标的评分值，m 代表指标的个数。

4. 抽样复核

根据填报数据之间的相关性，结合大数据平台数据，综合研判逻辑性是否合理，对可疑数据进行复核纠偏。

三、榜单编制

课题组委托品牌中国战略规划院和中国质量认证中心（CQC）提供评价支持，在社会责任发展指数基础上，借助于全国民营企业社会责任大数据平台分析评价系统，剔除八类出现严重违法违规失责行为的企业，并结合企业申报的优秀案例材料和企业社会责任报告质量进行综合研判，选取综合得分靠前企业形成社会责任榜单。

四、数据来源

中国民营企业社会责任发展指数的评价信息主要来源于全国工商联2018至2021年连续四年的民营企业社会责任专项调查，主要依托于全国工商联民营企业社会责任课题组开发建设的全国民营企业社会责任大数据平台多年积累的企业数据。同时，也得到了国家统计局、国家发展改革委、市场监督管理总局、生态环境部、民政部等政府有关部门的支持。

五、样本分布

调研对象为国内各类型民营企业、非公有制经济成分控股的有限责任公司、股份有限公司及港澳投资企业，重点是各级工商联执常委和光彩会理事所属企业。调研样本覆盖31个省、自治区、直辖市和新疆生产建设兵团，18个行业，19974家企业，涉及三大产业（第一、二、三产业）、四大区域（东部、中部、西部、东北）、四种类型（大型、中型、小型、微型）。从样本分布来看，与往年基本保持一致。所取样本综合考虑了企业规模、发展阶段、行业特点、地区分布、是否上市等多方面因素，样本企业的分布相对比较广泛，具有广泛的代表性（见表27-2）。

表 27-2　调研样本分布情况

分类	类别	百分比
行业	制造业	43.2%
	批发和零售业	11.4%
	农、林、牧、渔业	11.0%
	建筑业	9.2%
	房地产业	3.9%
	住宿和餐饮业	3.3%
	租赁和商务服务业	2.8%
	信息传输、软件和信息技术服务业	2.7%
	交通运输、仓储和邮政业	2.2%
	居民服务、修理和其他服务业	2.0%
	文化、体育和娱乐业	1.8%

分类	类别	百分比
行业	电力、热力、燃气及水生产和供应业	1.4%
	采矿业	1.2%
	卫生和社会工作	1.2%
	科学研究和技术服务业	0.8%
	教育	0.8%
	金融业	0.6%
	水利、环境和公共设施管理业	0.5%
	有效样本 =19974	
企业类型	独资企业	8.6%
	合伙企业	3.1%
	有限责任公司	75.7%
	股份有限公司	12.6%
成立年限	3 年以内	5.9%
	3–5 年	9.1%
	5–10 年	24.5%
	10–20 年	40.4%
	20 年以上	20.1%
企业规模	大型	13.2%
	中型	38.2%
	小型	35.0%
	微型	13.6%
地区分布	东部	33.0%
	中部	36.7%
	西部	24.6%
	东北	5.7%

注：行业依据国家统计局国民经济行业分类（GB/T 4754—2017）划分，企业规模依据国家统计局《统计上大中小微型企业划分办法（2017）》划分，区域根据国家统计局 2011 年 6 月 13 日的划分办法划分。

28

附录三 《中国民营企业社会责任优秀案例（2021）》入选企业名录

1	新希望控股集团董事长刘永好——用爱播种希望　用心创造美好　用情回馈社会
2	TCL 科技集团董事长李东生——勇担实业强国民企之责，坚守慈济社会赤诚初心
3	亨通集团董事局主席崔根良——爱党爱国赤子心　时代责任担当者
4	亿联控股集团董事长严立淼——甘为"光彩事业"增光添彩的"小石子"
5	天明健康科技产业集团董事长姜明——"要为国家和人类做一点有益的事情！"
6	河北永洋特钢集团董事长杜庆申——尊天下正义，创绿色奇迹；富一方群众，活一域经济
7	江西仙客来生物科技有限公司董事长潘新华——专注实用菌事业，助力乡村振兴
8	长春鼎庆经贸有限责任公司董事长李万升——以良心和感恩之心回报党和人民
9	重庆智飞生物制品股份有限公司——在抗疫"大考"中，彰显民营疫苗企业责任担当
10	海亮集团有限公司——立德树人，探索教育扶贫和公益教育的新途径
11	通威集团有限公司——"渔光一体"，实现渔、电、环保"三丰收"
12	江苏中天科技股份有限公司——创新发展，光电网联美好生活
13	春秋航空股份有限公司——让大山深处飞出更多的金凤凰
14	山西鹏飞集团有限公司——党建引领绿色发展，责任鹏飞回报社会
15	劲牌有限公司——正者劲牌　责任立身
16	龙湖集团控股有限公司——推动城市建设高质量发展，善待共生践行社会责任
17	宁波方太厨具有限公司——弘扬中华文化，幸福亿万家庭
18	马可波罗控股股份有限公司——以党建促发展，满足人民对美好生活的需要
19	天津荣程祥泰投资控股集团有限公司——共建共享共荣，促进共同富裕
20	好医生药业集团有限公司——24 年坚持产业扶贫，坚守初心践行社会责任

21	北京大北农科技集团股份有限公司——播撒兴农报国红色之种，传承现代农业责任之路
22	广西湘桂糖业集团有限公司——深入开展党建工作，创新产业扶贫模式
23	祥源控股集团有限责任公司——坚持党建引领，助力乡村振兴
24	浙江泰隆商业银行股份有限公司——坚持普惠金融服务小微企业不动摇
25	安徽中环控股集团有限公司——践行朴实社会责任，共筑和谐美好生活
26	上海闽龙实业有限公司——十年深耕南疆，产业帮扶助力"共同富裕"
27	南通四建集团有限公司——建设美丽中国，争当鲁班先锋
28	甘肃远达投资集团有限公司——西北高原荒山绿化，藜麦种植产业扶贫
29	老村长酒业有限公司——打造"国民白酒"，助力扶贫兴教
30	江西新和源投资控股集团有限公司——生态农业诠释初心，绿色发展践行责任

29

附录四 《中国民营企业社会责任报告（2021）》典型案例企业索引

序号	章节	案例名称
1	第2章	上海雪榕生物科技股份有限公司："公司＋专业合作社＋农户"模式
2	第2章	金沙河集团有限公司：合作社模式
3	第2章	湖北名羊农业科技发展有限公司：金融扶贫模式
4	第2章	贵州省织金古城文化旅游发展有限公司：旅游扶贫模式
5	第2章	浏阳河集团股份有限公司："五个一"整村带动模式
6	第2章	安徽红爱实业股份有限公司："1＋5"立体扶贫模式
7	第2章	四川易田电子商务有限公司：电商扶贫模式
8	第2章	通威集团有限公司：光伏扶贫模式
9	第2章	亿利资源集团有限公司：生态产业扶贫模式
10	第2章	苏宁易购集团股份有限公司："线上＋线下"消费扶贫模式
11	第2章	上海复星高科技（集团）有限公司：乡村医生健康扶贫模式
12	第2章	上海莘越软件科技有限公司：教育扶贫模式
13	第2章	邯郸市连峰服装有限公司："扶贫车间"模式
14	第2章	维西伟宏农特资源开发有限责任公司："四种模式"促脱贫
15	第2章	衡水阜星农业科技股份有限公司：标准化园区种植，助农兴产带脱贫
16	第2章	安徽联邦农业科技有限公司：精准扶贫实现生态农业绿色梦
17	第2章	云南南方教育投资集团有限公司：企会联动教育扶贫助困
18	第2章	重庆琥珀茶油有限公司：建设"东西部消费协作中心"
19	第2章	上海复星高科技（集团）有限公司：守护村医，健康扶贫的创新之举
20	第2章	四川铁骑力士实业有限公司：以乡村振兴为己任，走共同致富道路

序号	章节	案例名称
21	第3章	九江求振实业有限公司：发挥商会力量，打赢疫情防控阻击战
22	第3章	比亚迪股份有限公司：医疗物资供应
23	第3章	深圳华大基因股份有限公司：医疗物资供应
24	第3章	美的集团股份有限公司：医疗设施援建
25	第3章	春秋航空股份有限公司：运输服务保障
26	第3章	传化智联股份有限公司：运输服务保障
27	第3章	顺丰控股股份有限公司：运输服务保障
28	第3章	卓尔控股有限公司：捐建10家应急医院
29	第3章	泰康保险集团股份有限公司：将门诊楼改造为500张床的方舱医院
30	第3章	爱尔眼科医院集团股份有限公司：全国400多家连锁机构开展防控援助
31	第3章	上海复星医药（集团）股份有限公司：启动"互联网＋医疗"服务免费义诊
32	第3章	淮南东方医院集团：承担发热门诊任务
33	第3章	红豆集团有限公司："四个第一时间"
34	第3章	圆方集团有限公司："五先"民营企业战"疫"党建工作法
35	第3章	九一金融信息服务（北京）有限公司："1+3+N"模式
36	第3章	武汉高德红外股份有限公司："党员冲锋在前"
37	第3章	奥克斯集团有限公司："但尽所能"战疫情
38	第3章	瀚华金控股份有限公司：多措并举支持小微企业复工复产
39	第3章	江西洪达医疗器械集团有限公司：加快医护物资生产，助力国际疫情防控
40	第3章	上海瀛久农业科技发展有限公司："宅配＋直播"方式助力扶贫
41	第4章	福建鸿星尔克体育用品有限公司：用心践行"爱国责任"
42	第4章	好想你健康食品股份有限公司：大灾之下，向险而行
43	第5章	浙江泰隆商业银行股份有限公司："党建＋金融"打通普惠金融最后一公里
44	第5章	河北万景文旅集团有限公司：天天诚信，诚信就会成为习惯
45	第5章	重庆华森制药股份有限公司：连续22年保持"四个100%"
46	第5章	安徽灵通集团控股有限公司：打造功能型创新平台

序号	章节	案例名称
47	第 5 章	重庆广怀实业（集团）有限公司：参与国家重点支持领域科研项目
48	第 5 章	郑州思念食品有限公司：以品牌扩版图，以发展报社会
49	第 6 章	方远控股集团有限公司：不裁员不降薪，为社会稳定承担应有责任
50	第 6 章	滴滴出行科技有限公司：打造就业蓄水池
51	第 6 章	上海飞力勋铖电气科技有限公司："阳光工作室"让残疾人同沐阳光
52	第 6 章	重庆邦天农业发展有限公司："荒山多功能综合开发利用"新模式
53	第 6 章	江苏通用科技股份有限公司：深化对外合作，打造共赢新样板
54	第 6 章	九江联盛实业集团有限公司：参与应急保障，确保人民安居乐业
55	第 7 章	中达联合控股集团股份有限公司：以人为本，构建和谐劳动关系
56	第 7 章	北京裕昌置业股份有限公司：薪酬福利稳定劳动关系
57	第 7 章	株洲联诚集团控股股份有限公司：打造绿色生产环境，保护员工健康
58	第 7 章	江苏海企化工仓储股份有限公司：专题职代会，让职工安全监管"长了牙"
59	第 7 章	江西恒信检测集团有限公司：赋能人才培养，保障发展动力
60	第 7 章	大同华岳建安有限责任公司：好心情工作，多渠道发展
61	第 8 章	建业控股有限公司：深化绿色运营
62	第 8 章	铜陵市富鑫钢铁有限公司：绿色生产促发展
63	第 8 章	福建雪人股份有限公司："减量化、再使用、再循环"的绿色生产准则
64	第 8 章	河南天伦投资控股集团有限公司：致力气化乡村，助力乡村振兴
65	第 8 章	西安西矿环保科技有限公司：水泥烟气多污染物协同治理专家
66	第 8 章	台达电子企业管理（上海）有限公司：推行绿色建筑，助力"碳中和"
67	第 8 章	朗新科技集团股份有限公司：数字科技助力"碳中和"战略
68	第 8 章	阿里巴巴集团控股有限公司：人人参与，守护绿色星球
69	第 9 章	科大讯飞股份有限公司：构建三位一体的廉洁工作体系
70	第 9 章	江苏东浦管桩有限公司：知识产权护航企业发展
71	第 9 章	大运九州集团有限公司：全面优化供应链，实现整体共赢
72	第 10 章	北京曲一线图书策划有限公司：打击盗版市场，维护产品质量
73	第 10 章	贵州通源汽车集团有限公司：打造"通源汽车文化广场"，提升消费体验

续表

序号	章节	案例名称
74	第 10 章	南京领行科技股份有限公司：智慧共享，引导消费者低碳出行
75	第 10 章	江苏苏宁物流有限公司：绿色包装，解决快递包装难题
76	第 10 章	上海万物新生环保科技集团有限公司：循环利用，促进二手产品再利用
77	第 10 章	海太欧林集团有限公司：尽善尽美，绿色创新
78	第 10 章	永辉超市股份有限公司：与时俱进，创新超市业态
79	第 11 章	无锡市超群建筑工程有限公司：用自身专业打造一所可复制的绿色小学
80	第 11 章	上海灵溪实业有限公司：以微笑面对花朵，以公益凝聚力量
81	第 11 章	中南控股集团有限公司：一厘米温暖"文化扶持"公益活动
82	第 11 章	北京厚普聚益科技有限公司：社区赋能，同筑幸福家园
83	第 11 章	天齐锂业股份有限公司：实施"健康扶贫三大工程"，守护一方百姓健康
84	第 11 章	重庆大牛认知科技有限公司：科技赋能法律，助力实现法治中国
85	第 11 章	雅戈尔集团股份有限公司：打造民营非营利性的大型综合医院
86	第 11 章	酉阳县子月苗族文化传播有限责任公司：创办"民族"企业，传承民间技艺
87	第 11 章	上海新跃物流企业管理有限公司：科技赋能平台，强化服务能力
88	第 12 章	四川沱牌舍得集团有限公司：构建舍得文化四大体系，助推企业高质量发展
89	第 12 章	上海微创医疗器械（集团）有限公司：担当社会责任，打造责任品牌
90	第 12 章	成都康弘药业集团股份有限公司：跟党走、抓治理、履责任
91	第 12 章	广州金域医学检验集团股份有限公司：连续四年发布社会责任报告

30

附录五　主要参考文献

1.【德】奥利弗·拉什:《责任管理原理：全球本土化过程中企业的可持续发展、责任和伦理》，北京大学出版社，2017

2.【美】马克·墨比尔斯:《ESG 投资》，中信出版社，2021

3.【美】尤西·谢费:《绿色的平衡——商业何时去拥抱可持续性》，中国金融出版社，2021

4.【美】约翰·斯坦纳:《企业、政府与社会》，人民邮电出版社，2015

5.【美】扎比霍拉德·瑞扎伊:《企业可持续发展——绩效、报告与鉴证》，中国财政经济出版社，2018

6. 高云龙、徐乐江、谢经荣:《中国民营企业社会责任报告（2020）》，中国工商联合出版社，2020

7. 郭岚:《规制俘获与企业社会责任关系研究》，中国社会科学出版社，2021

8. 侯怀霞:《企业社会责任法律问题的新发展》，法律出版社，2021

9. 李凯:《中国企业社会责任公共政策的演进与发展》，中国经济出版社，2014

10. 李兆前:《走向更加广阔舞台的中国民营经济——"十四五"民营经济发展战略规划研究》，中国财政经济出版社，2021

11. 廉春慧:《企业社会责任信息、企业声誉与利益相关者行为意向研究》，企业管理出版社，2018

12. 刘凤军、李辉:《品牌态度的多维内化——企业社会责任视角》，人民出版社，2017

13. 刘世锦:《读懂"十四五"新发展格局下的改革议程》，中信出版社，

2021

14. 刘淑华：《企业社会责任绩效评价及推进机制》，中国经济出版社，2015

15. 芮萌、朱琼：《社会责任：企业发展的助推剂》，复旦大学出版社，2020

16. 汪同三：《中国品牌战略发展报告（2019—2020）》，社会科学文献出版社，2020

17. 王晓光、肖红军：《中国上市公司环境、社会和治理研究报告（2020）》，社会科学文献出版社，2020

18. 王梓木：《社会企业家精神：建立新生态的灵魂高地》，中华工商联合出版社，2020

19. 谢文武：《企业社会绩效的多维度治理：基于上市公司社会责任的分析》，中国社会科学出版社，2017

20. 薛天山：《民营企业社会责任：现状、影响因素与推进机制》，中国社会科学出版社，2020

21. 杨团、朱健刚：《中国慈善发展报告（2020）》，社会科学文献出版社，2020

22. 中国科学院可持续发展战略研究组：《2020中国可持续发展报告：探索迈向碳中和之路》，科学出版社，2021

23. 中华全国工商业联合会宣传教育部：《民营企业与商会组织党建工作案例选编》，中华工商联合出版社，2018

24. 周立新：《中国家族企业国际化研究》，科学出版社，2021

25. 邹萍：《企业社会责任投入动态调整与优化对策研究》，经济管理出版社，2021

31
后记

    本书是全国工商联连续发布的第四本中国民营企业社会责任年度报告。全国工商联民营企业社会责任课题组在对 2020 年度民营企业社会责任调研表回收所得的数据资料进行统计分析的基础上，依托全国民营企业社会责任大数据平台，结合实地调研所获的实证案例进行研究，梳理总结被调研企业社会责任典型实践和经验特点，探索推进民营企业社会责任体系建设工作机制，判断民营企业履行社会责任发展趋势。

一、参考依据

    本报告调研问卷、指数体系、研究框架设计主要依据中华人民共和国社会责任国家标准《社会责任指南》（GB/T 36000—2015）、《社会责任报告编写指南》（GB/T 36001—2015）、《社会责任绩效分类指引》（GB/T 36002—2015）、《社会责任管理体系要求及使用指南》（GB/T 39604—2020），同时参考联合国《2030 年可持续发展议程》（SDGs）、全球报告倡议组织《可持续发展报告指南》（GRI4.0）和国际标准化组织《社会责任指南》（ISO26000）部分指标。

二、调研对象

    国内各类型民营企业、非公有制经济成分控股的有限责任公司和股份有限公司及港澳投资企业，重点是各级工商联执常委和光彩会理事所属企业。

三、调研情况

本次调研共收集到 19974 份有效问卷样本、259 个推荐企业社会责任案例、1031 个企业上报案例。同时，全国工商联民营企业社会责任课题组先后走访了江西、浙江、上海、河北、安徽、四川、重庆、江苏、山西、北京、天津、吉林等省市，深入不同行业、不同类型、不同规模的一百多家企业进行实地专项调研，全方位、多维度了解企业履行社会责任的实际情况。在此基础上，采用数据分析与实证分析相结合的方法对样本数据进行分析研究，从不同层面、不同角度探究民营企业社会责任认识水平、管理能力、规律特点和发展趋势。

四、研究方法

1. 文献研究法

梳理国内外关于民营企业履行社会责任的研究文献，查阅国家科研机构和高校图书馆有关民营企业参与经济、政治、文化、社会和生态文明建设等文献资料，搜集统计国家发展改革委、国家统计局、市场监督管理总局等有关部门公开发布的数据，从宏观上把握民营企业社会责任整体绩效表现。同时，通过对监管部门和企业官网披露的社会责任报告、财务数据报告等进行审核分析，参考主流媒体相关报道，从微观上了解把握有关企业履责信息。

2. 定量研究法

依托全国工商联民营企业社会责任调研在线填报系统，通过问卷形式，收集到 19974 份有效问卷样本，依托全国民营企业社会责任大数据平台进行归集比对分析，为报告编写提供真实准确、全面丰富的第一手资料。

3. 案例研究法

通过企业自主申报，各省级工商联、直属商会推荐，共收集到 1290 个企业案例。全国工商联民营企业社会责任课题组在各省级工商联推荐的基础上，选取了一百多个具有代表性的案例企业进行实地调研，力求通过深入调研分析，发现总结优秀民营企业履行社会责任的亮点、特征、规律和经验。

4.访谈座谈法

通过与调研企业和企业所在地工商联、商会负责人进行座谈交流，与企业的各个重要利益相关方（如当地政府、被帮扶贫困户、消费者、员工代表、股东代表、企业党工团组织、受助者、供应商、销售商、社区代表、商协会等）进行访谈交流，掌握验证被调研企业履行社会责任绩效表现，了解各利益相关方对企业履行社会责任的评价和期待，为实证分析奠定基础。

本报告得以顺利完成和出版发布，主要得益于各级工商联、商会和千千万万家民营企业负责人与工作人员的大力支持与配合，离不开社会各界的热心支持和帮助，在此表示衷心的感谢。报告编写过程中也得到了国家统计局、国家发展改革委、市场监督管理总局、生态环境部、民政部等有关部门和全国工商联智库委员会、中国民营经济研究会、中国质量认证中心、品牌中国战略规划院、中安正道自然科学研究院、北京企业管理咨询协会、民营企业社会责任网和国内企业社会责任领域的部分专家学者的指导和帮助，在此深表感谢！

全国工商联民营企业社会责任课题组

2021 年 11 月